一个门客的自我修养

天如玉 著

上

百花洲文艺出版社
BAIHUAZHOU LITERATURE AND ART PUBLISHING HOUSE

目录

CONTENTS

目录

CONTENTS

第一章 穿成门客

赵国，邯郸。

平原君眼下的心情很是悲痛。做国君的哥哥死了，要继位的太子却不怎么喜欢他，一想到以后可能要少瓜分很多民脂民膏，他的心都要碎了。

今日一早起身，他便披麻戴孝地在府里焚纸钱祭奠王兄。大概是太悲伤了，一个手抖烧到了心爱小妾的衣摆。所有人都大呼小叫地来救他的小妾，他却双目怔怔，泪流不止，口中只念叨着王兄……

“主公忠心可对日月啊！”

挤在院子里看热闹的门客们激动了，职业操守使他们第一时间发现了发挥自己作用的舞台。一半人扑到跟前开始陪平原君流泪，一半人跑出门去急着宣传他的贤名。

小妾先是被这架势吓傻了，反应过来后就开始哭闹，激动地掰断了一根玉钗。

“夫君这样怕是不行啊……”晚上入睡前，平原君夫人语重心长地对丈夫说道。

“哦？怎么不行？”平原君不以为意，坐在铜镜前轻抚短须，仍陶醉于自己精湛的演技中。

“夫君今日所为的确得了忠君之名，尽了兄弟之义，但这是不够的。万一新君视你对故主太忠是对他不够重视，日后岂不是更加艰难？”

平原君抚摸短须的手一僵，拍案而起：“对呀！我怎么没想到！确实如此啊！那依夫人之见要如何是好？”

其妻道：“我听说权贵之中已经有人开始暗中扶持诸位王子，夫君可不能落于人后啊。”

平原君皱着眉头思索片刻，一把扣下铜镜，仿佛下定了决心，脸上露出笑来，透过烛火看美人迟暮的妻子都觉得可爱多了：“夫人言之有理！我府里门客三千，找几个得力的安插到诸位王子眼下还不容易？日后有他们撑腰，我这个叔叔依然可以安稳地做相国。”

“夫君所言甚是，但也不必大费周章，否则易被人察觉。我看王后最疼爱幺儿重骄，他又是太子丹的亲兄弟，待太子丹继位，必然要大加封赏他。夫君只要能派个心腹去重骄身边便妥当了。”

不愧是魏王的妹妹，信陵君的姐姐。平原君直到今日才发现自己妻子的过人之处，当即整衣向她施礼，口气都恭敬了起来：“夫人所言极是！可我门下食客太多，到底派遣谁去才合适呢？”

“派谁都不合适，夫君该派个被别人淡忘了却又有本事的人去，这样才不会引起注意。”

“我门下个个都是闻名天下的贤士，哪里有这号人物？”

平原君夫人掩口而笑：“夫君忘了牢里关着的那个了？”

平原君想起来了。传说那是这代鬼谷子先生收的关门弟子，只是年纪太小，长得跟竹竿儿一样，连是男是女他至今都没搞清楚。

如果没记错，此人被关了有大半年了吧？的确是淡出众人视线了。若是放出此人，此人必心怀感激，届时一定对他忠心不贰，尽心尽责，的确是个好人选。

“夫人高见啊！”平原君拿定主意后心情愉快，看自家夫人真是越看越顺眼，当晚搂着她说了一宿的情话。

等了一夜没等到他去安慰自己的小妾气得把第二根钗子也折了。

赵国百姓喜爱舞乐，邯郸城更是夜夜笙歌，宵禁时间很晚，素有不夜城的称号。这段时间赵王过世，全国服丧，禁止奏乐行乐，赵人竟别出心裁地创作出了一支无声之舞，其动作之婉约，神情之凄苦，说来与眼下情境倒也契合，落不下口实。也难怪他国的人总说赵国人头脑灵活、心思超群。

哒哒的马蹄声响过大街，聃亏身跨烈马，一路奔驰至都城监狱外，总算将大街两侧那观舞喧闹的人声抛到了身后。

监狱两旁都是手执火把的狱卒，雕像一般立着，风吹过，火光明明灭灭，让他们看起来有些瘆人。不过聃亏是燕国剑客，见惯了骇人的场景，对这阵仗丝毫不觉得畏惧。

他翻身下马，身如古松，笔直地站着，只有双目牢牢盯住监狱大门。

不多时，监狱大门洞开，一道人影慢吞吞地走了出来。

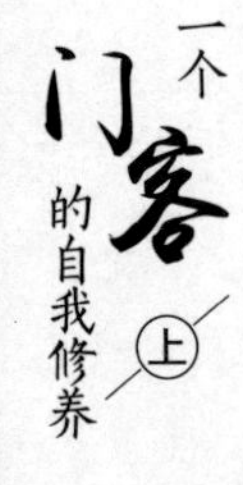

聃亏立即动了，脚步迈得飞快，人还没到声音先传了过去："姑娘可算出来了！"

人影止步，在月色下拉出斜斜的一道长影，好一会儿才给了回应："聃亏？"

这语调有点古怪，但声音依旧如初，不像寻常少女那般清亮，反而有些低沉。聃亏激动得声音都发抖了："是我，难道你都认不出我了吗？"

她慢慢走近："认得……"

聃亏方才还像冷漠的磐石，现在却像是刚飞出笼的小鸟，脚步轻快，语气欢愉，急匆匆地领她到了马旁，一边扶她上马一边道："姑娘接下来有何打算？"

马上的人沉默良久才回了句："我还没想好。"

聃亏觉得有点奇怪，以前不管什么事情，她都是雷厉风行的，现在怎么感觉变了许多？不过一想她被关了大半年便又释然了，刚出狱肯定是还没缓过来吧。

聃亏牵马缓行，二人一时无话。一直到了大街上，两边屋舍灯火通明，聃亏借着灯火看了一眼马上的人，暗暗心惊。

她身上的男装还是进狱时的那件，已经十分破旧，但比进狱时显得宽松了许多，衣服下这副身躯仿佛随时都会随风飘去一样瘦弱，那张脸更是苍白得不像话，下巴瘦尖得叫人心疼。

才十四岁的少女，就这样在大牢里关了大半年，必然是受了不少的苦。聃亏堂堂九尺男儿，却一下被激发出无尽的母性，抽了抽鼻子道："我先带姑娘去清风寓住些日子吧，那里环境清幽，适合调养。"

"你做主好了。"马上的人好像根本没在状态。

聃亏寻思着她这模样大概是在想什么点子，忽然想到一种可能性，犹犹豫豫地问道："姑娘……应该不会一出来就想着找公西吾报仇吧？"

马上的人歪了歪脑袋，每一句话都像是经过了无数遍思量，说起来尤为缓慢："就算是想要报仇吧，有何不可？"

聃亏叹气："不是不可，但时机未到啊。公西吾是你的师兄，他的本事你比我清楚，你刚出狱，还是先稳定根基再作计较吧。"

马上的人点点头："你说得对，我只是在想我这位师兄现在人在何处罢了。"

她向来睚眦必报，这次居然被劝住了，实为不易。聃亏松了口气，摇摇头："没人知晓公西先生下落，当初鬼谷先生让他出师时，他向谁也没告知去向，只能等他自己现身了。"

原本安分慢行的马忽然嘶鸣着抬了一下蹄，被聃亏连忙稳住："姑娘怎么了？"

"你刚才说……鬼谷子？"

"是啊。"

"我师父是鬼谷子？"

"是啊。"

马上的人忽然身子一歪，扑通一下滑到了地上。

清风寓原本是一间由魏国富商建于邯郸城的旅居之所，后来因为经常招待各国游学士子留宿，逐渐成为风雅之地。富商便干脆将之改建成了客栈，但依旧保留了优雅清静的格调，因此至今仍旧为学士们所喜好。

四月芳菲将尽，院中却还残留着花草吐艳后的芬芳。易姜换了身崭新的服饰，坐在窗户边喝那味道古怪的汤药，喝到一半低头看见汤药里自己模糊的脸，忍不住伸手掐了一把。

疼，试了无数次还是疼，的的确确不是在做梦。她的内心几乎崩溃了，和八十三天前发现自己身在牢狱之中时一样崩溃。

她曾尝试从物理学、生物学、光学、神学各个角度来解释自己的遭遇，但是解释归解释，事实已经摆在眼前，根本无法改变。

好在狱卒们对她还算客气，没有出现想象中的严刑拷打，给她减少了一点因事件突发造成的恐慌。

最初几天她的头晕得厉害，感觉自己时不时神游天外，也听不懂这里的语言，听狱卒们交谈犹如听天书一样。

可是等这种晕眩的感觉过去，整个意识都清晰起来，渐渐地，她可以听懂这里的话了，一张嘴，说出来的也是这里的语言。

十分古怪，这副身躯仿佛带着自己的意识，想要表达的意思在脑中明明是现代语言，说出口却是晦涩深奥的古语，简直如同自带翻译一样。

她后来推测了一下，大概之前的晕眩是自己还未彻底与这副身躯融合，如今身心贯通，感官意识也能协调起来了。

当时那间关押她的牢房是单独隔离在其他犯人之外的，易姜猜想可能是因为罪行比较重，一度怀疑自己要被砍头，吓得好几天都睡不好。

后来终于忍不住向狱卒打听了一下，却听狱卒笑着说了句："若真要砍你的头，那我们还对你这般客气做甚？"

易姜这才放心了，但要再打听别的，狱卒也说不上来。她甚至连自己现在的身份是什么都不清楚，只知道有人给了关照，让她得了不少优待，甚至伙食还很不错。

她努力适应着这里的一切，但长时间封闭独处会让人胡思乱想，她有时甚至觉得自己会被这样关一辈子。一直到二十几天前，狱卒给她一封信，说是有个叫聃亏的燕国剑客给她的。

易姜满怀希望地打开，结果一个字也不认识，内心又崩溃了。

狱卒传话说若是她同意，聃亏过几日便来接她出狱，若不同意只怕还要再看时机。易姜一听能出去，立即点了头。

几天之后她果然被放了出来。

出牢门时碰到等她的人，除了聃亏她也想不到其他人了。

易姜想过很多种可能，聃亏可能是她的父亲、兄弟、亲戚，甚至是丈夫，但万万没想到他居然是个保镖。

根据聃亏自己的描述，鬼谷先生早年曾有恩于他，于是他学成剑术后特地去深山寻觅鬼谷子踪迹，要侍奉他三年作为报答。但没过一年鬼谷子就去世了，聃亏觉得这两年得补上，于是要继续侍奉他的弟子。

公西吾文武兼备，自然辞拒，于是聃亏把目光瞄向了豆丁一样瘦弱的小徒弟。

易姜这两天就这段恩情往事进行了深入挖掘，结果发现所谓的恩情就是鬼谷子给过他一碗水……

这样知恩图报的精神，对易姜而言几乎已成传说。

聃亏是个实在人，看着比较单纯，而且隐隐附带话痨属性，跟他聊天能得到很多信息。

易姜现在已经很清楚自己是鬼谷子的徒弟，有个叫公西吾的师兄，自己一年前曾在赵国平原君府上做高等门客，被人称为桓泽先生。至于后来怎么被师兄弄到牢里去的，聃亏就说得比较含糊了，他的原话是："高深莫测、瞬息万变，不愧为鬼谷先生门下。"

易姜捏着鼻子一口灌下汤药，苦得缩了缩脖子。待那阵苦味过去，她闭眼深深嗅了一口窗边弥漫的花香，睁眼时心一横——反正都到这一步了，与其在这儿苦思冥想，不如走一步算一步。什么日子不是人过出来的呢?只要注意避开那个公西吾不就好了。

房门被一把推开，聃亏脚步匆匆地走进来，险些绊到挨着门口的青铜灯座。易姜看他这么焦急，将装药的碗端起来给他看了一眼："我已经喝完，不用催。"

"我可不是来催你喝药的，快随我来。"聃亏拿了件披风递给她，一边将门开到最大，请她出去。

易姜心中有诸多疑问，但觉得少说少错，还是静观其变比较好。

聃亏领她出了门，沿着长长的门廊走了一段路，尽头是一扇悬了珠帘的宽门，已经可以听见其中传出的鼓声。

易姜知道那是大厅，刚来那天是从那里经过的。不过这里是游学士子聚集的地方，怎么会有鼓声？

聃亏在门边停住，一边拨开珠帘，请她先进，一边低声道："就在门口看着就好，暂时先不要惊动了他们。"

易姜从他身后探头望过去，厅中坐了一圈的人，一个比一个衣着华丽，腰间还戴着玉佩，一看就是权贵。

他们的中间原本是宽敞的厅堂，现在却放了一张大鼓。鼓上站着个蒙面起舞的女子，鼓下围了一圈人，手执木棒敲击鼓沿，节奏时快时慢，应和起舞女子灵活的步伐。

他们大白天跑来这里寻欢作乐，反倒是平常在这里互相辩论学说的士子们一个也不见了。

"这些人来干什么？"她瞥了一眼聃亏。

"来见你的。"

"见我？"

聃亏拉着她退到角落里："你曾是平原君奉为上宾的门客，他们个个都巴不得拉拢呢。"

拉拢人还带舞蹈团啊，真是够有诚意的。易姜默默吐槽。

聃亏忽然问："当日信上的事姑娘还记得吧？"

他说的应该是当初寄到牢里的那封信。易姜心虚地"嗯"了一声，当然不能说自己压根一个字也没看明白了，你来个简体字版的倒还有可能讨论一下。

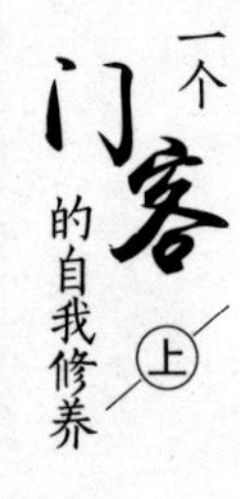

聃亏自顾自地往下说："今日长安君赵重骄也会来，待会儿你便借机去他门下。"

易姜料想他说的去长安君门下跟信中说的事有关，琢磨了一下问道："可我觉得现在并不是最好时机，你如何看？"

聃亏皱眉："亏不明白姑娘的意思，你能出狱全仰仗平原君，如果不听他吩咐接近长安君，岂不是得罪了他？"

易姜这下明白了，她还奇怪怎么聃亏一个剑客能救她出狱，合着那封信里写的是这么回事啊！这下算是知道什么叫作知识改变命运了，都是文盲惹的祸啊！

易姜觉得还得打听一下平原君的目的，于是故意道："在我看来平原君此举完全是多虑了啊。"

聃亏果然顺着话摇了摇头："不尽然！赵重骄深受太后宠爱，新王刚立就被册封为长安君了，只要你得了他的信任，对平原君是大有裨益的。"

易姜面上不以为意，心里却在感慨原来如此。现在就要进入门客模式，她可没准备好，于是打定主意要找个借口先开溜。但还没开口，衣袖就被聃亏拽了一下，她抬头就见他一个劲朝门口努嘴，顺着他视线望过去，三四个人簇拥着一个少女走了进来。

木廊石阶，花草素雅，走进门的少女却是散发红衣，这景象实在有点扎眼。眼见她大大方方地在这群权贵中间坐下，竟还有人起身对她行礼，易姜深感震撼。

以前读书的时候她就知道春秋战国时期民风开放，女人没那么多限制，其中赵国更是走在潮流前端，服饰和妆容都被天下效仿，还出了个"邯郸学步"的成语。所以她对自己现在一个女门客的身份都没感到太惊讶，但是看到一个女贵族跟一群大男人一起在公共场合寻欢作乐还是觉得惊奇。

就在她惊讶的时候，身旁的聃亏忽然动了："姑娘稍候，马上就该你现身了。"

易姜一愣，不是说要等长安君出现的吗？

"聃亏先生。"聃亏走到中间，在场竟有权贵认出了他，还起身与他见礼。易姜忽然觉得聃亏的名声远比自己想象的要响。

聃亏身长九尺，体格魁伟，站在中间，那些伶人舞者顿时噤了声，全都退了下去。他向四周抱了抱拳，笑道："诸位今日来此的目的，桓泽先生已然知晓，特地命我前来招呼诸位。"

"招呼倒是不用。"与他搭话的权贵笑着道，"在下在此坐了许久，早不想拖延了。桓泽先生之前消失了那么长时间，便是离开平原君府了。如今在下得到消息亲自赶来，还望先生明鉴求贤之心哪。”

易姜靠在角落里摸下巴，听他这语气，好像根本不知道她是从牢里出来的啊。

莫非她那个师兄跟她是私斗？还是说给她留了点儿面子没有捅到尽人皆知的地步？

她忽然对这个本来打算敬而远之的师兄有点儿感兴趣了。

聃亏还在跟那些权贵周旋，但他到底是剑客不是政客，实在不擅长这套。易姜觉得就自己以前在大学拿辩论赛三等奖的水平都能完爆他了。说来也怪，原本自己特别紧张的时候，如果看到同伴表现不好，反而就不那么紧张了。

说了半天，权贵们也不耐烦了，言辞也就不那么客气了。聃亏也有数，转头朝易姜这边看了两眼，示意她该出来了。易姜猜想那个赵重骄大概是到了，理理衣襟出场。

她不知道这副身躯的主人以前是什么性格，但聃亏至今没对她产生太大怀疑，说明她这段时间走的路线大致是正确的。那就是一个牛的门客必然是高冷的。

高冷是怎么做到的？惊讶时要用“嗯”，生气时要用“哦”，高兴时要面无表情，不知道怎么回答就说“自有我的道理”。

于是她面无表情地站在大鼓边缘接受这些历史人物的见礼，虽然早已经心如擂鼓。

“有劳诸位前来，在下受宠若惊。”四周一片“应该的，应该的”的回应，易姜接着道：“在下离开平原君府已有段时间，原本已打算远离赵国，但近来又发现了明主人选，遂又决定留下来。”

她环视四周，心想这么阿谀奉承的理由，赵重骄没理由不心动了。

聃亏当然要配合地问一句：“先生说的明主是……”

“长安君。”

周围反应不一，惊叹、失望、无奈皆有，却忽然有人放声大笑起来，盖过了所有人的声音。

“先生的明主居然是我？”

易姜顺着声音看过去，愣住了，说话的居然是那个红衣少女。

什么少女，分明是个少年！声音洪亮清脆，面目清朗，偏偏穿了身女装。易姜很想大喊一声，却只能摆出一张高冷的脸："嗯，正是。"

怎么没人告诉她长安君有异装癖啊！

长安君站起身来，女装半敞，衣摆曳地，放浪形骸，但周围没有一个人觉得惊奇，显然他这样已经不是一日两日了。

少年身量尚未成熟，披着女装乍一看还真不容易看出差别，但既然知道了他是男的，再看他这身装束就觉得古怪了。易姜尽量不露痕迹地避免看他，但长安君偏偏朝她走近了两步，像是要拉回她的视线一样，一手叉腰，歪着脑袋盯着她。

他这架势分明是有话要说，易姜全身高度戒备，大脑迅速运转，脸上严肃的神情反倒不像装的了。

但最后长安君只是温和地笑了笑："承蒙先生不弃，重骄荣幸之至。"

易姜松了口气，看起来这也不过是个率性的大男孩儿而已，顶多是骄纵了些，应该还是挺好对付的。她本想面无表情地点个头回应一下，忽然回味过来是要行礼的，只好又回忆着聃亏之前的模样行了揖礼。

长安君眉眼含笑："敢问桓泽先生何时可以动身去我府里呢？重骄也好命人安排。"

易姜朝后看了一眼，聃亏接到示意上前一步道："先生有心事主，自然随时都可以启程随长安君回府。"

"重骄不能怠慢了先生，待我回去安排一下，申时恭候大驾吧。"长安君笑眯眯地扫了在场的人一眼，转身出门走了。

其他人见状也没心情留了，陆陆续续地离去，大多都不高兴。乘兴而来，却空手而归，自然扫兴，不过对方是赵太后疼爱至极的长安君，他们又有什么法子！

聃亏亲自送他们出了门，返回后对易姜小声道："我记得长安君没这么好说话的啊，今日你居然这么顺利就被他接纳了，实在奇怪。"

易姜猜想大概是因为桓泽先生的名号太响了吧，好歹还是平原君府上出来的，长安君多少也要给平原君面子的。

两人基本上也没什么行李好收拾的，在清风寓的吃住都由平原君府来报销，来得方便，走得也潇洒。准时登门是美德，聃亏特地算好了时间出门，依旧牵着他的马，驮着易姜朝长安君府上走去。

邯郸城已经颇具大都市的规模和风范，道路宽敞，商铺林立，人流穿梭不息。易姜的目光扫过身边驶过的牛车，扫过卖炭火的小摊，扫过两边齐整的屋舍和远处高高的城墙，忽然觉得这么长时间以来，这是她第一次真正接触到这个时代的阳光和春风。

聃亏见她看得目不转睛，猜想她大概是被关得太久了的缘故，母性又被激发了，故意放慢了脚步，好让她多看一会儿。

慢吞吞地走过几条大街，眼前没了那喧闹的景象，已经进入权贵的地界了。聃亏显然是早已探过路的，一路没有任何停顿地往前走，忽然指了一下前面道："到了。"

易姜放眼望过去，两棵大树后面是一扇厚厚的大门，灰墙高立，在左右尽头各设了塔楼，上面站着执弓箭的卫兵。聃亏扶她下马，走上前高声报上名讳，卫兵转头朝下方通报，不一会儿就有人来开门了。

易姜步子迈得很慢，跨过门槛时分外小心翼翼。

进了门就是门客了，不小心真不行。

一个褐衣仆从在门边接待，也不多话，转头就领着他们朝里走，脚步飞快。

易姜觉得奇怪，忍不住也加快了步伐，迈上台阶刚到了厅门前，就看见一群士兵站在厅中，手中还拿着兵刃。长安君正襟危坐在堂上，已经换下女装，披了件白袍子，头发倒是依旧散着，这么看确有几分清贵之气。

易姜越过那群士兵，上前向长安君见礼，因为不敢确定自己的姿势是不是到位，所以有点糊弄人的意味。待直起身看到长安君对自己笑了一下，料想大概是没什么问题。

"桓泽先生总算来了。"长安君笑得忽然有点变味，"来呀，押先生下去候审吧。"

易姜还没回过神就被两个士兵制住了手脚，惊讶得不行。难道自己刚才行礼的姿势不规范？那也用不着抓人吧！

聃亏是个急性子，见状立即大步进门："长安君这是何意？"

长安君斜着身子往垫子上一靠，舒展了一下跪坐了许久的双腿："今日我去清风寓的事被太后知道了，她认为我在父王丧期身着红衣、观赏歌舞是大罪，要治我呢。"

聃亏皱眉："这与桓泽先生有什么关系，长安君为何要抓她？"

长安君翻了个白眼："当然有关系啦，桓泽先生是我门下智囊，我被问罪，难道不是先生失责吗？"

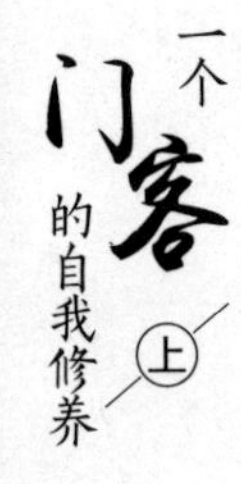

“可……可这也不是她怂恿的啊！”聃亏急得说话都有点结巴了。

长安君拨开滑到胸前的散发，语气哀愁，这样看来才有守丧的样子：“我本要为父守孝，若不是要去清风寓也不至于身着红衣，不去的话也见不着那歌舞，先生纵然没有指使我这么做，我这么做却确实与先生有关啊。”

“你……”聃亏气得脸通红。

易姜也是无语得很，难怪聃亏说他不好说话，原来还真不是个善茬。是她太想当然了，还以为这人好对付。再让她去坐牢她可受不了，可是现在希望聃亏救她是没可能了，长安君这架势显然是早就下好了套。

她想了想，忽然开口说道：“长安君此举让我想起一件事来。”

长安君原本已经抬手要吩咐押她下去，听了这话又放下了手臂：“哦？什么事？说来听听。”

“在下有个友人，为了买一个精美的匣子，花去了自己身上所有的钱币，只剩了个空钱袋。但她没发现那个匣子的锁是坏的，把钱袋放在匣子里就往家走，结果路上不慎被贼人打开匣子偷去了钱袋。我也不知道她是该买这个匣子呢，还是不该买这个匣子。”

长安君情不自禁地坐直了身子：“什么意思？”

易姜道：“如果她不买这个匣子，那么钱袋就不会放进匣子里被人偷走；可也多亏了她买了这个匣子，花光了所有的钱，被偷走钱袋时才没损失什么。所以我也想不通她买得到底对还是不对。”

长安君眼珠微转，神情渐渐微妙：“你想说你是那个匣子？”

易姜用面无表情表达此刻自己的高冷，悄悄在心里呸了一声。

什么友人，其实就是她自己，以前下血本买了个包包，花光了钱包里所有的现金，结果包背出去没多久钱包就被偷了。她后来一直在想，到底那个包包买得对还是不对。今天也是急中生智，忽然就想起这茬来了。但凡聪明人都想得多，不妨改编一下来绕一绕这小子。

门客嘛，不靠嘴皮子怎么吃饭。反正她看历史书上那些门客好像也都是胡乱吹牛的，只不过吹得比较艺术而已。

长安君还真的思索了许久，眼睛来回在易姜身上打转。

易姜以前买过一本书，讲如何通过脸部表情来判断对方内心的想法，但当时是出于好玩买来看的，也记不清说了什么了。现在真是后悔当时没能好好研究一下，书到用时方恨少，说的就是眼下这种情形啊。

“我明白了。”长安君终于思考完毕，但脸色不怎么好。

易姜心想你到底明白什么了啊，我本来就是说着来绕圈子的，我自己都不明白好吗！

长安君“哼”了一声，连口气也变差了：“当初在叔父府上，你当众驳斥我不该以女装示人，字字威压，今日又忽然奉我为明主，我若是什么都不做，岂不是要让你认为我这个‘明主’好欺负了？”

易姜眼皮一跳，咆哮的心都有了：合着还有过节啊！平原君你这是在坑我啊！

长安君站起身，冷笑道：“就算你是鬼谷先生的弟子，你又凭什么认为我会放纵一个对我言辞不恭的人在门下？”

“因为……”易姜手揪着衣摆无意识地揉着，胡乱回了句，“因为我当初是故意的。”

长安君一愣：“什么？”

易姜努力搜刮语言圆谎：“当初我为平原君效力时就已经看出长安君天人之姿，一直寻机投靠。但为了不让平原君起疑，只能先主动与长安君生出嫌隙，这样日后再出府投靠便不会引人注意了。”

长安君眯着眼睛盯着她，似在衡量真假。

易姜一不做二不休，抬高声音道：“在下这匣子，主公到底买还是不买？”

长安君斜视过来，目光上上下下将她看了个遍，脸色也是变幻不定。许久之后，终于摆了一下手：“也罢，先买了看看，不好再扔也不迟，反正我也不吃亏。”

士兵们左右退开，易姜暗暗松了口气。

管事接到示意，过来带他们去安顿。这下易姜的脚步快多了，连聃亏都险些追不上。

哪知刚出门又被长安君叫住了。

“对了，我早就想问了，那个贼人从匣中偷钱袋时为何没发现那是空的？一拿到手不就知道了，世上怎么会有这么蠢的贼人？”

易姜心想，我编半天容易吗？你还纠结这茬干吗！

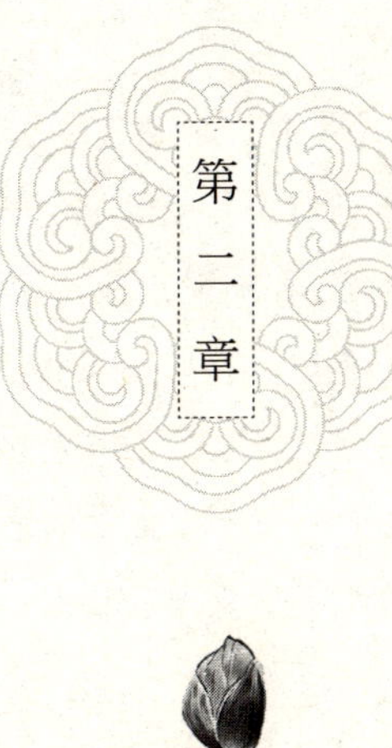

第二章

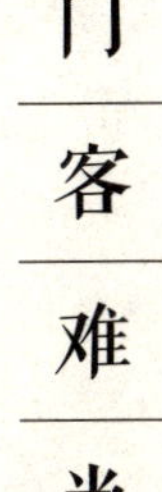

门客难当

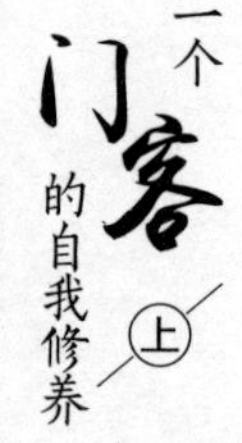

长安君府的后院眼下不怎么平静。桓泽先生到来的消息就像是一夜春风拂过，吹开了满园的花，但并不是所有人都觉得这花很香。

长安君不像他叔叔那样喜好豢养门客，自建府以来只收容了两个人在府上。这两人之中，一人来自楚国，名唤申息；另一人来自韩国，名唤裴渊。

申息以前在楚国是贵族子弟，因为犯事逃来赵国避难，被长安君收留。而裴渊只是个平民子弟，性格温和，所以在申息面前向来仰其鼻息。

掌灯时分申息敲开了裴渊的房门，鞋子都没脱，一脚踩在他的坐席上，怒气冲冲："听说桓泽先生进了府，你可知晓？"

裴渊先是放下手中竹简，又小心翼翼挪开案头那快要燎到他衣摆的烛火，这才抬起头来，竟然满面笑容："方才听说啦，真是一件大好事啊。"

申息见他这般回应，越发生气了："你还笑得出来？"

裴渊连连点头："那是自然，我仰慕桓泽先生风采久矣，如今竟能与先生共事一主，简直三生有幸啊。"

申息怒道："竖子愚蠢！桓泽一个年少无知的孩子，凭什么受这么高尊崇？不过就是仗着鬼谷一派的名号招摇撞骗罢了。"

往常见他动气，裴渊早俯首帖耳了，今日却不知怎么来了勇气，忽地站起身来，瞪着眼睛道："吾等学子，当礼仪为先，你还未见到桓泽先生便恶语相向，不外乎就是担心被抢了风头罢了！"

申息何曾被他顶撞过，气得脸色铁青，咬牙切齿道："儒家子弟都像你这般迂腐！我法家最看不惯这等沽名钓誉之辈，你竟还要与之为伍，实在叫我不齿！"

裴渊撇了撇嘴，腮帮子鼓鼓的，蓦地一把扯住他衣袖就往门口拽。

申息吃了一惊，跌跌撞撞地被他拽到门口，一个趔趄跌出门去，一手的泥。转头一看，裴渊扶着门大声道："既如此也没什么好说的了。你且记着，以后再说桓泽先生坏话，我定不饶你！”说完“嘭”地摔上了门。

申息嘴巴张得老大，这小子脑子坏了吧？

易姜这边已经安顿好，正准备吃晚饭。

一盆煮熟的羊肉，没有切，一整块放在里面；一碟圆面饼，表面暗黄；一盘鱼，看起来倒是挺正常。除此之外还有一碗粟米饭，虽然卖相不怎么样，但居然出奇地香。

分开饮食是礼节，所以饭菜是两份，聃亏和她一人一份。

易姜其实有点受宠若惊，因为之前在清风寓的时候他们是一天两顿饭，她总是吃不饱又不好意思说，现在到了长安君这儿居然恢复一日三餐了。

从这点来看做门客还是有好处的，至少能吃得饱啊。

聃亏埋头吃饭不吭声，很快就将食物消灭殆尽，擦干净嘴巴对易姜道：“姑娘慢用，我出去一趟。”

易姜点点头，目送他出了门，起身在屋子里找了卷没书写过的竹简，打算记上今天的见闻。

可惜她的毛笔字写得太丑，加上竹简的篇幅也有限，只能锻炼自己的缩句能力，最后用一句话概括了事件经过——长安君是个记仇且有异装癖的中二晚期少年。

不知道年月日，只能写上第八十四天。

写完觉得舒坦多了。她藏好竹简，继续吃饭。

不一会儿，聃亏大步流星地回来了。易姜还在跟那整块的羊肉搏斗，就听他道：“姑娘，有你的信。”

易姜的胃口一下损失大半，抬头看着他：“平原君寄来的？”

聃亏摇摇头，神情有些微妙，伸手将信递了过来。

易姜接过来一看，信封上什么都没有，只粘着根紫色的草，草有三叶，细长如穗。她翻来覆去地看了两遍，抬头问聃亏：“你确定这是寄给我的？”

聃亏正想说话，忽然有人插话道：“鬼谷派内部通信以细叶紫草为标记，收信人自然就是先生了。”

易姜转头一瞧，窗外趴着个青年，正盯着她看。二人目光相接，他忽然惊呼一声，掉头就跑。

聃亏连忙追出去，口中大喝：“何处来的贼子！”

原本已经跑远的青年忽然噌噌又跑了回来，涨红了脸怒视聃亏：“谁……谁说我是贼子！在下可是长安君府上的门客！”

聃亏一怔，易姜已经走到门口来。廊下灯火不够亮堂，只能看见他半边青灰色的衣裳和半边圆鼓鼓的腮帮子。

“既然是门客，怎么不走门呢？”

一听易姜说话，青年的视线立即移到了她身上，神情很是激动：“啊啊啊……桓泽先生竟与在下说话了！”

易姜有些摸不着头脑。

青年似乎也意识到了自己的失态，有些羞赧，理了理衣襟，走近两步，朝她行了一礼：“在下裴渊，仰慕先生风采久矣，今日有缘得见，不想先生竟如此年轻。”

易姜明白了，原来是粉丝。

裴渊双颊酡红，早忘了跟聃亏的不愉快，盯着易姜的双眼简直在发光：“渊生平有一愿，愿与先生畅谈一番，死不恨矣。不知先生可否赐教？”

“这个嘛……”易姜抬头望了望隐在云层中的月亮，“时候不早了，不如下次吧。”

裴渊一拍脑门：“是是是，是渊心急了，先生还有信件要看呢。”

易姜也想起来这事，那信还不知道是谁写给她的呢，再说她在这儿简直是个文盲，就算知道谁写的信也看不明白说的什么。

真是要命，除了写信你们就不能直接捎口信?

聃亏走近两步，朝裴渊见礼赔罪，但神色依然不快：“敢问先生是如何知道鬼谷派传信标记的？”

易姜收神看向裴渊，他的视线就没离开过她身上。听闻此言，裴渊立时挺直了胸膛：“实不相瞒，在下与这代鬼谷先生颇有渊源？”

“哦？”不只是聃亏，连易姜也来了兴趣，“是吗？什么渊源？”

裴渊眉眼之中皆是得色：“我曾在云梦山中做过鬼谷先生三天的邻居！”

聃亏默默转头扶了一下易姜：“姑娘还是进去看信吧。”

“说的也是。”易姜返身回屋。

裴渊没得到期望的回应，快快跟进屋来，不敢除鞋入席就座，就站在一边看着易姜。

窗外晚风徐徐。白衣宽松，衣袖带风，裴渊觉得她连抿唇皱眉的侧脸看起来也是那般地与众不同。

啧啧，不愧是鬼谷先生的弟子啊！

聃亏朝他眼前横挡了一步："桓泽先生要看信了，先生先请回吧。"

"啊……那渊改日再来拜见先生吧。"裴渊心满意足又依依不舍，口中说着要离开，脚步却是慢吞吞的。

易姜拆开信函，扫了一眼那天书一样的文字，心不在焉。一直到裴渊出了门，她转头对聃亏道："我前些时候在牢里受了点苦，眼睛在晚上看东西常有看不清的时候，不如你来替我阅读这信吧。"

本以为聃亏会答应，谁知他竟退后一步连连摇头："不可，这信必然是公西吾寄来的，你们师兄妹之间的信函，我一个外人看不好。若是晚上阅读不便，姑娘不妨等明天白天再看好了。"

"啊……也好。"易姜低头将信纳入袖中，一边琢磨着，当务之急还得学认字啊。

想了片刻，她忽然有了个主意，起身在屋里随便找了份竹简递给聃亏："你替我将这个送去给裴渊，就说我请他替我誊抄一份。"

聃亏看了一眼手里的竹简，不明所以，但还是立即照办去了。

那边裴渊整个人都激动了，嗷嗷，桓泽先生居然请他誊抄书籍！今晚不睡啦！

四月到了末尾，日火渐浓，连风都沾染了热气。长安君府后院内草木颜色又深了几分，树头枝叶舒展，一直连接到屋舍窗前，就快搭在聃亏的肩上，而他正扒着窗头朝里面悄悄张望。

屋中漆桌竹席，垂帘焚香，裴渊一手负于身后，一手拿着竹简，来回踱步，诵读声朗朗入耳。

旁边案后，少女双腿盘坐，束着的发髻不知何时松散了，就这么搭在脑后，身上的白衣铺在竹席上，衣摆皱成了一团。她左手托腮，垂眼盯着右手举着的竹简，长长的眼睫在眼下遮出一道浅浅的影子，脸色依然苍白，但目光灵动，看起来比之前有精神多了。

如果不是亲眼所见，聃亏真不敢相信这是桓泽本人，以前她都是正襟危坐的模样，何曾有过这样随性不羁的时候？

他的目光又扫到裴渊身上，心道真是古怪，她怎么就喜欢上听这小子念书

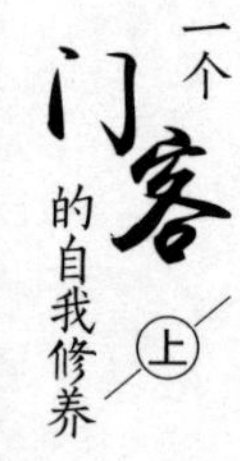

了？而且翻来覆去念那一本书，不嫌烦？

难道……

聃亏脑中灵光乍现，捂着胸口一直退到树干边才停住。

不是吧，难道她看上这小子了？！

聃亏觉得无法接受，这种感觉就像是要把自己亲手带大的女儿嫁给一个不成器的浑蛋一样让人忍无可忍！

正无法自拔中，身后有人戳了戳他的肩膀。聃亏没好气地回头，但一看到来人，连忙正色见礼："长安君。"

老赵王的丧期已到末尾，太后却仍旧悲痛不已。为了安慰母亲，赵重骄近来频繁出入宫廷，这会儿显然也是刚回来，身上繁复的朝服还没换下来，那张眉清目秀的脸被赫赫金冠一衬托，倒是少了许多青涩稚气。

大概是听到了屋中的诵读声，赵重骄歪了歪脑袋朝门口瞥了一眼，又笑眯眯地收回视线："听说桓泽先生最近一直跟裴渊在一起啊。"

聃亏点头称是。

"我听申息说，桓泽先生这是在拉拢裴渊，另有所图，所以二人成天腻在一起。不会是真的吧？"

要不是见识过他翻脸不认人的架势，聃亏都快相信他这善良的笑容和温和的语气了。"当然不是真的，长安君怎能相信小人之言！桓泽先生是来为您效力的，岂会另有所图？"

"是吗？"赵重骄侧过身子，"那你们对质吧，我看着就好。"

聃亏这才注意到他身后还站着个人，中等身材，身着黛衣，眉眼间满是愤愤不平，想来就是那个申息了。

"你说谁是小人？"

聃亏垂眼看他，这样的人他一个可以打十个，实在是懒得计较。

"如何？无话可说了吧？"申息转身向赵重骄行礼，"主公明鉴，桓泽小小年纪有什么资格进府？您留着此人定是祸患。"

长安君居然径自坐在一边的大石上了，像是嫌热一样，一手扯着衣襟，含笑点头。

申息见他被说动了，越发来劲："桓泽若真有本事，进了府又岂会不尽心为主公效力，反而整日与裴渊混在一起？息认为她只是空有虚名罢了！依息之见，不如……”

“申息！”蓦地传来一声断喝。

申息话音顿止，转头一瞧，裴渊正大步朝他走来，瞪着眼睛鼓着腮帮子，边走边撩袖子：“我早说过，你敢再说一句桓泽先生的坏话我绝不饶你，你且等着！”

申息没见过他这模样，竟怯怯地退了一步：“怎、怎么，你还敢打人不成？”

裴渊冲过来揪住他的衣领就是一顿狠捶：“打你怎么了？你自认出身高贵瞧不起我就算了，还敢瞧不起桓泽先生！倒要叫你瞧瞧我们儒生是不是那么好欺负！”

易姜跟出门来，看见那两个扭打在一起的人，有点哭笑不得。

申息是个权贵子弟，只有嘴巴厉害，哪里动得了手，几下就被打倒在地上，呜呼哀号，一边斥责裴渊枉读圣贤之书，一边可怜巴巴地向长安君求救。

易姜这才知道原来长安君也在，眼睛一扫，这位王室贵胄在树底下的大石头上蹲着呢。

赵重骄不仅毫无形象地蹲在大石头上，还手支着额头看着她，根本没有看一眼那边的“战况”。

时将正午，树荫遮日，仍有点点余光漏泄于廊前。易姜虽然一直以男装示人，但此刻立于廊下，长发松散，宽袍翩翩，整个人比衣冠齐整时看起来要柔和许多。

赵重骄上下打量她半天，扯了一下嘴角笑了：“原来你真是个姑娘啊。”

易姜心里提防了半天，没想到他居然冒出这么一句，抿了抿唇道：“我也从没说过我是男子。”

赵重骄的视线在她胸前盘桓两圈，意味深长地笑了一下，移开视线。

易姜有点脑血上涌，几个意思？老娘这是还没发育完全吗？想当初……

“罢了。”赵重骄起身，朝那两个已经在地上滚作一团的家伙摆了摆手，“二位先生住手吧。”

聃亏抱着胳膊憋着笑在边上看了半天热闹，听他发话才上前分开二人。

裴渊额头上汗都出来了，红着脸向赵重骄见礼：“渊与桓泽先生诵读诗书乃是研讨绝学，却被申息说成这般！渊一时气愤，忍无可忍，还望主公见谅。”

赵重骄温和地笑笑：“我已明了，先生宽心。”

“主公岂能轻易相信他们！”申息捂着半边肿高的脸颊爬起来，灰头土脸。

裴渊眼睛又瞪了起来，赵重骄赶忙竖手制止，对申息道：“桓泽先生若真如你所言有拉拢人的手段，那也是她的本事。得此能人，我当庆幸才是啊。”

申息无语凝噎。

“行啦，都散了吧。我可待不下去了，得赶紧换了这身衣裳去。”赵重骄抬袖遮了遮太阳，抬脚就走。

申息转头扫了一圈那三人，哪里还敢再待下去，捂着脸跑了。

易姜注意到裴渊的手背上留了几道血印子，憋着笑道：“快涂点儿药吧。”

裴渊气鼓鼓的脸顿时泄了气，看向她的眼睛闪闪发亮：“先生对渊这般上心，渊受宠若惊。”

聃亏眼皮狠跳几下，走过去一巴掌拍在他背上：“走吧，我去给你擦药。”

裴渊差点摔个狗啃泥，竟也没怪他，抬头依然笑眯眯地看着易姜，看得聃亏肝火旺盛，拽起他就走。

易姜转身返回屋内，看着案头散开的竹简，叹了口气。

为了一封信她也是蛮拼的，先是请裴渊誊抄一份竹简给她，再请他为自己诵读原文，过程当中她就对着复印本根据他念的读音来逐个记忆。

这是个笨方法，但挺有用。毕竟都是汉字，有不少长得还挺像的，这阵子下来她已经能认识不少字了。就是写起来还是太困难了点，为了尽快上手，她只能晚上一个人偷偷地练习，免得被聃亏发现破绽。

唉，当年要有这么刻苦，早考上清华北大了。

她左右看看，趁现在没人，赶紧找出公西吾的信，试着重新阅读。

字是认识了不少，可这晦涩难懂的文言句式也够让人头疼的。最后她只看明白了几个词汇，其中居然有“长安君”。

一个把她丢进大牢的人还跟她保持书信往来本就不对头，居然还提到了她的金主，易姜忽然想到关键，背后惊出一身冷汗。

聃亏说，信件是他当晚去城中一个友人住处取来的。公西吾既然只能将信寄给别人转交，应该并不知道她已经出狱。但他又偏偏在信中提到了长安君，这说明他明明已经清楚了自己的动向。

她至今不知道公西吾身在何方、做些什么，他却对自己了如指掌。

这人有点可怕啊……

也不知道聃亏到底给裴渊上了什么金贵的药，一直到天黑才回来。易姜屋内没有点灯，他站在门边观望了一阵才走进去。

“姑娘？”

“我在。”

案后一团人影动了动。聃亏赶紧找了油灯点亮，火光立时映照出他眉飞色舞的脸。

他才不会说自己方才已经警告过裴渊了呢！

“聃亏。”易姜丝毫没有注意到他的表情，坐正身子，一本正经地看着他，“你说，我若有心修好，公西吾有没有可能接受？”

聃亏先是一愣，接着忽然哈哈大笑起来：“姑娘与公西先生就好比廉颇与蔺相如，你说呢？”

易姜大大地松了口气：“你是说只要有个类似‘负荆请罪’的契机，我们就能重归于好？”

聃亏莫名其妙：“负荆请罪？什么负荆请罪？”

“廉颇负荆请罪啊！”

聃亏摇头：“亏从未听说过什么负荆请罪，廉蔺二人关系恶劣，天下皆知，至今没有和好过。姑娘和公西先生虽然不至于像他们那般，但鬼谷派弟子彼此就是对头，这点是永远都改不了的。”

“啊？”易姜蒙了，蒙在不是重点的重点上。

负荆请罪的故事连三岁小孩子都知道，聃亏居然说从没听说过，这也太奇怪了。易姜太过惊讶，以至于把公西吾的信都给抛诸脑后了。

因为这事她一整晚都没睡好。第二天顶着黑眼圈借机问了一下婢女，结果他们也是纷纷摇头。

难道是还没到时候？易姜琢磨着，不如找个机会去问裴渊。

午后有风，院中那棵枝繁叶茂的大树沙沙作响。易姜走到门口就看见聃亏在练剑，她觉得新奇，不禁多看了几眼，可惜聃亏一看到她就停了动作。

“姑娘怎么不歇息一会儿？”

易姜从没午睡的习惯，摇了摇头说：“我正打算去见裴渊呢。”

聃亏反手将剑负于身后，快步上前：“姑娘别去了！”

易姜一愣：“为何？”

“呃……我是说，我替你去叫他来就好，你不用亲自去。”

易姜点点头：“那也好，麻烦你了。”

聃亏二话不说，脚步匆匆地走了。

易姜回到屋内坐等，一边在心里组织语言，力求待会儿要不露痕迹地问出自己需要的答案来。

很快聃亏就回来了，站在门口朝易姜摇了摇头："裴渊正忙，无暇来见姑娘，我看还是下次吧。"

易姜心道难怪这货今天没过来，往常一拉开门就看到他了，比谁都积极。

到了晚饭时间，她又想起这茬，准备再去找裴渊，但是刚出门又被聃亏抢了先。

"姑娘坐着便好，我去请裴渊来。"

易姜只好再坐等，结果聃亏回来依旧说："裴渊太忙了，姑娘还是等下次吧。"

易姜无奈，那货到底在忙些什么呢？

接下来一连好几天都没见到裴渊，易姜渐渐也淡忘了要问的问题，每天专心练习已经学会的字，毛笔字写得居然没那么难看了。

天气说变就变，是夜风起，大雨倾盆。

易姜睡得不好，不知何时迷迷糊糊睡着，忽然被一阵震天响的捶门声惊醒，翻身坐起，就听聃亏在外面唤她："姑娘，长安君急着见您。"

这还是赵重骄第一次主动召见她。易姜拍拍脸颊赶走睡意，摆着一张高冷的脸进入戒备状态，这才拉开门跟聃亏出发。

屋外伸手不见五指，聃亏站在门外，撑着把伞护着手里的灯笼，肩头被雨水淋湿了半边。

易姜跟着他深一脚浅一脚地朝前院走，觉得这拖拖挂挂的衣摆真是累赘，简直一路走一路搏斗，等到了地方，鞋子到小腿都湿透了。

厅中灯火通明，两排桌案，残羹冷炙，分明就是一幅刚刚散宴的情景。

赵重骄倚靠在上方案后，散发不羁，身上披着件素白的衣裳，手里捏着根筷子心不在焉地转着。大概是被太后训了话收敛了，他这次没穿大红的，但仔细看，那还是件女装。

才多大的人就学会夜夜笙歌了，不愧是王公子弟。易姜止住腹诽，一本正经地见了礼。

赵重骄抬眼看过来，未语先叹。

易姜还是第一次见他这模样，好奇道："主公好像有什么烦心事？"

赵重骄将筷子丢进案上壶中，"当"的一声脆响："秦国攻赵了，先生如何看？”

易姜伪装的高冷有点绷不住。一上来就是这么棘手的问题，太强人所难了吧。

身着女装的赵重骄神色郁郁，双眼微垂，真是我见犹怜：“秦国不仅攻下了赵国三座城池，还扣留了我叔父平原君，如今朝中都在商议对策。王兄只想着息事宁人，全无主见，我该为母后分忧才是。”

易姜心想难怪呢，这么久平原君都没过问她一下，原来是被请去秦国喝茶了。

赵重骄久不见她回答，心中不悦，蓦地抬眼，眼神如刀：“先生就没什么好对策吗？”

易姜暗暗吞了下口水，强自镇定道：“两国交战是大事，桓泽不敢轻易做出判断，主公见谅。”

赵重骄神色缓和下来，“哼”了一声：“平原君好歹是先生故主，先生可不能见死不救。”

“那是自然……”易姜后背冷汗涔涔而下。

离开大厅时天已经有些蒙蒙亮。大雨如注，院中花草全都臣服地耷拉下头颅，细石铺就的道路上溅起一阵一阵的水花。

易姜举着伞怏怏地跟着聃亏往回走，一路都没什么兴致。一直到了后院，耳中忽然听见裴渊的声音就在附近，她才抬起头来。

前面开道的聃亏忽然回过头来，展臂拦住她去路：“姑娘注意，我们从旁绕道吧。”

他这模样简直就是一幅“前方高能预警，非战斗人员速速撤离”的架势，易姜莫名其妙：“忽然绕道做什么？我听见裴渊声音了，正好找他呢。”

聃亏又拦了一下：“绕道更近一些。”

正说着，裴渊已经到了跟前，见到易姜立即冲了过来，伞都给扔了：“先生啊，可算见到您了啊！”

易姜将伞举高替他挡雨：“这话该我说才是，你这些日子都在忙什么呢？”

“渊一点不忙，奈何……”他剜了一眼旁边的聃亏，愤愤道，“奈何聃亏先生阻挠，不让我见您！”

易姜看了一眼聃亏：“这怎么可能？”

“千真万确！”裴渊挺直胸膛，正视聃亏，“渊一直所愿不过是与桓泽先生畅谈天下大势罢了，聃亏先生何苦一直阻拦？”

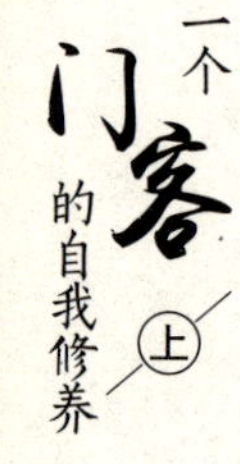

聃亏“哼”了一声：“畅谈随时都可以，何需天天黏着姑娘。”

裴渊气得跺了跺脚：“那是探讨绝学，探讨绝学！”

他脚下泥水飞溅，易姜赶忙阻止：“好了好了，想来是聃亏误会了。我知道你是想与我畅谈……这个好说……”她转身要走，忽然灵机一动，一把扯住裴渊衣袖：“说到畅谈，不如就现在吧。”

“当真？”裴渊低头看看自己被她握住的袖口，一脸兴奋，难以自抑，“好好好！”

聃亏在旁眼角抽搐，无人理会，心塞无比。

易姜领着裴渊回到屋中，顾不上换衣服就请他入座。

裴渊倒是讲究，亲手焚香，又添了佐料搁在案头煮茶，理了理衣袖跪坐在易姜对面，这才开口：“先生打算从何处说起？”

易姜像是不经意提起一般道：“刚好我听说了秦国攻赵一事，不知你有何看法？”

裴渊一拍大腿：“此事渊也刚知晓，方才就是想来找先生商议呢。”

“那正好，我也想听听你的看法。”然后做个参考。易姜默默在心里补充。

裴渊皱了皱眉头，看惯了他兴奋紧张的夸张模样，还真不习惯他一本正经的时候。

“秦相范雎与魏相魏齐有仇，如今秦国攻赵，盖因平原君收容魏齐所致。只要献上魏齐项上人头，平原君和赵国都可以免于危难。但君子践行仁义，交出魏齐实在有失君子风度啊。”

易姜听明白了。也是好笑，秦国打着替相国报仇的名号来攻打赵国，根本就没想过什么仁义，也就儒家还想着这两个字了。“那依你看，有什么好的对策吗？”

裴渊摇头：“秦国虎狼之师，大军齐发，没有好处是不会回头的。”

易姜托腮，也就是说没有两全其美的办法了，闹心。

裴渊观察着她的神色，斟酌道：“先生可有什么想法，不妨说来让渊学习一二。”

易姜脸色一僵：“想法……当然是有的，只是情形复杂说不清楚，我看还是改日再详谈好了。”

裴渊瞬间泄气，神色恹恹：“先生到底是不肯与渊促膝长谈，唉……”

易姜连忙道：“不不不，绝对不是这样。我已经答应了你，岂会出尔反尔呢？”

裴渊这才恢复了生气，盛了茶汤，双手奉到她跟前：“先生能这么说，渊就放心了。渊还有一事相求，不知先生能否答应呢？”

这里的茶味道古怪，易姜实在喝不下去，装模作样地端起来碰了一下唇又放下：“什么事，你说说看？”

裴渊抿着唇笑，眼睛在烛火下熠熠发光：“渊希望有朝一日能得到先生引荐，见一见您的师兄公西吾。”

易姜没料想他会提到公西吾，愣了愣。

裴渊的目光看着她，渐渐有些缥缈：“渊当年曾有幸得见公西先生一面，其风采绝世，记忆犹新啊。鬼谷先生门下有公西先生这样的高徒，桓泽先生自然也不例外，所以渊对先生崇敬之至，乃是发自肺腑。”

明明是赞美之言，这一瞬间，易姜的心头却仿佛有千万头草泥马狂奔而过。

什么玩意儿，原来这货不是她的脑残粉丝，是公西吾的啊！

然而秉着高冷信条，她只能面无表情地“嗯”了一声：“待我见到我师兄，这个好说，好说……”

大雨一连下了几天，终于停了下来，露头的日光里热气又重了一分。

易姜这些天心情就没好过。一是那天在赵重骄跟前用了个缓兵之计，还不知道赵重骄会不会追着她要对策，二来裴渊那厮这几天总是肆无忌惮地在她面前提及公西吾。

真心疼自己，粉丝那么热情，偏偏本命不是她。

早上“粉丝”又来与她“探讨绝学”，书念到一半，他朝窗外看了看，大概是没见到聃亏在，笑容满面地从怀中摸出份竹简来：“先生，有件东西我想请您看一看。”

易姜从那堆密密麻麻的篆体字中抬起头来：“什么东西？”

裴渊将竹简双手递过去：“渊将近来心得写成此文，愿听先生赐教。”

易姜展开阅读，因为有的字还不熟，连猜带认，速度很慢。但裴渊看在眼里，只觉得她对自己的文章读得分外认真，又紧张又激动。

这段时间恶补式的学习还是有用的，易姜居然看明白了大概，只不过心里不以为意。

裴渊到底是个儒生，看什么都要带着仁义道德的眼光。可这是战国，仁义和道德哪里比得上开疆扩域。这些观点在她看来甚至是有点迂腐和愚蠢的。

如果她以易姜的身份，当然可以畅所欲言，但她又是桓泽，有些话不能随便说。所以犹豫了片刻，她只能说："我觉得很有道理，你应该呈给主公看看。"

裴渊双目炯炯，红光满面："连先生都这么说了，那我这就去呈给主公过目。"说着就噌噌跑了出去。

易姜摸摸鼻子，赵重骄既然能留他在府上，肯定是欣赏他的观点的，应该会觉得很不错吧。

聃亏的脑袋忽然从窗口幽幽冒了出来，下巴搁在窗台上，眼睛盯着裴渊离去的屋门，语气哀怨："那小子总算走了。"

可惜聃亏高兴得太早了，不过片刻，裴渊居然又跑回来了，还没到门口就唤着易姜："先生，先生，快来，大事不好！"

易姜本来心里就揣着担忧，听到这话眉心一跳，立即站了起来："怎么了？"总不可能秦国这么快就打到门口了吧？

裴渊气喘吁吁，奔进门来拖住她衣袖："先生随我来就知道了，快！"

易姜只能由着他把自己扯出门。

窗台后的聃亏表示不能忍受，赶忙跟了上去。

裴渊扯着易姜一路小跑，一直到了前院才停住。院子里婢女下人跪了一地，四下静默，只传出隐隐的抽泣声。

易姜这瘦弱的小身板儿好不容易挤到前面，一眼看到眼前场景，骇得捂住嘴巴才没叫出声来。

一个下人歪倒在地上，捂着半边胳膊，嘤嘤哀泣，气若游丝。地上一大摊血渍，旁边是被斩断的半截手臂。她的目光顺着血渍缓缓移到旁边的剑尖上，往上是金冠朝服、怒气冲冲的赵重骄。

"先生。"裴渊悄悄戳了她一下，"快劝劝主公，你说的话主公一定会听的。"

易姜感觉脑袋里全是那猩红的血渍，手心里全是汗，哪里知道该说些什么。但那个下人眼看就要不行了却没人阻止，她又看不下去，只能强作镇定地开了口："主公……因何动怒？"

赵重骄蓦然抬眼朝她扫来，易姜下意识地就想后退，幸亏裴渊就紧贴在身后，这才没失态。

“居然惊动了先生。”赵重骄冷笑一声，“没什么，觉得碍眼，砍了个下人罢了，先生不必在意。”

易姜无话可说，在她看来不合理的事情，在这里却是天经地义。

裴渊忍不住，上前一步见礼：“主公息怒。既已责罚，便就此饶过他吧。”

“二位先生亲自求情，我自然要给个面子。”赵重骄随手丢了长剑，摆了摆手，那个下人总算被抬下去了。

四周的人闻风而散，不敢近前半分。

赵重骄的脸色依旧不好，仿佛整个人都积压着一身的怒火，来回踱步，忽然瞥了一眼易姜：“之前先生说两国交战，不敢轻易做出判断，我今日才知道缘故。”

易姜仿佛悬了块大石在心口，难道他知道自己没真本事？

哪知赵重骄自顾自道：“你是早知道赵国必然要向齐国求救吧？”

那块大石轰然落地，易姜一本正经道：“主公英明。”

“英明？”赵重骄一脚踏在剑刃上，冷哼一声，“也罢，先生随我走一趟吧。”

易姜心里当然是不乐意的，但是看了看他脚下的剑，只能僵硬地点头。

赵重骄率先走出了府门。裴渊拉住易姜，小声提醒道：“我第一次见主公这般生气，先生一切小心。”

一旁的聃亏听了这话有点不放心，想要跟过去，到了门外，却被赵重骄阻止。眼见着易姜登上了驷马车驾，他没好气地把裴渊揪到一边教育了一顿：“若是姑娘有半点差池，我唯你是问！”

裴渊一脸无辜：“与我何干？”

“还不是你把她拉来掺和这事的！”

裴渊无言以对。

在长安君府宅了那么久，这是易姜头一回出门。马车速度很快，所以特别颠簸，她简直不敢放松全身力气坐下去，怕屁股被颠散架了。悄悄瞥一眼赵重骄，他倒是坐得稳当。

印象里赵重骄顶多有点超出少年的狡诈，大多数时候还是和颜悦色的。虽然他的和颜悦色总让人觉得没安好心，但像今天这样难以形容的愤怒还是头一回见。

照理说向齐国求救不是有出路了吗？他这么生气做什么？易姜心里盘算着，提心吊胆。

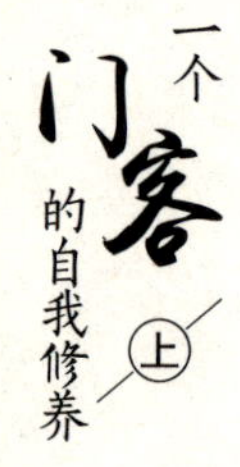

也不知过了多久，马车终于停下，结束了她痛苦的乘车经历。她拖着僵硬的双腿跳下车，抬头一看，眼前一座巍峨的城门，四周都是卫兵。

“走吧。”赵重骄率先开路。

进了门往里是长长的一条通道，中央开阔，四面高墙塔楼，前方还有一道城门。等再进入这道门，易姜呆了——广场开阔，两排黑甲盔帽的士兵持斧钺而立，道宽且长，往前是三道雕栏石阶，其上是赫赫殿宇。

原来刚才那不是城门，是宫门啊！

赵重骄一路都没说什么话，带着易姜朝前走，所过处衣袂翩翩的侍女、三三两两的内侍，甚至有衣冠肃整的官员，无不停步向他见礼，他却一概不予理会。

过了主道，转了个弯，拐上了一道回廊，前方的殿门已经能看到。一个素衣内侍快步迎上前来，向赵重骄见礼：“见过长安君！长安君可是要求见太后？”

赵重骄“哼”了一声：“不见太后难道见你吗？”

内侍讪笑：“长安君说的是，只是太后正在见左师大人。”

“触龙来了？”赵重骄一手揪着衣摆，愤愤道，“我知道那老东西要说些什么。”

内侍吓得不敢作声，小心翼翼退开了去。

易姜觉得“触龙”这个名字十分熟悉，想了半天才想起来以前学过一篇课文叫《触龙说赵太后》，一下如同醍醐灌顶。

秦国攻赵，赵求助齐国，齐国提出条件，除非赵国送赵太后幼子入齐为质，否则绝不发兵来援。赵太后不肯送子入齐，触龙谏言，最终成行。

那个人质不就是长安君嘛！

不一会儿，殿门里走出个老者，头发花白，拄着拐杖，脚步缓慢。内侍扶着他往宫门口送，他从廊下经过，看到了赵重骄，脸色一下变得有点尴尬，颤巍巍地见了个礼。

赵重骄笑得人畜无害：“左师前来，想必已经劝动母后送我入齐了吧？”

触龙叹息着摇了摇头：“老朽已经尽力，太后却依旧不肯退让半分，只好作罢。”

易姜皱眉，什么意思？触龙说赵太后不是说动了吗？怎么他说没成功呢？我读书少，你可别骗我啊！

然而眼前老人的模样，半分不像在骗人。

易姜忽然想起“负荆请罪”的事，终于意识到什么。

这里的历史好像跟她所知道的有点不太一样……

赵重骄听了触龙的话似乎有些得意，拂袖转身，示意易姜随自己走。

易姜边走边回头去看触龙的背影，恨不得上前扒着他双肩一顿猛摇：“大哥你有照着课文里的那样说吗？是不是劝的时候没走心啊！”

可惜脚下已经进了殿门。

殿中青铜雅器，垂帘悬帐。赵太后侧卧在榻上，玄色深衣肃穆庄重，隔着袅袅香烟看不清楚模样。

易姜这段时间跟裴渊讨论儒家礼仪之道，暗中学习了许多，行礼姿态是没问题了。然而赵重骄根本没给她时间见礼，径自快步上前，在太后榻边跪坐下来。

“还是母后好，没有真将我送去齐国做人质。”

赵太后的声音很轻缓：“但是这样也救不了赵国了。”

赵重骄连忙握住她手：“母后这话如何说得？姐姐贵为燕王后，为何不向燕国求救？燕国绝对不会要求我去做人质，何须向齐国低头？”

赵太后摇头：“燕王后是你姐姐，可燕国做主的不是你姐姐。燕王不愿意相助，赵国的盟友就只剩下齐国。我虽拒绝了触龙，但总觉得不是滋味啊。”

赵重骄抿紧唇，缓缓伏在赵太后膝头，像只温顺的小羊：“母后难道还是要送我走吗？”

“吾儿……”赵太后微微坐起，探出身子，露出脂粉未施的脸。

她居然还很年轻，看着顶多三十多岁的样子，五官秀丽。只是不知是不是因为丈夫刚过世的缘故，看起来分外苍白虚弱。她的目光落在儿子头顶，手拍着他的肩，语气哀伤，但神情坚毅，没有半分表露出来。

易姜原本是抱着欣赏历史人物的心态在看她，忽然跟她抬眼望过来的视线撞了个正着，猛然想起好像规矩是不能随便张望，又赶紧低下头。

“这位想必就是你府上的桓泽先生了吧？”

赵重骄根本没看一眼易姜，心不在焉地“嗯”了一声。

赵太后拍怕他，示意他起身：“你先出去，我有些话要单独与桓泽先生说。”

赵重骄不情不愿地站起身来，转身经过易姜身边时凌厉地看了她一眼。

易姜当然明白他是要警告自己替他说好话，不然也不会带她来这儿了。

赵太后命人将垂帘卷高，朝易姜招招手：“请先生近前叙话。”

易姜慢吞吞地靠过去。

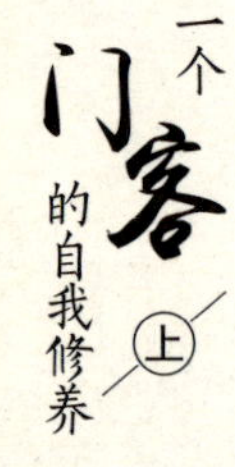

“先生比我想象的要年轻许多，我像你这般年纪，还没有嫁来赵国呢。”

易姜心里七上八下，口中只能称是。

赵太后叹息：“你与吾儿一般年纪，鬼谷先生放心将你放诸这纷纷乱世，我却不舍将吾儿送去齐国，果真比不上圣贤哪。”

易姜实在忍不住，问了一句：“太后真拒绝了触……左师的提议吗？”

赵太后苦笑点头：“臣子的智慧譬如百姓的赋税，有时需要逼迫才能展现出来，但若遇上年成不好，就算逼迫也没有用。此时赵国正值危急存亡关头，我深知他们已经无计可施，却还是想为吾儿耗上一耗。但其实，我心中早已下了决定。”

易姜万万没想到做出送长安君入齐决定的恰恰是她自己，与触龙毫无关系。这哪里是课文里说的那个不分青红皂白只知道护短的赵威后。

赵太后朝她温和地笑了笑：“今日就算先生不来，我也是要请先生来见一面的。我知道先生出身鬼谷一脉，但我并不想听什么治国之言，也不想求什么对秦良策，只想请先生随重骄共入齐国。”

易姜怔了怔：“桓泽担心担不起这重任。”

赵太后竖了一下手：“先生不必过谦，你与公西吾是同门，天下皆知。鬼谷派的规矩我也略有耳闻，由你陪同重骄入齐，我也就可以放心了。”

易姜对她的话不是很明白。

然而赵太后并没有解释的意思，仿佛担心她不愿意，又许诺将来要给她千金良田，没等她答复就命侍女送她出门了。

所以这不是请求，而是命令了。

赵重骄的怨气可想而知，易姜回去后就躲在住处，隔着那么远都能听见他砸东西的声音。据说下人们都畏畏缩缩不敢接近，担心缺胳膊少腿，整个长安君府一整夜都惶惶不安。

一直到深更半夜，赵重骄大概是平静了下来，没再传来摔东西的响动。易姜正想倒头睡觉，婢女跑来说长安君请她过去。

易姜提心吊胆地去了前厅，却见裴渊、聃亏也在，就连这些天一直躲着自己的申息都在，半边脸颊还肿着呢。

赵重骄坐在案后，身上的朝服从宫中回来后一直没换。他扫了四人一眼，脸上居然有了笑容：“四位先生在我府里也有段时日了，我这个长安君怕是过不了几天好日子，就要去齐国做人质了。除了桓泽先生之外，其余几位是去是留自己做主，重骄绝不强留。”

那三人面面相觑，聃亏最为惊讶，连连朝易姜递眼色，大概是想问为什么她被排除在外。

赵重骄似乎觉得疲倦了，摆了摆手：“诸位好好想想吧，要走的随时可以走，不走的话就收拾行囊吧。”

四人行礼告退，申息步伐最快，一出门就消失在夜色里。

易姜想跑快也没可能，聃亏和裴渊逮着她问东问西，将她那点睡意驱赶殆尽。

好不容易回到屋中，再也睡不着，她躺在床上翻来覆去地想赵太后的话。

为什么赵太后会提到公西吾呢？听她的意思，是因为公西吾和自己是师兄妹，而她知道鬼谷派的规矩，所以才派自己去齐国。

鬼谷派的规矩是什么？同门互斗？

那赵太后的意思就是，因为知道她和公西吾会互斗才派她去？换句话说，她要借助自己来压制公西吾，免得长安君吃亏？

所以公西吾在齐国？

易姜一下脑袋清明了，猛然翻身坐起，点亮灯火，翻箱倒柜地找公西吾的信。

信别三日也当刮目相看啊。她凑近灯前，一个字一个字地看着那封信，真是心潮澎湃。

没想到信的内容居然是这样。公西吾已经在信中明确地告诉她平原君被请去了秦国，赵国必危。国危必然求救，求救必然求齐。齐国女主当政，谨小慎微，必然要求人质。长安君是最佳的人质人选，并非良主，如果不能早做应对，就该远离长安君。

易姜机械地托了托自己快要掉下的下巴，觉得在这样一个人面前，自己还是趁早缴械投降比较好。

天亮时长安君府少了一个人。

号称对主公最为忠心不贰的申息半夜就翻墙跑了，无影无踪。

裴渊跑来跟易姜说起这事时，易姜正在往口中灌那难喝的茶汤，好保证自己不打瞌睡。

裴渊坐在她对面，用竹简狠狠敲了一下桌案，大叹人心不古，仁义殆丧，对自己居然还曾将申息当作朋友多加忍让的行为进行了深刻的自我检讨。

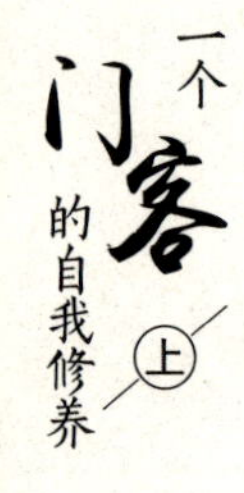

直到聃亏进来叫他们收拾东西。

“这么快？”易姜有些意外。

聃亏点头，情绪不怎么高：“赵国急着搬救兵，自然要赶紧把人送过去了，王宫的车马都停在府门口了。”

裴渊闻言不再逗留，起身告辞：“我可不能背弃主公，定要追随到底，这就去收拾行囊。”

易姜找出那个专门用来记日记的竹简，连同换洗衣服收拾在一起，也不过一个小包裹而已。还不知道何时才能回来，更不知道那虚无缥缈的千金良田能不能到手，她环视屋内一圈，真心不想走。

何况只要一想到公西吾可能就在齐国等着，简直是坐立不安。

聃亏返回房间整理行囊去了，过了片刻后过来催促易姜上路，却见她人不在屋内。在院中找了一圈，发现她竟在院墙边那棵大树上蹲着，背上背着包袱，一手攀着墙头，已经朝院外探出了半边身子，连忙问：“姑娘这是做甚？”

易姜僵硬地转过脖子，语气倒是一如既往地高冷：“嗯……我是觉得，我加入此行实在有些多余。原本我只是受平原君之托而来，现在平原君人在秦国，长安君又要去齐国，此事大可以作废了嘛。”

聃亏双目圆睁，一踮脚扯住她胳膊：“姑娘怎可说这种话？你可是答应过平原君的！”

易姜皱眉：“又没协议，口头答应算什么？”

聃亏眉宇间竟有了愠怒：“君子知恩图报，一诺千金！平原君救出了姑娘，姑娘又岂能失信于人？”

易姜无言以对，仔细想想，还真有点惭愧。

她自以为是地认定古人愚钝不知变通，却恰恰忘了这是最难能可贵的品德。千百年时光磨灭了这个品质，而她居然还觉得理所应当。

“你说的是，我方才是随口开个玩笑的。”

聃亏松了口气：“亏就知道姑娘不是这样的人。”

易姜被他小心翼翼地扶下地来，笑得比哭还难看：“那是自然……”

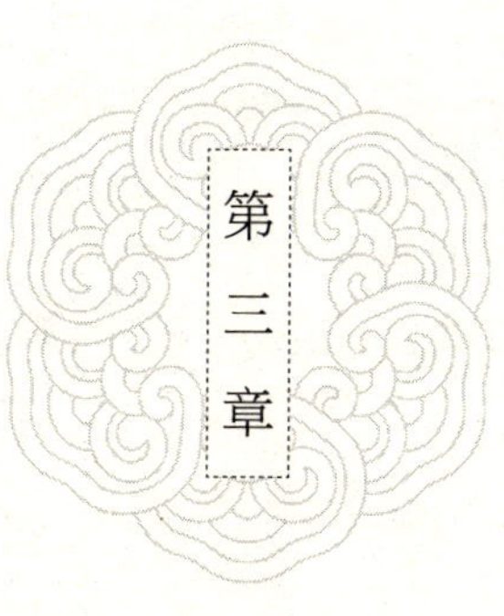

第三章

师兄现身

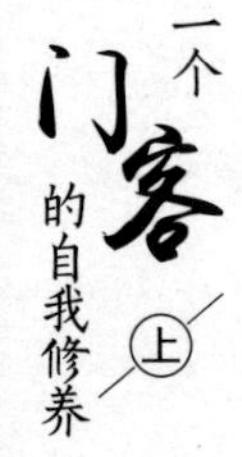

兵士开道，百姓围观。初夏的风温柔又微凉，邯郸城陌生又熟悉。

赵太后大概是心疼儿子，护送的车队浩浩荡荡。送行官请出赵重骄，他身着广袖深衣，一言不发地登上了车。易姜远远看了一眼，多少有点同情，说到底他也只是个少年而已。

聃亏和裴渊挤挤攘攘地坐在后面的车里，待易姜上了车，他们才稍稍安分了点，没再你争我斗。

辰时出发，驶出城门时太阳已经到了正当空。前方车马忽然停了下来，易姜乘坐的马车也随之停下。她抬头望出去，赵重骄从车中探出身来，向后方高处看了一眼，又收回了视线，什么表情也没有。

车队继续前行。易姜好奇地循着他的视线望去，城门上原来站着一行官员。正中的是个少年，抄手而立，玄衣迎风，头戴垂珠冕旒，广袖鼓舞。这造型必然是赵王无疑了。

看来赵王还是很挂念这个弟弟的，可惜赵重骄不领情。

齐国东靠大海，北有高山，物产丰富，民生安乐。车队在出发后的第三天到达都城临淄，扑面而来的是绚烂的阳光和微凉的山风。

实际上因为之前睡眠不足，易姜大部分时间都在车里打瞌睡，偏偏为了维持自己高冷的形象还得强撑着，这一路走得迷迷糊糊，根本没多注意一路上的情景。

邯郸城中送来了个质子，自然引得百姓纷纷围观，尾随车队的百姓几乎堵满了大街。易姜揉了揉眼睛，扒在车门边朝外张望，发现这里的百姓比起邯郸城中的穿着都很朴素。也难怪会对赵国来的人这么热情，那里可是潮流中心呢。

一直到了驿馆外才算清静下来。

易姜早就受够了颠簸的马车，最先跳下车来，四周瞄了一圈就觉得不对劲，好像齐国都没派人来接啊。

赵重骄这一路上都没有与旁人说话，所有人都知道他不高兴，此时再来这么一出，连送行官员的脸色也不好了。易姜眼见他从车上下来，每一步都像是踩在心尖上，心惊胆战的。

赵重骄脸色阴沉，径自进了厅中。

送行官员连忙追上前去，口中义愤填膺地道：“长安君不必介怀，臣这便去齐国朝堂指责他们！”

赵重骄霍然停步转身：“我们有求于人，还敢去指责他们？你还是赶紧请他们发兵要紧吧？”

送行官员尴尬地说不上话来。

易姜小心翼翼地跟在后面进了门，生怕惊动这尊火气正旺的大神。

一行人车马劳顿，好不容易安顿下来，驿站竟然没有人招待他们用饭。送行官大加指责，最后终于送了饭菜过来，也是粗糙不堪，易姜吃了一口就吐了出来，料想赵重骄已经要炸了。

赵重骄倒是没口头发作，但在屋子里当着所有人的面掀了桌案，等于直接甩了齐国驿站一耳光。

送行官一头的汗，忙里忙外地给长安君重新张罗饭菜。驿站里忽然走进来两个青灰短衣的侍从，说是奉齐国相国之命，有请长安君去相府一见。

易姜听到响动从屋里探出脑袋来张望，一眼就看到赵重骄铁青的脸。

他立于厅中，怒极反笑：“你们不曾派遣一个官员前来迎接我，现在反倒还要我亲自登门去见齐相，这就是大国礼仪？齐王是我舅舅，不召我入宫见驾，反倒先见齐相，这便是君臣尊卑？”

两个侍从被他质问得哑口无言，彼此对视一眼，悻悻然地回复这是相国的意思，他们无权过问，只负责传话。

连侍从都敢藐视他，赵重骄从小到大从未受过这样的待遇，负在身后的手紧握成拳，忍了又忍才没发作。

易姜也觉得挺无奈，一夕之间从天之骄子跌落尘泥，这落差的确是太大了些。

僵持良久，赵重骄的拳头终于松开了，对侍从道：“我刚到齐国，身体不适，就让我门下桓泽代为走一趟吧。”

易姜刚在心里夸他顾全大局没有动怒，没想到下一句自己就被卖了，连忙缩回屋里。

赵重骄恰好转头看向她屋门，见到她躲避之态，正如火上浇油，一下积压的火气全都蹿了上来："怎么，桓泽先生如今也敢藐视我的命令了？"

易姜按按太阳穴，拉开门快步走出去："主公有令，桓泽不敢不从。"

"主公倒是叫得不错。"赵重骄满腔怒火正无处发泄，见她这模样更为光火，"先生自入府以来可曾为我这个主公做过半点有益之事？我尽心奉养你，如今却落得这般地步，先生可曾出过一分力？"

易姜哑口无言。虽然这么说对她不太公平，但她能力有限，没能尽到门客的责任也是事实。更何况她是在顺应历史的发展促成现在的局面，虽然现在已经知道历史的发展和她所知道的根本不一样。

"若非母后下令，只怕先生此时早已跑得无影无踪了吧？"赵重骄说到极怒，猛然抽出了腰间佩剑，惊得那两个侍从连连后退几步。

易姜只觉眼前剑光一闪，下意识眯眼后退，被衣摆绊着跌倒在地，抬眼就见到指着自己眉心的剑尖，头皮一阵发麻。

厅中都是人，桓泽先生被剑指着跌坐在地上，名声只怕也蒙了尘了。易姜忽然有点理解赵重骄的心理，他大概是想让自己也陪着他一起跌落到尘埃里，不过理解归理解，可千万别一个手抖真把她给劈了啊！

闻声跑来的聃亏心急如焚，忍不住要拔剑上前阻拦，被裴渊眼疾手快地挡住，一边好言好语地劝说赵重骄："主公息怒，切莫因一时动气折损良才啊……"

"哼。"赵重骄冷笑。

易姜习惯了他这说变就变的性子，还不至于慌乱，定了定神道："主公只一味责怪桓泽没有尽心帮助您摆脱眼下困境，实际上桓泽认为长远来看，眼下情形对主公是有利的。"

赵重骄挑眉："如何说？"

易姜扫视一圈，意思是你不会让我在这儿说吧。

赵重骄也明白人多口杂，看她神情淡定，竟然也相信了几分，只是手中的剑没有半分退缩。

送行官察言观色，一面遣散围观的齐人一面过来打圆场。

赵重骄瞥见那两个侍从还探头探脑地没离开，脸上无光，当然听不进去半个字。

易姜这小身板儿还是太弱，维持同一个姿势半天，双腿发麻，后背都汗湿了。

聃亏见状再不肯忍，一把推开裴渊，拔了长剑便要去挡赵重骄。刚走近身前，脚下铿然一阵低吟，一柄剑斜插在他脚边，轻颤不止，不仅止住了他的步子，连同赵重骄曳地的衣摆也被钉入了地面。

赵重骄微微一愣，手中的剑收了几寸。

易姜口干舌燥地转过视线，厅门边站着一个青年，身姿修长，玉冠白衣，脸颊瘦削，双目深邃。

周围齐人纷纷垂头向其见礼。易姜并不认识他，但目光胶着在他身上离不开半分。

裴渊曾与她谈论诗歌，讨论到美之一字，说道："小美兰芝玉树，芳脂玉膏。中美气度在内，风华在外。而不骄不躁，不偏不倚，眼中不见万物，胸中海纳百川，方为大美。"

她当时好笑地问："小美和中美都还是形容人的，大美形容的只能是神吧？"

裴渊一本正经："不，也有大美之人，譬如公西先生。"

易姜当时感觉自己受到了成吨的伤害，而这伤害现在忽然具象成了现实。之前裴渊多次跟她提及公西吾，赞美之词多如牛毛，她全都忘了，却在此刻全都鲜活地浮现在了脑海里。

"师兄……"这大概是她唯一不用确认就能认出来的人。

"齐国上卿公西吾，特来迎接长安君。"那人屈首见礼，抬眼时视线轻轻落在易姜身上："师妹。"

裴渊身子一软，晕了。

院中马嘶人忙，齐国侍卫迅速进来分立两侧，侍女奉盏添香。这才是该有的迎接架势，但赵重骄并不领情。

他瞥了一眼地上的剑，又扫了一眼公西吾腰间的剑鞘，冷哼道："这便是齐国待客之道？"

公西吾眉眼淡然，神色无波："齐王重病，全国严禁斗凶见血，在下出手是无奈之举。"

"那么齐相要我主动去见他，也是待客之道？"

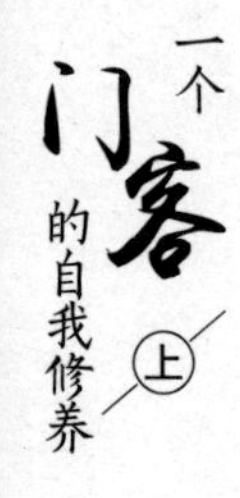

“安平君乃武将，任相国不久，礼数难免有不周之处。”

赵重骄抿唇：“那你作为迎接之人姗姗来迟，又岂是待客之道？”

公西吾幽幽抬眼：“长安君并不是客。”

赵重骄双目圆睁，脚下一动却被牵制了步伐，一怒之下挥剑斩裂了那截被钉在地上的衣摆。

公西吾像是什么都没发生一样，侧身抬手做请：“质子府邸已经备好，请长安君移步。”

赵重骄收起长剑，冷眼打量他一圈，面色森寒，但终究忍了下来，拂袖出门。

等大队人马出了门，聃亏才扶易姜起来，抽出地上长剑，双手奉至公西吾跟前：“亏未能照顾好姑娘，有负鬼谷先生大恩，请公西先生莫怪。”

公西吾接过剑纳入鞘中：“先生侠义风范，并无不妥。”

聃亏再拜，被他托住手腕。

易姜正暗暗地想要挪远一点，却听公西吾道：“久未见面，师妹难道不愿与我一叙？”

她拍去身上泥土，深吸口气，转过身来时面沉如水：“你我有什么话可叙？”

公西吾上下打量她许久，淡淡一笑：“我以为就眼下这般境地，师妹是有话要与我说的。”

易姜看着他衣裳上精致的纹饰，腰间的玉佩流苏，再看看自己，嘴角微抽：“师兄打算去哪儿说？”

公西吾自衣袖内取出一方木牌递过来：“明日午后三刻，我在稷下学宫等你。”

易姜接过来，再抬头他已经出了门。

质子府邸就坐落在王宫附近，这大概是诸多不满之中唯一可以让赵重骄满意的一点。

易姜到达时已经快天黑，因为裴渊晕了，她花了好长时间才说服聃亏摒弃前嫌背他走出驿馆。

府邸不是新宅，陈设布局也远远比不上赵国的长安君府，前厅更是小得可怜，以前满堂灯火，现在只点了两盏。赵重骄披了件女装，正在里面坐着，半边身子还隐在黑暗中。

易姜从厅外经过，他忽然抬头唤了一句："先生止步。"

白天在驿馆被一顿羞辱，还被公西吾瞧得一清二楚，易姜心里也不大痛快，一提衣摆就进了厅中。

"主公要说什么？"

赵重骄见她连礼数都没有，"哼"了一声："你之前说入齐为质在长远来看是有利的，倒是给我说清楚怎么个有利法。"

易姜昂了昂脖子："士为知己者谋，主公不过将我当作发泄怒火的奴仆，我又何必再费心为主公出谋划策。"

赵重骄嘴角一抽，险些发作："怎么，还要我向你赔罪不成？"

易姜竖手："这样好了，我先说出利害之处，若主公觉得有理，再向我赔罪不迟。"

赵重骄翻了记白眼，女装之下竟颇具风情："你说。"

易姜道："主公此番入齐，虽为质子，实为功臣。功劳有二：其一，为赵国搬得救兵，解了赵国燃眉之急；其二，可在齐国周旋通融，让齐赵两国同盟更加稳固。他日主公回国，就会因为这两样功劳而地位巩固，难道不是有利之处吗？"

赵重骄神色几番变换，目光在她身上来回几遭，闪烁不定，抿唇不语。

易姜知道他被说动了，就是碍着脸面死不承认呗。她早就想好好杀一杀这小子的脾气了，一撸袖子，上去一把就剥了他的衣服。

"主公既然深知自己的责任，就该改头换面，克己严律，莫要被齐人逮着把柄，你在这里代表的可是赵国的脸面！"

赵重骄瞠目结舌，下意识抱起双臂，第一次舌头打结："你……你居然剥我衣服？"

易姜面无表情："主公还欠我一个道歉，我记着了。"

赵重骄眼睁睁地看着她出了门，依然无法回神。

虽然欺负了赵重骄很爽，但这快感持续了也不过一个晚上。第二天一早易姜就爬起床来，梳洗换衣，积极备战。

稷下学宫位于临淄附近的稷门，由齐桓公所建，专门延揽各国有学之士。这还是聃亏告诉她的，连身为剑客的聃亏都知道，可见这座学宫名声之响。

裴渊已经恢复如常，一早就跑来易姜屋中，挠着门板不吭声。

易姜当然知道他在想什么，好笑地问了句："要不你直接跟我去好了。"

哪知他竟然连连摆手："不不不，还是算了，还是得请先生通融才行，不然我担心公西先生不肯见我。"

"怎么会呢？"

裴渊叹息，左右看看，凑近她耳边低语："先生有所不知，据说公西先生乃晋国王公之后，晋国为赵韩魏瓜分，他怎肯见我这个韩国人呢？"

易姜挑眉："你这消息可靠？"

裴渊摇头："不知真假，但小心点总是对的。"

易姜回味了一下昨日公西吾的气质风度，觉得这也不是没有可能。

约定时间是午后三刻，但聃亏说距离稍远，还得早点出发。易姜稍稍安抚一下裴渊，自己出门去了。

到底比不上还在赵国，以前她嫌弃马车颠簸，现在整个质子府就一辆马车，仅供长安君使用，她想坐都没得坐。她到了府门边才想起这茬，自己又不会骑马，正不知该如何是好，一辆马车远远驶来。

"奉上卿之命，特来迎接桓泽先生。"车夫彬彬有礼。

易姜也懒得客气，欣然领受。

到达稷下学宫时，看日头差不多时间刚好。大门处有两个学子模样的人守着，问人要凭证。易姜忽然想起公西吾给自己的木牌，取出来一看，上面写着"鬼谷"二字，给学子看了一眼，对方立即拱手请入。

里面出奇地广阔，回廊楼阁，流水树荫，难怪会被称作宫。易姜一路走来，随处可见三三两两的士子聚集在一起，高谈阔论不绝于耳，但只要一看到她，交谈立即停止，无不投来新奇的目光。

她站在桥面上，低头看着潺潺流水，自己的倒影清晰可见。虽然身着男装，一本正经，但这张脸实在太过稚嫩了。再看看其他士子，或意气风发，或年富力强，甚至还有两鬓霜白的老者，她这样年纪的一个女孩子，的确是有点格格不入。

站了片刻，一个童子过来扯了扯她的衣角，抬手做请，引她前行。

易姜跟着他走了很远的路，踏上回廊，看到了立在前方的公西吾。

朱廊碧瓦，绿草红花，他褒衣博带，高冠巍峨，朝易姜看了一眼，转身前行。

夕阳斜入，地上人影一前一后，一长一短。

“我已在信中说明一切，师妹为何还来？”

单刀直入，够直接。易姜看了一眼他的后背：“避无可避，自然要来。”

公西吾止步转身，视线落在她身上。

易姜竟有些慌，他不是赵重骄那样的少年，他修长干净，成熟稳重，相貌出众，而且长得还特别符合现代人的审美，被他盯着多少有点不好意思。

“你本就不该跟着长安君。”他音色沉沉，醇如佳酿，但说出来的话每一句都像是一个调子，听不出情绪来，“跟随平原君尚能看作是入世，跟随长安君却是出世。你出身鬼谷一脉，而非道家，怎可有避世之心？”

易姜一下就被他戳中了心思。的确，任何争权逐利的事情她都不想参与。门客不是一份签了合同的普通工作，做得不好顶多被上级批评一顿，大不了卷铺盖走人，而是有可能要丧命的。

赵重骄虽然脾气乖张，但至少没有权利之心，又能给她提供衣食住行，有什么不好呢？比起刚来到这里就蹲大牢，现在能这样混吃等死已经非常不错了。

她当然不能这么回答，于是道：“去长安君府不过是权宜之计，若非因为入狱，我也不用接受这权宜之计。”

公西吾眉眼间带了些许笑意：“师妹这话像是在怪我？可当初明明是你自己要求与我比试的，还承诺一旦你输了，便放弃对我的念头。这么久了，师妹应当放下了吧？”

对他的念头？易姜抬头盯着他的双眼，倏然明白过来，尴尬地红了脸。

还以为两个鬼谷弟子斗得多有格调呢，原来是为了感情问题啊！

她怕露出破绽，给了个模棱两可的回答：“都是陈年往事了，又何必再提？”

公西吾微微一笑，没有作答，转身继续朝前走，“师妹与我不同，老师亲手抚养你长大，对你寄予厚望，可千万不要让他失望才好。”

易姜不明白他为什么要这么说，只觉得压力如山。

“我还有样东西要给你。”一直走到楼台之下，公西吾从袖中取出一卷削得薄薄的竹简，“这是老师以前留给我的，我已研读完，现在交给你。”

易姜大感意外，居然还有这样大方的同门，就这么把一手资料给竞争对手

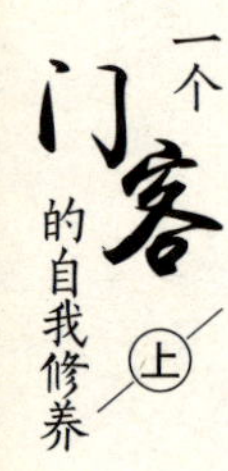

了，难道不该藏着掩着吗？

“这……老师传给了师兄，我拿不太好吧。”话虽这么说，易姜的手已经伸过去了。

公西吾握着竹简在她手心上敲了一下：“可不是白给的。”

易姜心中一跳，怎么有种不祥的预感呢……

公西吾并没有接着说下去，因为先前传话的童子又出现了，禀报说一切都已准备好，请他移步学宫正殿。

易姜之前就在猜测，公西吾把自己叫来稷下学宫，肯定不只是为了说几句话这么简单，现在看来还真是这样。

公西吾指了一下易姜，吩咐道：“这位是鬼谷派的桓泽先生，你随后请她去正殿，我先行一步。”

童子垂首称是，恭送他离开后才请易姜举步。

易姜不知道他们在准备什么，只能跟他走。

童子领着她在四周转了一圈，远处忽然传来一阵低沉的敲钟声，他的脚下立即加快了速度，也请易姜快行。

易姜走到半路，看到之前见到的那群士子也都陆陆续续朝这边而来，料想这钟声是集合用的。

过了长廊是一片宽阔的广场，对面筑有高台，拾阶而上，殿门洞开。童子将易姜送到这里便离开了，她只好跟着鱼贯而入的士子们一同进去。

殿堂素雅，华柱高立，进深极长。进门至上方主案台边铺了厚厚的绘纹织毯，主案台后立着一扇飞鸟纹饰的屏风，左右垂幔，随风轻动，想必后面还有很大空间。织毯两侧是齐整的案席，各有数排，看样子容纳百人不成问题。

士子们都找了案席落座。易姜见他们并未刻意寻找座位，便也随便找了个地方坐下，只不过故意挑了个后排，远离主案。

众人落座，一个侍从自屏风后走出，立在鹤形灯座旁高声唱名：“相国安平君到——”

四下安静，又有一人从屏风后走出来，浓眉大眼，方脸短须，身材魁梧，径自在主案上落座。

原来这就是把赵重骄气得半死的齐国相国啊。易姜知道他叫田单，因为出门前还听见赵重骄骂他来着。看他穿着毫无纹饰的水色深衣，看起来挺朴素的一个人嘛。

上方的田单正襟危坐，清了清嗓子，开始了开场白，无非是天气不错，大家齐聚一堂十分开心之类的。

易姜根本也没怎么注意听，她正在厅中四下搜寻，怎么没见到公西吾呢？

“那么，就请诸位就此事畅所欲言吧。”

田单说到这里，易姜才回神。前排已经有个士子站了起来，大声道：“安平君此言差矣，齐国与赵国早有约定，只要送质子入齐便发兵援助退秦，如今又何须再拿出来讨论呢？”

田单道：“兴兵原本就是大事，讨论清楚利害是应该的。”

易姜一愣，原来要讨论的居然是齐国要不要发兵？难道齐国要反悔不成？

那士子听了田单的话连连摇头：“立国不可无信，否则要叫天下耻笑啊。”

田单皱了皱眉，似乎有些动摇，招手叫侍从近前耳语了几句。

侍从转身去了屏风后面，不多时出来，交给田单一片竹简。

田单扫了一眼竹简，像是有了底气，再开口中气十足：“说到立国无信，赵国当为第一啊。前几年赵国口口声声说要用焦、黎、牛狐三地换回被秦国攻占的蔺、祁、离石。然而秦国交付三地后，赵国却失了信，由此还引出了秦赵一场大战。你们儒家说得道多助，失道寡助，赵国失信在前，算不算失道呢？我齐国不愿相助也是常情吧？”

“这……”那士子讪讪坐了下去。

对面一个白发老者站起身道：“余认为，水能生木，木多水缩，强水得木，方泄其势。齐国属水，赵国属木，而秦国属火。赵国被秦压制实乃火多木焚，如今唯有依附齐国克秦，方应五行之道。安平君何不顺应轨迹，一助赵国，也可得守信美名？”

田单点头：“阴阳家学说果然暗藏玄妙，令人耳目一新。”

然而侍从又从屏风后取了根竹简出来交到他手中，他的话立即就变了：“天下诸国分立，而先生只有五行，那么下次其他国家再战，又该是如何属性呢？”

白发老者微笑摇头，仿佛感叹夏虫不可语冰：“也罢，安平君不信此道，自然难得精髓。”

这时有人起立道：“赵国王太后乃齐王胞妹，系出齐国宗室。齐赵姻亲之国，要求人质已经不妥，如今又岂能坐视不理呢？”

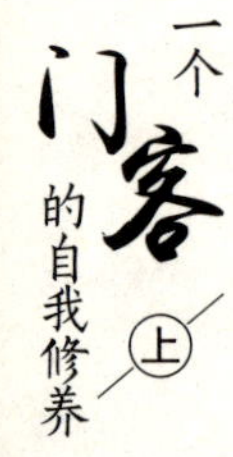

易姜抬眼去看侍从，果然他又去屏风后取了根竹简交给了田单。

田单扫了一眼道：“山东各国多年来互通婚姻，说来都有关系，然而齐国还不是吞并了宋国？燕国与赵国亦同为姻亲之国，燕又可曾助赵？如今大争之世，谈何姻亲宗室呢？”

“学生以为……”又有士子站了起来。

易姜看着一个个人站起来，又一个个被田单驳斥回去，注意力全集中在那来回穿梭的侍从身上。

驳斥众人的不是田单，而是屏风后面的人。

终于四下寂静，不是大家都没话说了，也许是觉得没必要说了。

一国相国公然在天下士子聚集之地无视国之诚信，那就是铁了心要背信弃义了。

其实从易姜角度而言，不管别人怎么决定，对她都没什么影响，千百年后这些都不复存在了。但对桓泽而言，她现在是赵国的门客，理应为赵国服务。

“我听说今日学宫来了鬼谷派门人，不知可否一谈见解呢？”

易姜抬头，发现田单的目光正在四下搜寻，周围的士子也纷纷扭头寻找着。这下她就可以确定屏风后面的是谁了。

除了公西吾，谁还会特地把她揪出来？她问过裴渊，上卿是个很高的官位，现在看来，拿了上卿位子的公西吾还能左右相国田单。

易姜攥了攥拳，豁出去一般站起身来：“桓泽认为，齐国必须相助赵国。”

田单的视线远远投过来，上下打量着她，遮掩不住诧异，也不知是对她的人还是话：“田单愿闻其详。”

易姜大脑快速运转，尽量搜刮语言：“秦国虎狼之心，天下皆知，此番攻打赵国并非为了什么寻仇，而是他试探六国的一步棋。一旦赵国孤立无援，那么秦国便打通了入关的第一步，接下来其他几国也无一幸免。倘若齐赵如燕赵一般貌合神离，恰恰是中了秦国的下怀。所以此番出兵并非救赵，而是救齐，更甚者，是救了秦国以外的所有国家和百姓。”

田单眼神闪烁，似乎有些震惊。

易姜一个“过来人”，不管怎么看，都是站在已知秦国必定要一统天下的角度，但忽略了眼前这些人可能并没有意识到这点。至少在田单眼里，一直以为秦国只是想做一方霸主，毕竟争霸才是此时的主流。

他依旧朝那侍从使眼色，后者又去屏风后取了根竹简出来。

易姜一直注意着他的神情，恨不得凑上前去看一眼那竹简上面到底写的是什么东西。

田单看完将竹简纳入袖中，抬头笑了笑："先生大才，远观天下，田单受教。即日便点兵援赵，决不食言。"

虽然还把自己当作局外人，但易姜不得不承认这一刻很有成就感。她朝屏风后望去，纱幔轻拂，人影微动，只露出离去时的一截衣摆。

这算不算是她赢了？公西吾会这么容易让她赢？易姜想着他那句"可不是白给的"，总觉得没那么简单。

出稷下学宫时，易姜是一路突围出来的。因为士子们实在太有求知欲了，一旦见到有谁见解出众，都争着抢着要来与之畅谈讨教。

依旧是公西吾安排的车马送她回去的。易姜从车中取出那份竹简徐徐展开，陈香袅袅，和公西吾身上的味道差不多，看来这本书都被他给摸烂了。

她原本只是无聊想打发个时间，结果发现竹简上有许多地方都有朱笔批注，不禁仔细看了下去。

蝇头小字，端正优雅，恰如公西吾其人。易姜脑补了一下他伏案认真研读的场景，定然是一幅叫人心动的画面。也难怪桓泽会对他起心思，就凭他那张脸，朝夕相处那么久，不起心思也不正常啊。

回到质子府时恰好掌灯，易姜捶着酸麻的小腿下了车，进门却见大家都站在院子里，笑了笑道："我回来也不算晚，不用等我的。"

聃亏道："我是在等姑娘，其他人却是在等长安君。"

裴渊忙道："不不，我也在等先生。主公要等，先生也是要等的。"

易姜莫名其妙："主公去哪儿了？"

裴渊叹息："听说齐国不肯发兵援赵，主公去求见齐王了。"

正说着，赵重骄回来了，高冠深衣，分外庄重。进门一看到易姜，他就笑了，甚至还抬手见了个礼："听说先生今日说服了齐相发兵，重骄感激不尽啊。"

易姜见他笑得跟第一次见面时一样奸诈，才不相信他是真心的呢："我这不是怕主公再说我不帮您办事嘛。"

赵重骄笑意更深："哪里，以后只怕整个质子府都要仰仗先生才能存活呢。"

啧，这个乱开嘲讽的小气鬼。易姜下巴微抬，负手而立："主公不必担心，

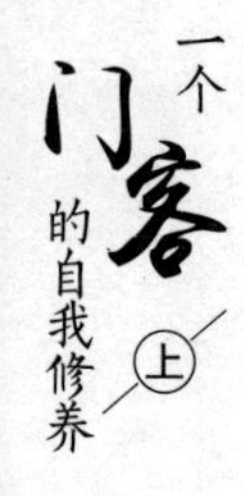

桓泽不会恃才傲物，还会认您这个主公的。”

“哼！”赵重骄不演了，一甩袖子就气冲冲地向前走。

易姜盯着他的背影，不忘火上浇油：“主公今日着装不错，以后继续努力啊！”

赵重骄步子一停，咬牙切齿地转头。那边易姜早溜了，只剩下聃亏和裴渊。那二人对视一眼，异口同声：“嗯，是不错，不错。”

第四章 再次入狱

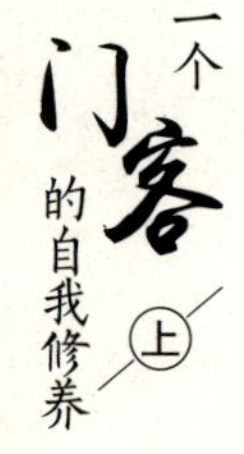

田单果然依言出兵，并且亲自领军，连夜赶赴赵国。

这之后的质子府却不怎么平静，接二连三地有人来登门拜访。赵重骄现身了几次，但一问，人家拜访的都是桓泽先生。他脸上无光，干脆甩袖不再过问，好几天都没怎么露脸。

易姜将所有来客都推拒了，心里有点慌，现在这样的局面都拜稷下学宫那一番言论所赐。老话说枪打出头鸟，现在她的风头好像比之前更盛了。

不知不觉夏天就到了。易姜住的院落很小，开门没几步就是郁郁葱葱的花草。阳光和花香弥漫，一屋子都是情调。

临淄的气候也很舒适，午后会吹来北面的山风，她觉得这时候最惬意，这几天每到此时就倚在窗边读公西吾给自己的竹简。

说来也怪，都是天下大势的见解，有些太过深奥是很难看懂的，但公西吾的注解总能恰到好处地出现，让她可以继续顺畅地阅读下去。易姜忍不住想，如果让他去做老师也是个不错的选择，他真是太了解学生的需求了。

想到公西吾在现代穿着白衬衫教书的场景，不禁莞尔。忽闻门外传来脚步声，她连忙摆正脸色，就见一袭水青薄衫的裴渊走到了门前。

“先生，可有时间？”

易姜将竹简收起，坐正身子：“有啊，怎么了？”

裴渊笑得有些不好意思：“我知道先生最近不太想见人，但我有个旧友一心想要见您，不知先生可愿一见？”

易姜当然不乐意，但裴渊难得有求于自己，现在自己能坐着看书也多亏了他，实在不好意思拒绝，点点头道：“那好吧。”

裴渊道谢离去。易姜赶紧起身整理好衣裳，又收拾了一下桌案，在席上正襟危坐。

不一会儿裴渊就回来了，“先生慢谈，我就不打扰了。”他侧身示意后面的人进门，自己转身走了。

易姜盯着门口，首先映入眼帘的是一身绿衣，袖口紧收，腰身紧束，像是胡服。来人白净秀气，身材纤瘦，个头也不高，不过因为穿着，显得很精神。

“在下少鸠，桓泽先生有礼。”

易姜听见声音才知道这是个姑娘，又惊喜又意外，这感觉就像自己被丢在荒岛，茫然之间却发现身边居然有个同伴一样令人振奋。拜那个异装癖所赐，她都快分不出男女了。

“少鸠姑娘从何处而来？”易姜觉得自己这话问得简直有点自来熟了。

少鸠在她对面跪坐下来，笑道：“少鸠是墨家弟子，与裴渊是同乡，月前自魏国大梁而来。别人都说先生自视甚高，不肯见人，我看先生倒是挺好相处。”

易姜干笑一下，替她温了盏茶递过去：“少鸠姑娘找我有什么事？”

少鸠端茶饮了一口，皱着眉头吐吐舌头：“先生煮茶的功夫不行啊，还好我来这里不是为了喝茶。”

易姜一点不生气，反而很喜欢她这心直口快的性格，这种人大多没有坏心眼。

少鸠放下茶盏，再抬眼，神情忽然严肃起来：“当日先生于稷下学宫出言劝说安平君时，少鸠也在场。今日来此，与其他士子一样，是想问问先生，为何一口认定秦国意在天下，而非霸业？”

原来那些人登门求见是要问这个？易姜有些好笑，反问道：“难道你们不是这么想的？”

少鸠生了双丹凤眼，眼角微挑，娇俏可爱，但语气渐冷：“当然不是。”

易姜奇怪，再三品味她的话和语气，恍然大悟。她知道秦国的意图是因为看的是过去时，而眼下的人们是进行时，又怎么会清楚秦国的意图，难道秦国会昭告天下说我要一统全中国吗？

她狠狠揪了一下自己小腿。真是欠考虑，难怪当时田单神情那么震惊，她那天的话就说是道破天机也不为过啊。

少鸠忽然凑过来紧盯着她：“先生认为，公西吾为何会采纳您这观点？”

“因为……”

“因为他也是这么认为的。”少鸠径自补充完她的话，神情睥睨，“公西吾此人一向将秦国视为齐国最大敌人，但未免太过武断。”

这明明是有远见好吧？易姜在心里吐槽。

少鸠又道：“此人也是狡诈，自己不说，偏偏要借先生的口说出来。”看起来她对公西吾颇多不满。

“妄下论断，便如毁人清誉，先生当日一番话等于将秦国推入了不义之地，秦国岂会善罢甘休？”少鸠摇头叹息，“想想还在逃亡的魏齐吧，他引起了如今的秦赵之战，你们鬼谷派的论断只怕以后也会祸及百姓。”

易姜讪笑：“姑娘未免多虑了。”

少鸠盯着她的脸看了半天，没再说什么，站起身来，脸上又有了笑容：“罢了，少鸠言尽于此，先生回头就忘了吧。过几日淄水河岸会有庆典，少鸠提前邀请，望先生务必赏光同游。”

易姜还在想着她说的话，心不在焉地点了点头。

少鸠人是出去了，可院中还有她的声音。易姜收回思绪，出门一看，原来她在跟裴渊说话。

“平常叫你随我一同出游从未见你答应过，这次不叫你，你倒非要跟去！”

裴渊一边跟在她身后一边道：“与你一起出游有什么意思，与桓泽先生同游可是能学到许多东西的。”

“你……”少鸠脚下一停，愤愤地瞪了他一眼，“反正不带你去！”她跑远几步，想想又回头骂了一句，“呆子！”

易姜倚在廊边看得津津有味，恨不得吹声口哨才好。

听说齐王病得很重，现在国家大事都由王后一人决断，整个国家都挺愁云惨淡的，居然会忽然搞什么庆典，也是奇怪。

少鸠走后下了两天的雨，再放晴，热度一下提升了不少。她又托人给易姜送来了请柬，请她切莫忘了赴约。

易姜当日一早起身，觉得有些热，好不容易才从行李中找出件轻薄的深衣。好在她适应力一直很强，不然就是每天穿着这些不露胳膊不露腿的长衣大褂就熬不下来。

聃亏今天挺积极，鞍前马后的，非要送易姜过去。

“淄水离这儿又不远，我自己走过去就行了。”易姜边出门边说道。

聃亏牵着马跟在后面：“那可不行，我得保护姑娘周全。”

易姜听着不大对味，转头看他："那之前我被公西吾叫去稷下学宫时你怎么没说要保护我？你就这么相信他啊？"

聃亏嘿嘿笑了两声："那里都是饱学之士，能有什么危险？"

易姜摇摇头，也不管他，徒步往前走。

淄水是临淄的母亲河，河面宽阔，清澈宁和。流经城外所过两岸，良田无数，流经城中则有阁台水榭，景致怡人。

少鸠在河岸边的曲顾亭中等候，穿了一身黑衣，颇为潇洒，就是易姜看着有点热。

"先生来得正好。"少鸠上前来招呼，看到聃亏在，抬手见了个礼，"这位一定是大名鼎鼎的聃亏先生了。"

聃亏有点不好意思，讪笑道："过奖过奖。"

少鸠口中招呼着二人，视线却在易姜身后扫了几圈，像是在找人。

易姜笑道："裴渊没来，不过你要是想见他，我可以让聃亏去请他来。"

"不不不！"少鸠连连摇头，"我墨家最瞧不惯他儒家那些繁文缛节，他不来才好呢，免得跟我辩驳。"

易姜憋着笑点点头。

三人走入亭中，易姜临水远眺又四下观望，并没有看到其余的人，好奇道："庆典呢？"

少鸠笑笑："可能还没到时候吧，再等一等。"她亲昵地拉住易姜的手，"趁庆典未开始，我有些话想与先生单独说，不知可方便？"

估计她也是难得遇到个同类，易姜朝聃亏看了一眼，点点头："那我们找个地方说吧。"

聃亏在亭中等候，少鸠领着易姜沿着河岸朝前方走去。那边有一小片树林，穿过去之后是一段窄窄的淄水河面，河边泊着一叶小舟。

少鸠轻车熟路，扶易姜上了船，一边撑船一边道："听闻历代鬼谷先生都生活在云梦山中，想必先生没有多少机会下水。"

易姜会游泳，根本不怕水，但听她这么说，只好装作头一回下水的模样，手紧紧扶着船舷道："可不是。"

少鸠笑了笑，将船撑至对岸。

易姜一手扶着她，一手提着衣摆从船上跳下来，看了看前方的树林，笑道：

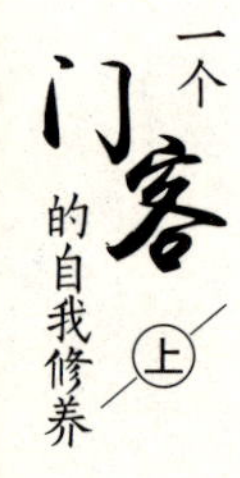

“这地方好，你有什么话放心说吧，绝对不会有人听见。”

少鸠跟在她后面一言不发。

易姜以为她在思考如何开口，也不打扰她。朝前走了几步，忽见林中站着个人，素衫散发，意态悠然，竟然是公西吾。易姜提着衣摆就跑了过去。

“师兄也在？”

公西吾正倚着树闭目养神，听到声音睁开眼睛：“不是师妹叫我来的吗？”

“啊？”易姜一愣。忽听周遭一阵奇怪的声响，脚下一空，整个人都摔了下去，余光瞄见公西吾好像也摔了下去。

她连忙爬起来，人已在坑底，一抬脚发现无法动弹，却是被四根横木交错制住。四周坑壁内又有横木伸出，交相穿梭，将她的腰腹也卡得动弹不得，脖子处也是，简直像个三层的牢笼。

“墨家机关果然不同凡响。”公西吾的声音幽幽传过来，应该就在旁边，可能情形和她差不多。

易姜下意识地抬头。少鸠站在坑边俯视下来，手中捏着根绳子，瞄瞄左边，又瞄瞄右边：“鬼谷派从无止战之心，反而有煽动战争之意，我墨家主张非攻，决不能容忍。今日就请二位思考清楚，若公西先生愿意辞官归隐，桓泽先生也愿意不插手世事，那么我就放二位出去，否则二位就在这儿待着吧。”说完她就转身走了。

难得遇到个说得上话的姑娘，又是裴渊的发小，一片真心对待人家，结果却落得这样的下场，易姜内心的沮丧可想而知。

不过现在却不是想这些的时候。

她定了定神，仔细去看那些横木。都是很宽厚坚硬的木材，也不知道少鸠一个女子是怎么运来的。虽然是些木头，但纵横交错在一起，恰好将人能活动的空间都卡死了，实在是精巧。

易姜忽然想到公西吾有佩剑的习惯，便用肩膀去顶其中一根横木，打算挤开一个空间爬出去，然后去他那里拿了剑再帮他出来。

想得很美好，然而易姜使出吃奶的劲将那根横木顶偏离后，却听一声闷响，左侧的坑壁忽然塌了。原来这道坑壁只是些树枝裹着泥浆竖起来的障眼法，那根横木偏离而去，撞开了这道坑壁，直接横扫到了尽头。

尽头就是公西吾，被这根横木重重撞击了一记肋下，不禁闷哼了一声。

易姜这才发现他与自己只有一墙之隔，小心翼翼道："师兄没事吧？"

公西吾摇头："小心些，禁锢我们的两个坑实为一体，牵一发而动全身，不要随意移动。"

易姜又重新审视一圈这机关，皱眉道："那要出去岂不是还要你我两边兼顾？"

"嗯。"公西吾点头。

易姜以为他有什么高招，结果等了他半天也没等到下文，从他脸上也看不出什么情绪。

这也就是个几何题呗，没事，她以前几何成绩挺不错的。易姜给自己鼓了鼓劲儿，决定自己想办法。

"墨家机关之术讲究因果相通，环环相扣，你只要找到规律就能出去。"公西吾冷不丁开口。

经他这一提醒，易姜觉得这又是个物理题了。她眼睛上下左右来回穿梭，这里至少五六十根横木，看不出如何搭接，但又灵活又稳固，是什么原理呢？如果移动其中一根木头会造成其他地方的改动，那是不是只要移动后阻止它的运行轨迹就好了？

想到这里，茅塞顿开。易姜艰难地抬起左手去推颈边的横木，一边想象着它会偏离的方向，对公西吾道："你推南边第三根横木。"

公西吾瞄了她一眼，倒很配合，二人齐心协力，那两根木头在中间相遇，紧抵在一起，彼此都空出了一小块活动空间。

易姜大喜过望，这个法子有效啊！她如法炮制，又接着寻找第二根能下手的木头。

不知不觉就过了午饭时间，算算时间，在这个坑里枯站着至少有两三个小时了。易姜这小身板儿哪里禁得住这么耗，早已腹中空空，汗如雨下，才推了四五根木头居然就已经觉得是极限了。

双方配合是可以，但易姜很快又发现这看似简单排列组合的横木另有蹊跷。越往后越难解，她对着横木思考的时间也越来越长。

不过她这人性子上来也是倔，如果少鸠好好地说可能还好，用这种法子，她还就偏要冲破这牢笼不可。

"左三还是前四呢……"易姜小声嘀咕，卡在了这道机关死活过不去。

"六十四根横木，一百二十八道机关，师妹从未接触过墨家机关术，居然能解开这么多道，实在机智过人。”只有公西吾的语气还如这山林间的微风一般悠然惬意，“所以我才说师妹不该有避世之心，应当离开长安君，另谋出路。”

易姜被他的声音拉回神来，用已经能活动的左手抹了一把额头上的汗：“拜师兄所赐，我如今就是想避世也避不了了啊。”

当日在稷下学宫，他先劝她不可有避世之心，后面便授意田单点她出来发言，而后又毫无阻拦地接纳了她的观点，让那么多双眼睛注意到了她，说不是故意的谁信？

公西吾神色无波，不置可否。

易姜说完这话忽然又有些后悔口快，以前的桓泽肯定没有避世之心，她如今的表现加上那天稷下学宫的话，只怕已经引起他的猜疑。

她琢磨了一下，决定倒打一耙：“我怎么觉得许久不见，师兄变了许多？”

公西吾侧头看了她一眼，素白衣衫沾染了尘土，散着的黑发半遮着眼眸，宁静得像高岭极崖的一抔雪，“我倒是觉得师妹一点也没变。”

易姜一怔，难道是自己想多了？

公西吾说完这话，忽然用手去推后腰边的那根横木。易姜正奇怪他怎么不叫自己配合就动了手，却见那根横木被他推开后，身边所有木头就纷纷偏离开去，像是得了号令的士兵一样，乖顺地全部贴在了坑壁，周身一阵轻松。

公西吾拍拍衣裳，取下腰间佩剑，剑鞘撑着坑壁，一手攀住坑口，一跃便上了地面。而后走到易姜这边，伸下手来。

易姜被他拉出坑时还有点回不过神：“原来你会解这机关？”

公西吾看她一眼：“我从未说过我不会。”

易姜突然觉得心好累。

二人一前一后走到河边，没有船，少鸠肯定是去对岸了。

易姜看看夕阳西下的天空，叹气道：“聃亏还随我来了，居然都没找过来。”

公西吾道：“聃亏生性单纯，少鸠又是稷下学宫挂名的士子，他断不会怀疑，少鸠只消随便找个理由就能把他打发走了。”

易姜想到少鸠还是老大不痛快：“她既然是挂名士子，为何要做这种事？”

“墨家虽然组织严明令人钦佩，但倡导兼爱非攻的世间未免不切实际。像少鸠这般年纪的墨家却最容易对这不切实际的幻想倾注全力，也最容易受人利用。”

易姜想了想道："是秦国唆使的？"

"极有可能，毕竟是你极力主张齐国援赵，我一手促成，秦国会从中作梗也不奇怪。秦相范雎也是个人物，说起来还算是老师的师弟。"

"原来如此……"易姜用心记下他的话，想想不免有点愧疚，"今日的事，是我疏于防范，连累了师兄。"

公西吾摇了摇头："少鸠会在稷下学宫挂名本就是冲着我来的。何况这里的机关光布置就要花上一两个月，那时她还不认识你呢，说起来是我连累了你。"

易姜抿了抿唇，望向对岸："我们现在要怎么过去？"

"我早已安排好人，时间到了他们会过来接应。"公西吾指了一下东边，"我去那边看看，你去西面，若遇着齐军，领来此处相会便是。"

有权势就是好啊。易姜暗暗感慨一句，转身朝西而去。

西面淄水河岸渐高，河面渐宽，草木却没那么茂盛了。余晖遍洒水面，飞鸟轻拂水波，将银光点点搅成片片碎屑。

走了许久，易姜果然看到了人，提起衣摆快跑过去，却见那是个头发花白的老者和一个青黛宽衫的中年人。

两人背对她临水而坐，口中你来我往地说着什么，时而低缓时而激烈，似在分辩，听到脚步声齐齐扭头，目光落在易姜身上。

易姜一看到那老者，觉得有些眼熟，想了半天才想起来这就是那日在稷下学宫用五行学说劝说田单的那个老者。

那老者显然也认出了她，起身道："这位不是鬼谷派的桓泽先生吗？"

易姜忙抬手见礼，余光扫到身上的尘土，有点不好意思。

白衣轻薄，临水迎风的少女身姿纤弱，实在很难跟那日的言论联系在一起。老者抚了抚胡须笑道："桓泽先生当日一番言论震惊四座啊。"

易姜垂首遮掩表情："先生的五行之论才叫我受教。"

老者哈哈笑道："鬼谷派居然会欣赏我阴阳家言论，实在是叫人诧异啊。"

旁边的中年人接话道："鬼谷派对我道家隐然世外无为而治一说，也是多有微词的。"

易姜才知道这位出身道家。

据说有学之士都性情乖张，眼前这两位也是，居然不顾易姜还在场，又自顾自地继续去争论了。

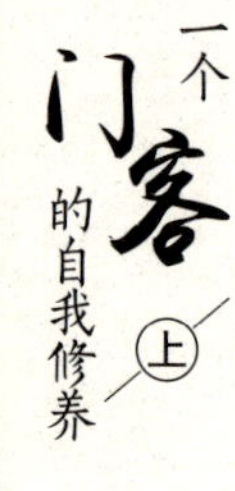

易姜不想打扰两人，刚想走开，却听他们谈论星辰卦象，山河鬼神，言辞奇特，满含玄机的样子，不禁又停下脚步。

在她印象里，阴阳家和道家都是和神奇的事有关的，现在这两个最精通神奇事物的学派人物就在眼前，是不是上天给她的机会呢？

这么久以来想都不敢想的念头在这一刻迅速疯长，她忍不住上前一步："不知可否请教二位一个问题？"

二人虽然刚拿鬼谷派打趣过，但对她并无排斥表现，停下讨论，笑容可掬地点点头。

易姜几乎用微微颤抖的声音道："如果……我是说如果，有一只蚂蚱，忽然去了几百年后，二位认为是什么原因？可有方法再回来？"

老者和中年人都一脸惊讶，面面相觑，继而摇头。

阴阳家曰："天道有迹，五德终始，万物星辰皆有规律可循，但要横越时间断无可能。"

道家言："道者，精神专一，与时迁移，应物变化，然虚无为体，又何来的眼下与将来？"

易姜唯一听懂的就是他们根本不相信有这种事的存在。

她已经做好心理准备来迎接各种奇特的理由，却没想到他们根本连信都不信。如果连他们都不信，这里还有谁能理解她的处境？又有谁能解决她的问题？

"多谢二位先生。"她垂首再行一礼，快快告辞。

"鬼谷派的人居然会问这种问题，真是怪呢。"中年道家笑着摇头。

老者看着易姜渐行渐远的背影，也是一脸惊奇："桓泽先生能将天下大势看得通透，如何会因这等无关紧要的小事而抑郁不快呢？"

夕阳只剩了一抹余光，淄水河面的光亮渐渐暗淡下去。易姜抱着膝盖坐在河边，低头看着自己的倒影。

这张脸不是她的，身份也不是她的。

年前刚换的手提电脑被她在屏幕上留了个显眼的刮痕，心疼了好久；元宵节的时候偷偷放鞭炮，差点被老妈骂死；和好久没见的死党故意在母校摆怪异造型拍照，惹得学弟学妹们纷纷张望；爸爸说她已经正式走上社会，该找个男朋友了……这些才是她该有的生活，才是她该面对的问题。

这么长时间以来不敢多想以前，就怕会绷不住。看似淡忘了，其实是深埋；

看似接受了结果，其实依然抱着希望。直到现在……

水面漾开一圈浅浅的波纹，她的下巴枕着双臂，忍着不发出声音，但到底收不住眼泪。

“师妹原来在这里。”

公西吾的声音忽然响起，易姜一惊，连忙坐正身子，耳中听着他接近的脚步声，不动声色地抹了一下眼角。

“师妹在想什么？”他径自掀了衣摆在她身边坐了下来：“不妨说来听听。”

易姜摇头：“没什么。”

“师妹以前可是什么都会跟我说的。”

易姜借着暮色四合瞪了他一眼，无奈开口：“我在想一个问题，怎么也解不开。”

“哦？”

“有一条河，每一段水域就是一个季节，河里的鱼只要顺着这条河向前游，就会经历春夏秋冬四季，但鱼只能向前游而无法回头。可是有一天，有条鱼随着河流漂流到夏季时，不知怎么，忽然就倒退回了春季的水域，这是为何呢？”

公西吾沉思片刻，回答道：“若是河流的速度忽然快了，而鱼的速度却慢了，便会造成这结果。”

易姜认真想了想，居然觉得很有道理。难得的是，他居然没有一口咬定这问题根本不可能存在。

“然而这条鱼很快就发现这个春季和它所经历过的春季并不同，河水也不像它想的那般舒适，又该如何是好呢？”

公西吾的视线落在水面上，仿佛那里真的有条鱼：“鱼依然是原来的鱼，而它也依旧在水里，不曾被甩上岸，那又何须讨论该如何是好呢？”

易姜怔了怔，侧头看他，却迎上他伸过来的手掌。

他的手心干燥微凉，拍了拍她的头顶：“世间之大，诸事纷繁，无须庸人自扰。”

易姜竟然有点心安了。

她在这里的朋友屈指可数，可交心的约等于无，对公西吾更是一直怀着敬而远之甚至畏惧的心理，却没想到这个时候认真回答她问题的人却是他。这时候的他只是个师兄，而不是可怕的对手。

“时候不早了，走吧。”公西吾站起身来，空中已是月上中天。

远处齐军执火而立，船只停靠岸边，船头立着侍女，手捧披风要为公西吾披上，却被他摆手拒绝，让给了易姜。

易姜刚系好披风，就听到公西吾在吩咐人捉拿少鸠，忍不住上前问了句：“你打算如何处置她？”

公西吾看着她，火光下的脸毫无情绪，仿佛她问了一个不该问的问题。

对着这个真高冷的人，易姜必须强撑着更高冷：“既是受人利用，应当罪不至死吧？”

公西吾斜眸对月，古井无波：“首先得抓得到她。”

易姜一想也是，少鸠既然敢动公西吾，肯定是留了后路的。她松了口气，倒不是善心大发，只是想到了裴渊罢了。

四下无声，只有船桨拂过水面带出的细微响动。公西吾命人将船撑平稳一些，领着易姜进了船舱。

舱中备了酒水饭食，竟然还是热的。易姜这一日情绪大起大落，身心俱疲，早已饿得不行，跪坐下来闻见那香味，连忙捂紧肚子，怕饥肠辘辘引来笑话。

侍女端着铜盆过来，公西吾取水净手，自对面递了筷子给易姜，淡淡问道：“我给师妹的那本书，师妹看得如何了？”模样仿佛是一个尽心尽责的老师。

易姜口中回着话，眼睛已经落在食物上面：“读了一小半，师兄的注解十分详尽，令我受益匪浅。”

“那就好。”公西吾说道，“师妹的那本书是不是也该给我了？”

“什么？”易姜的视线终于落在他身上，怕露馅，忙补充道，“我饿了许久，只顾着吃东西了，师兄的话未听清楚。”

公西吾看着她：“老师曾传了你我二人一人一卷书，我的已经给师妹看了，师妹是不是也该拿你那本来让我一观究竟呢？”

易姜终于知道他当初为什么会说“不是白给的”了，赶紧快速在心里过了一遍，自己一过来就在牢里，并没发现有什么书啊。

“我来得匆忙，可能是丢在赵国了。待我下次回去，一定找来给师兄。”

公西吾举着的筷子一顿：“老师的书你我都该贴身带着的，师妹怎会如此大意？”

“啊，那可能是我记错了，待我回去好好找找。”

公西吾抿唇点头。

易姜心里七上八下，只能多吃几口饭以泄忧虑。

质子府里一片平静。

公西吾派人将易姜送回质子府，除了守门的下人之外，没有一个人迎接她。她站在大门口叹了口气，就是自己真丢了都未必会有人发现啊。

前院没有点灯，恐怕他们都已经入睡了。易姜借着月色踏上回廊，回到住处，摸黑点上灯，而后就翻箱倒柜地开始找自己的行李。

所有的东西都在桌案上摊开，无外乎一些换洗衣物，唯一跟书搭边儿的，除了公西吾给她的书，就是她自己的日记。

这要怎么办好？早知道要交换学习资料，她就不要公西吾的书了！

正惆怅着，门外响起了人声，随着急促的脚步声由远及近。似乎有许多人涌进了院落，易姜看见外面的火把的光亮，将他们的影子投映在窗纸上，影影绰绰。

“人还没找到？”赵重骄的声音从院内传来。

聃亏回道：“没有，里里外外找遍了也没有。”

易姜这下好受了点，原来刚才没见着人是去找她了啊。算他们还有点良心，没有真不管她。

“主公不必担心，我回来了。”她打开屋门，大步走出去。

赵重骄、聃亏和一众举着火把的下人齐齐扭头看过来。

“少鸠说姑娘与公西先生同游，要很晚才会回来，这我们是知道的，并未担心啊。”聃亏一脸不理解她话的模样。

易姜意识到不对了：“怎么，你们不是在找我？”

赵重骄挑眉：“找你做什么，你不是好好的吗？”

易姜忽然想接受公西吾的建议离开这没良心的主公自己“创业”去了：“那……你们到底在找谁啊？”

“裴渊。”赵重骄皱了皱眉，“今日午后他就不见了，城中和府里都找遍了，怎么找也找不到，最后只能到你院内来看看。”

任何人会不见都不奇怪，是裴渊的话就怪了。

易姜觉得裴渊这个人要是在现代的话，绝对是个万年死宅，每天就算什么事都没有也能在屋子里安静地待上一整天。这样一个大门不出二门不迈的人，基本

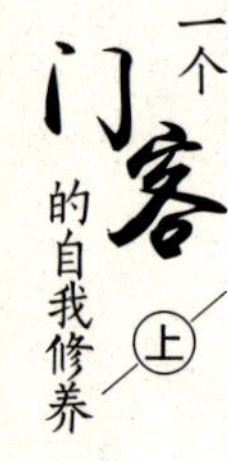

上可以排除走失的可能。

这一晚质子府不得安宁，找遍了所有能找的地方，一无所获。第二日赵重骄又继续派人找寻，忙里忙外地不停。

到了午后，管事和下人们都不耐烦了，跑来他跟前打小报告——

“长安君，我觉得裴渊先生可能是自己跑了吧。”

“对，我也这么觉得，他八成是觉得跟着您吃苦了，忍受不了就跑啦。”

“没错没错，我们别找了……”

赵重骄也只睡了两个时辰，刚起身，身上的单衣还未换下来，立在房门口绷着张脸不作声。不过他双目秀气，下巴瘦尖，这样一张含了阴柔的脸，即使生气也是带着些许风情的。

下人大部分是齐国安排的，只有少数是他从赵国带来的，有几个会为他尽心尽力？易姜懒得吐槽这些偷懒的人，顶着两个黑眼圈幽幽冒出来：“主公，我觉得裴渊可能不是自己跑了，而是被人掳走了。”

赵重骄依旧绷着脸：“何以见得？”

“裴渊不是申息，当初申息偷跑，他还大加指责过。何况要跑早跑了，何必等到现在？”

“嗯……”赵重骄捏捏眉心，“是我把他带来这里的，若是他有什么不测，我难辞其咎。”

异装癖虽然中二，关键时刻还是挺有担当的嘛。易姜忍住打呵欠的冲动，点点头：“主公放心，一定会找到的。”

不过一个毫无势力的他国质子，要在人家地盘儿上找人实在是太难了。

赵重骄也有数，眼光一瞟，冲她勾起嘴角：“如此，就有劳先生多多费心了，毕竟你在齐国也算有靠山啊。”

易姜耷拉着眼皮，公西吾能是我靠山？你这孩子还是太年轻啊！

裴渊醒过来的时候，眼睛最先看到的是满天星斗，耳朵最先听到的是喧闹的蛙鸣。

他坐起身来，环顾四周，黑衣黑发的少女蹲在火堆边，百无聊赖地用棍子戳着熊熊燃烧的火堆：“哟，醒啦？”

裴渊猛地跳起来指着她：“你居然挟持我！”

少鸠白了他一眼："我可不是挟持你，是救你出苦海。你如此柔弱好骗，恐怕会被那个鬼谷派的女弟子给带坏了，到时候都不知道怎么死的。"

"你说什么？"裴渊出离愤怒了，"你居然敢说桓泽先生的坏话！"

少鸠撇撇嘴："好吧，她还好些，至少比公西吾好多了，那才是万恶之源呢。"

"什么？你还敢说公西先生坏话！"裴渊更不能忍了，跳起来就朝她那边扑过去。

少鸠敏捷地一让，看他在眼前摔了一跤，咯咯笑个不停："你就别逞能了，一个柔弱书生，就知道繁文缛节，还要跟我比蛮力哪？"

裴渊让着她一个姑娘家，没尽全力罢了，悻悻然爬起来道："子曰'己所不欲，勿施于人'，你们墨家就喜欢多管闲事，我就爱跟着桓泽先生怎么了！"

少鸠没好气道："那我就要掳走你，怎么了！"

"你……"裴渊白净的脸又气得鼓起腮帮子，蹲去一旁不理她，思忖着要怎么跑路。

一起长大的小伙伴，他什么毛病少鸠不知道，如何会不懂他的心思，盯着他凉凉地泼了一盆水下来："劝你别白费心思了，我墨家弟子都学过些身手，你打不过我。当然也不会有人来救你，因为根本不会有人知道你是被我掳走的。"

"肯定是少鸠掳走的。"易姜咬了一口面饼，看了一眼对面目瞪口呆的聃亏，"我都跟你说了，过程就是这样，你错信少鸠了。"

按照她的猜想，少鸠应该是在离开设机关的地方不久后发现了异常，也可能是见到了公西吾带来的齐军，于是决定跑路，却临时起意将裴渊给劫走了。

聃亏用手托起险些掉下的下巴，继而脸色一变，摆出伤心之色："亏无识人之见，错信他人，还连累了裴渊，实在是……"

"太高兴了是吧？"易姜接过他话，"别装了，我知道你恨不得裴渊走呢。"

聃亏不演了："姑娘何必担心，那是他多年好友，把他掳走也不会害他的。"

易姜也知道裴渊不会有危险，少鸠明显对裴渊有意思，怎么舍得对他下手？不过少鸠自己都有可能被秦国捏着，如何放心将裴渊交给她。

黑云翻墨，白雨跳珠，夏日的天气如婴孩的脸，说变就变。

童子放下窗上撑子，挡住回廊上要打进屋的雨水，转头看见公西吾进了门，

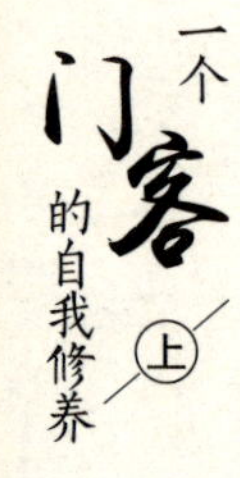

忙上前见礼："禀上卿，质子府的消息已然送到了。"

公西吾瞄了一眼桌案，点了点头，童子便轻手轻脚地退出门去了。

屋中纤尘不染，三面都满堆着书籍，中间设了案席垂帘，两面立着灯座，一盏袅袅香烟。

公西吾发束紫金冠，黑领深衣上细细绣着暗纹，行走间若暗波流动，映得脸色越显白皙，眉目越发宁和。黑漆绘饰的桌案上也放着三四卷竹简，皆由织锦描纹的锦袋装着。他自案后跪坐下来，伸手取过一只锦袋，抽出其中竹简细览。

"田单在赵国初战不利，有些不妙。而魏齐又逃回了魏国，准备借道前往楚国。"

他蹙了蹙眉头，放下竹简，抽出另一只锦袋。

却是些朝中琐事，不值一提。如此反复几次，终于抽出了最底下的一只锦袋，其中的竹简看着足足一卷，展开后却只有一根上面写了字。公西吾看了一眼，不置可否。

一个儒生失踪了，没什么大不了的，他明明只要求盯着桓泽一人的举动便好。

他将那根竹简拆了下来，取了匕首，细细刮去上面的字迹，修长的手指捏着薄刃，垂眉敛目，做起来竟然分外优雅。

"禀上卿，桓泽先生求见。"门外忽然传来童子稚嫩却谨慎的声音。

公西吾手下一停，眉目微动："请她过来。"

童子应声而退。

这还是易姜第一次来上卿府，比她想象中的要大许多，但太冷清空旷了，一路走过来都没见到什么下人，比起赵国的长安君府，简直不可同日而语。

回廊上雨滴如帘，隔着院落，公西吾自门边投来目光。

易姜今日为登门造访，特地穿了最好的衣服，深衣雪白，衣领绣纹，发髻高束，一丝不苟。她提着衣摆踩过落雨走过去，抬头迎上公西吾视线："师兄，我今日贸然拜访，是有事相求。"

"何事？"

"质子府有个儒生，名唤裴渊，忽然失踪了，遍寻不着，我怀疑是少鸠所为。"

"你是让我尽早抓到少鸠？然后将那儒生带回来？"

易姜点头。

公西吾沉默不语。他的双眼生得分外深邃，眼形漂亮得过分，像是由画师毫不拖泥带水一笔呵成。眸光清亮，唇线紧抿，身姿清俊，悠悠一眼，只会觉得他高洁出尘，与俗世毫无瓜葛。

但易姜对着他的眼神却感觉到了压力。

“我知道师兄没有义务答应我这个要求，毕竟捉拿过程中会有很多意外，也不确定到底能不能救回裴渊。”

“师妹清楚就好。”

易姜暗暗咬牙：“师兄有什么要求尽管说。”

公西吾轻轻摇头：“恐怕师妹得先将此事暂时放一放了，因为你可能自身也难保了。”

易姜一愣，就见他抬了一下手：“师妹请回吧。”

要不是无权无势，谁也不会低头来求人。易姜转身离去，心里不大痛快。

不过这片刻工夫，出上卿府时雨已经停住，居然还隐隐露出了日头。

聃亏在路边候着，一边收起伞一边牵马过来，却有一队齐军自他后方快步而来，挡在了易姜跟前。

“可是桓泽先生？”领头的士兵一手按住腰间佩剑，跨步而出。

易姜左右看看，不动声色。

那士兵取出袖中帛布画卷来看了一眼，已有了答案。“奉王后之命，全城追捕桓泽先生，先生请吧。”他手一抬，左右立即上前押人。

聃亏瞠目结舌，要上前阻拦，迎接他的却是雪白的刀刃，只得却步。

“上卿，桓泽先生已被王后捉拿。”童子快步走入书房，在公西吾耳边低语。

“嗯。”公西吾点头。

桓泽明言指出利害，使齐国出兵，然而出师不利。君王后性格谨慎，即使齐国是万乘之国，也不愿与各国结怨。现在看来，她是已经后悔得罪秦国了，也许是打算把桓泽交给秦国发落，以使齐国抽身事外了。

“桓泽先生在上卿府门前被捕，上卿……不救吗？”童子担心自己话多，问得小心翼翼。

公西吾淡淡摇头：“不救。”

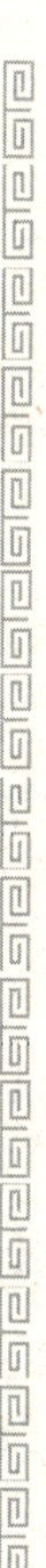

第五章

反手一击

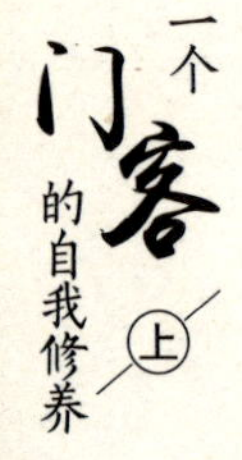

“什么？桓泽被抓了？”

午歇刚过，赵重骄端着茶盏坐在房内，听到这个消息居然很想大笑三声，还好及时用茶盏堵住了嘴。

“主公倒是赶紧想法子救人啊！”聃亏在他眼前来回踱着步，人高马大的，像是一座小山，给人当头罩下一次又一次阴影。

赵重骄干咳一声，闭着眼睛按按额头：“先生别转悠了，容我想一想。”

聃亏急道：“都这时候了，主公还想什么？依亏之见，不如赶紧进宫求见齐王，至少先把事情缘由弄清楚啊！”

齐王病重得连话都说不清楚，大小事务都由君王后一人处理。那是个小心翼翼、瞻前顾后的女人，赵重骄不太看得上她，一直是能避则避，于是皱着眉头不作声。

聃亏急得要跺脚：“主公想一想，姑娘平常对您那般尽心尽责，您怎能坐视不理呢？”

赵重骄真想了一下，第一件想到的就是她剥自己的衣服，不禁抽了一下嘴角。

不过话说回来，自来到齐国，府中许多事务的确是她出面处理的。她与公西吾之间的来往不知有何计较，但她知道善加利用这层关系，以至于齐国许多人都以为公西吾和质子交好，对他也好了许多，让他少了诸多白眼。

赵重骄无奈起身，对聃亏道：“你出去吧，我换身衣裳，这就去齐宫。”

聃亏这才满意了，向他行了大礼，退出门去。

齐宫气派，自有大国风范。然而齐王所居的宫殿雕梁画栋，却因为充斥着浓郁的药味而显得愁云惨淡。

赵重骄朝服高冠，强忍着对那气味的不适，立在门边等候传召。

殿中时常可闻脚步声，却不见有人出来请他进去。他已有些不耐，在门边徘徊良久，心一横，掀了衣摆便欲强行进殿，眼前却闪出道人影挡在身前。

“怎么，质子这是要擅闯父王寝宫吗？”来人玉冠华服，一脸倨傲。

赵重骄不想今日侍奉在齐王身边的是太子建，对他的反应也是十分奇怪。太子建面容姣好，性格温软，从没对他说过重话，忽然来这么一句，实在让人回味不过来。

太子建左右看看，一手牵住他，将他带出殿门，这才低声道：“长安君不必介怀，方才那话是说给我母后听的，她早下了令，不允许你入宫求见父王。”

赵重骄有数了：“到底桓泽犯了何等重罪，连求情都不让？”

太子建讪笑，将缘由一五一十与他说了，还不忘补充一句：“不过田单骁勇善战，你也不必太担心赵国。”

所以桓泽是因为劝田单出兵才招致横祸。赵重骄咬了咬唇，一时没有办法，只好道：“可否请太子通融，免她在牢中受皮肉之苦？”

太子建慈眉善目，连连点头：“难得重骄你这般怜惜一个女子，放心好了。”

赵重骄心不在焉地向他道谢告辞，走了几步才反应过来，忙回头解释：“她不过是我门下一个门客而已……”

太子建已经施施然走远了。

半年之内坐了两回牢，易姜觉得自己的命也真是够好的。

齐国的大牢比较有人情味，没有将她单独隔开，所以她已经听隔壁那个男人唱了一天的歌了。

她拨了拨地上的干草，尽量不弄脏身上的白衣服，往他那边挪了挪：“你不渴吗？”

“嗯？”男子转过头来，身上的衣服倒是不错，一看就是好面料，可惜沾满了杂乱的草屑，头发上也是，一根稻草还插在他那束发的高冠上，简直是一根呆毛迎风立的即视感。

“你在跟我说话？”

易姜正心烦呢，没好气地说道：“你都唱了一天的歌了，就不需要休息吗？”

男子起身朝她这边走了几步，又坐到地上：“我明白你的意思了，我不唱就是了。”

易姜看他长得浓眉大眼，挺阳光的模样，也不与他计较了，摆摆手道：“算了，我正在想事情，你等我想完再唱好了。”

“那你什么时候想完？”

“这我可不确定。”

男子上下打量着她：“你这么年轻的一个姑娘家，如何会进了齐国的王宫大牢？”

易姜正为此事忧虑，懒得遮掩情绪，反问道：“那你呢，如何进来的？”

男子一手托腮，手肘抵在膝头：“别提了，我本是魏国富商，来齐国做买卖，不想竟被当成探子给抓了起来。”

如果没有听错，他刚才哼的是“望美人兮未来，临风恍兮浩歌”。裴渊也哼唱过这歌，是屈原的诗歌。他要是商人，那也是个够有文化的商人。

易姜留了个心思，抿唇道：“我跟你差不多，反正也是得罪了齐国王室。”

男子一副痛心的表情，“你还这么年轻，他们真是太不通人情了！”说着坐正身子，拍去身上草屑，抬手见礼，“在下季无，敢问姑娘名讳？”

易姜当然不会开诚布公，回礼道：“在下易姜。”

季无道：“你我二人同病相怜，可惜我帮不了你了，我的家人已经花了重金赎我出去，最迟天黑我就能出狱了。”

“难怪你高兴地在唱歌呢。”易姜笑得有点难看。

她也猜到自己被抓进来的原因了，八成是因为田单出兵的事，可没他这么容易出去了。这次抓她的不是少鸠，而是齐国王室，也许这条命就要葬送在这里了。

她蜷起双腿，紧咬住唇。

季无托着腮一直盯着她的脸瞧个不停。大概是觉得这样一个雪白干净的小姑娘瘦弱得惹人怜惜，连眼神都柔和了起来，忽然扒着隔栏道：“易姜姑娘若是要求救于家人，我可以帮你传信。我的生意遍布山东六国，就是那崤山以西的秦国也有我的足迹，你的口信我一定可以带到。”

“算了吧……”易姜摇头，这次谁也救不了她了。

牢中忽然传来狱卒拖动铁链的声音，哐当一声落在地上，骇得易姜整个人都哆嗦了一下。

季无见状连忙安抚：“姑娘不必害怕，这世上多的是转机，你肯定能被放出去的。”

易姜惊魂未定，歪过头盯着他。

转机？还能有什么转机？

夕阳西下时分，急促的脚步声传了过来，牢头带着几名狱卒快步走到牢门前，易姜下意识地往后挪动，却见对方打开了季无的牢门，提着的一口气才松了。

“看来我要早一步出去了。”季无起身，整理衣冠，看了一眼易姜，含笑出门。此时他步伐稳健，身姿挺拔，仪态优雅，与之前在牢里唱歌时判若两人。

他刚离开没几步，牢头竟将易姜的牢门也打开了。

“押走。”两个狱卒奉命上前拖住易姜，仿佛在拖一件破败的死物。

易姜大骇，但被两人架着，双腿使不上半分力气，一路被拖着前行，竟快赶上就要出门的季无。

听到响动的季无转头看来，也很诧异。

易姜借着擦身而过之际一把揪住他衣袖，不顾狱卒的拖拽急急忙忙地说道：“你帮我带个信给齐国上卿公西吾，就说牢里的人请他去赵国质子府取一本书！切记！”

季无眼见她被狱卒拖出门去，连忙快走几步追上去答话：“姑娘放心，一切包在我身上！”

马匹轻嘶，车行辘辘，踏着夜色在质子府门前停下。

童子跳下车，放好墩子，公西吾自车中下来，脚步不停地入了大门。

自驿馆一别，赵重骄这是第二次见他，原本对他就没什么好感，再见他擅自闯入府中，愈发不快。

他立在阶前，刚要呵斥，却听公西吾说了句：“奉王后之命前来搜查桓泽居处。”

虽然搞不懂为什么要搜查居处，但面对重重齐军，赵重骄也无可奈何。

公西吾独自去了易姜住处，在房中静静站了片刻，自床榻里侧的包裹里找出两卷竹简。

一卷是他自己的，不用多看。他拿出另一卷，展开观看良久，眉头渐渐蹙起。

夜深人静时分，易姜在迷迷糊糊中惊醒，睁眼就是明亮的火光。她以为自己就要被处决，下意识地往后退了几步，才发现自己是在囚车中，地方太小，根本避无可避。

狱卒将她从车上拖拽下来，一路架回大牢。她终于适应了光亮，才发现公西吾正在牢房内居高临下地看着她。

她压住心慌坐正："师兄可算到了。如何，看到我的书了？"

公西吾从袖中取出那卷竹简，易姜一把夺过来，他倒也没阻拦。

"我知道师兄对我的事了如指掌，我手上到底有没有老师传下来的书并不重要，因为你想要的，本来就是我每日手不离卷的这个。"

公西吾不置可否。

易姜稍稍昂起脖子："怎样，只要师兄救我出去，我便告知师兄这上面写了什么。师兄自己也过目了，这天下除我之外，无人能看懂上面的内容。"

公西吾眼眸微动，半敛火光，动人心魄："可以。"

易姜忍住胸中起伏的情绪，终于不用被送去不知名的地方了。

"不过我还有个要求。"

"师兄请说。"

"我救你出去后，你必须在齐国为官。"公西吾的声音平淡得似刮入窗口的夜风，"终生。"

易姜心里迅速打着小算盘，瞄瞄牢外举着火把的狱卒，又看看公西吾的脸，忽然站起身来贴近他，私语道："师兄这般要求，不怕我对你的念头死灰复燃吗？"

他身上若有若无的熏香沁入鼻息，易姜虽强作镇定，却还是有些脸红。

公西吾垂头看着她的双眼："这就是我的要求，师妹若不答应，便当我没说过。"

易姜昂着的脖子都发酸了，也没从他眼里看出要收回这个条件的意思，只能颔首："好，一言为定。"

世人习惯了已知，而很少探索未知，这是亘古不变的通病。

易姜以前一直认为自己的身份是个劣势，任何一步行差踏错都有可能导致万劫不复。她担心被这里的人发现破绽，因为自己对他们而言是未知，所以战战兢兢，小心翼翼。

但这次再蹲大牢，她恍然醒悟，这世上没有什么是绝对牢靠稳妥的人生，躲避也未必就能安稳一辈子。其实他们无论如何也不会猜到她的来历，纵然会起疑、揣测、妄下论断，但最后也只能徒留困惑。

所以这并不是劣势，反而是被她浪费已久的优势。

牢门洞开，齐军分立两侧，沿着长长的走道一直排到门外。

易姜被释放出狱。

她整整衣襟，理理头发，迈步出门。骄阳当空，再次呼吸到外面的新鲜空气，感觉真好。

车马恭候，兵士开道。她被请上了车，一路疾驰，并没有走人声鼎沸的大街，而是绕着王宫僻静肃穆的大道，一路畅通无阻地前行。

停下时，易姜探头一看，眼前视野开阔，是一片很大的场地，围栏高长，不见边际。正中立着两根高高的雕刻门柱，其上悬额写着的字宣示此处是齐国教军场。

“先生，请。”

易姜跟着士兵进了大门，里面尘土飞扬，角落圈着许多马匹。其后一望无际，满覆绿草，应该是一片养马场。

中央场地上又围了一大圈竖栏，士兵们在其中演练的声音震彻云霄。其外围是两圈马道，有几个身着盔甲的将士骑着烈马在比拼技艺，真刀真枪的下手凶狠，看得她心惊肉跳。

“先生。”易姜转头，士兵朝她抬手做请：“王后在台上等您。”

易姜朝宽木搭成的高台瞥了一眼，拾阶而上。

双爪腾龙屏风前两个侍女打着帛帐，其下坐着个冠服精致的中年女子，黛眉朱唇，面容修饰得一丝不苟。

“桓泽见过王后。”

君王后抬手虚扶一下：“上卿说他有方法使齐国抽身事外，替桓泽先生求了情，我也是惜才之人，也就不为难先生了。”

易姜悄悄瞥了一眼坐在左侧案后的公西吾，他长睫敛住双眸，并无反应。

易姜耳中听着那威武赫赫的演练声，回话道：“桓泽不解，齐国兵强马壮，王后为什么要忌惮秦国？”

“你只看见这一次操练，如何能下论断？”君王后眉心紧蹙，挤出两道细纹来，“齐国能将稀少，唯田单可担重任。少惹祸端，于国于民都是好事。”

易姜又瞥一眼公西吾：“我相信上卿会有良计，不过我这里也有一个法子。王后既然有心与秦修好，那桓泽愿为齐使，出使赵国，与赵太后禀明利害。齐赵两国联盟就此断绝，也好安抚秦国。”

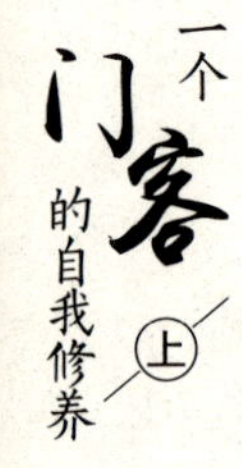

君王后双眼一亮："此话当真？"

公西吾蓦然抬眼，斜眸一刹："臣以为不可，就算王后要派使臣，大可以另派他人。"

君王后摇手阻断他的话："上卿此言差矣。桓泽先生自赵国而来，必得赵太后信任，此事由她去说，最为恰当。"

易姜立即垂首领命："桓泽即刻动身，定不负王后所托。"

公西吾视线投来，目若幽潭，深不见底。

质子府内，赵重骄刚刚才收到易姜已被释放的消息，正要叫聃亏去接她，却听说她已经动身去赵国了，惊讶得说不出话来。

她是怎么出来的？一出来就去赵国是怎么回事？这次换赵重骄在聃亏面前来回踱步了。

聃亏也是眉头紧皱，忧心忡忡，扶着厅门朝大门口张望着，仿佛能将易姜看出来一般："姑娘刚从牢里出来，连身衣服都没换就去了赵国，也不怕触霉头啊，真叫人担心。"

赵重骄脚下一停，脸都黑了。

去赵国的路易姜走得十分艰辛，光启程的时候就耗了半天，因为她不会骑马，偏偏为了赶速度，又不能乘车。

两个随行护送的齐兵骑在马上，看着她捏着缰绳一会儿想要抬脚上马，一会儿又收回脚，面面相觑，心想莫非特使大人是出发前吃太多了，爬不动？

正午已过，城门外的阳光没有遮挡，晒人得很。眼见城楼上守城的士兵都快排成一排集体来围观了，两位齐兵终于按捺不住出言催促。

易姜面无表情地向两人竖了一下手，开口道："我需要几样东西，你们准备齐全，方可上路。"

一个齐兵立即翻身下马，上前抱拳："请特使吩咐，属下即刻去办。"

易姜一五一十地说了，对方神情古怪，但还是照办去了。

片刻后齐兵返回，递给她要的东西。

那是几个塞满了丝绵的垫子和绳子，垫子是现做的，针脚很是粗糙。

丝绵精贵，而此刻天正热，齐军觉得特使多半有病。

易姜不顾城头围观了半天的守城士兵，也不管这两个随从的目光，径自将垫子在左右膝盖、腰部、手肘、脖子处绑好，再三固定，这才重新握住缰绳。

热死不算什么，摔死才可怕！

她摸了摸马头，再三安抚，而后深吸口气，终于爬上马背。

扯动缰绳的手是轻缓的，夹马腹的双腿几乎是僵硬的，但身下的马并没有按照她预想的小跑前行，仿佛也早就不耐烦了，一抬蹄子就冲了出去。

齐国烈马，天下闻名，岂是笑谈？

那两个齐兵眼见特使如离弦的箭一般冲了出去，耳中听到的全是她的尖叫，呆了许久才赶紧策马去追。

易姜的尖叫持续了一天一夜才改善。后来终于不再叫了，因为她的嗓子哑了。

这不是她第一次赶这么远的路，但绝对是最累的路。怀中揣着君王后的国书，头顶是日升月斜，连夜奔驰，几乎没有休息时间。

十日后到达邯郸，易姜下马时整个下半身都没了知觉，完全麻木地牵着马进了城门，居然没用爬的，真是万幸。

不，最值得庆幸的是她居然没有摔死。

战火在前线，邯郸城中依然平静，但往来一路看不到服饰新奇的路人，也听不见往常喧闹的歌声，整座城的气氛都很沉重。

易姜几天没睡好，身上汗湿的衣服都没空换，早受不了了，一到了驿馆便要了只大浴桶泡澡。

在浴桶里泡澡时她眯了一会儿眼睛，四周静谧，耳中再也听不到以往城中的喧哗吵闹之声，竟然有种物是人非之感。

求见赵太后的请求递了上去，到第二日午后，赵王宫终于派了人过来。

赵王宫不及齐宫华丽，但肃穆有余。

易姜跟着内侍走至赵太后的寝殿，除鞋入殿，周围安静无声，连个侍女都没有。

殿内陈设和以往一样，毫无变化，但赵太后本人有很大变化，脸色越发苍白，人也越发消瘦了。

易姜穿着君王后赏赐的白绸深衣，在她面前见了礼，耳中传来她依旧平缓低沉的声音：“桓泽先生居然会作为齐使而归，叫我诧异。”

易姜垂眼，声音仍然嘶哑：“桓泽身为齐使，然心有赵国，望太后明鉴。”

“哦？何以见得？”

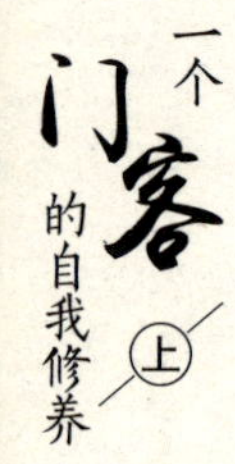

“桓泽此番入赵，实为自救，但也许，也能救一救赵国。”

赵太后闻言稍稍坐起，朝她招了招手。易姜徐趋上前，听她低声道：“若先生能救赵国，我愿收回之前的话，拜先生为上卿。”

易姜不禁失笑：“太后，我是女子。”

赵太后摇了摇头：“先生与我一样，生在这世间，既是不幸，也是大幸。”

易姜不解其意。

赵太后缓缓道：“我以前觉得，生为王室女子很是不幸，年满十六便被定好嫁去其他王室，没有半分转圜余地。但后来一想，我没有生为普通人家的女子又是大大的幸事。至少这一生我衣食无忧，许多事情也能做主，更不用饱受战乱纷扰、颠沛流离之苦。先生与我，何尝不是一样呢？”

易姜心下通透。

这话说得没错。她曾因自己身为鬼谷弟子而苦恼，因为相比于以前，这是个充满了风险的身份。但如果她在这里只是个底层百姓家的少女，可能很快就会被安排嫁人，碌碌一生，无力反抗，甚至还要为生计挣扎，岂不是一种痛苦？

在这个没有人权的社会，她的身份已经是极大的便利了，可以做许多事情。

她抿了抿唇，抬头道：“太后胸怀宽广，桓泽受教。”

赵太后一手支着额头倚在榻上，摇了摇头：“可惜战况不明，救赵难啊。”

“桓泽有一计，想与太后商讨一下，也许可以救赵。”易姜从头到尾没有拿出君王后的国书，上前几步，在赵太后耳边一阵低语。

第二日易姜启程返回齐国，消息传到公西吾耳中时，她已经快到临淄城了。

因为齐王重病，齐王宫多日不再有朝会，诸事都在偏殿中处置。

君王后领着太子建与几个心腹大臣在殿中等候，多有不耐，直到士兵前来禀报说桓泽先生已入了齐宫，才算定下心来。

三声通传之后，公西吾视线扫向殿门。

进门的少女不复往日素淡，玄色绣纹的广袖深衣，镶红滚边的领口和袖口，长发高束，却留着长长的发尾拖在背后，随着进门的脚步轻轻扫动，庄重中又多了几分俏皮。

“先生可算回来了，情形如何？”君王后不等易姜见礼，便自案后稍稍前倾了身子问话。

易姜道：“臣已与赵国订立新盟约，此后二国互为兄弟之国，世代交好，共同抗秦，绝无二话。”

四周哗然，好几位大臣惊而起身。

君王后妆容精致的脸上有些挂不住：“是先生说错了，还是我听错了？”

易姜垂眉敛目，不急不忙：“王后没听错，臣也没说错。”

殿内一片死寂，直到君王后挥袖掀了桌案上的茶盏。

“放肆！我叫你去与赵国断绝关系，你却与之另缔盟约，你凭什么代表齐国？”

易姜缓缓抬眼：“正是王后授命臣为齐使的。”

“你……”君王后怒不可遏，吩咐左右上前拿人。

易姜后退一步：“王后深知我当日与田单说的话句句在理，却因惧秦而置之不理。如今要处置我，是不是也要看一看情形呢？万一田单取胜了，对齐赵两国皆有益处，至少短期内，秦国不敢再东进一步！”

这番话是早就打好腹稿的，暗中演练了许多遍，所以此时说来虽然又急又快，却全然一副胸有成竹之态。

君王后一怔，面有犹疑，首先看向儿子田建：“吾儿如何看？”

太子建宛然一笑，却嗫嚅许久，说不出个字来。

君王后瞪了他一眼，转头看向其他大臣：“诸位以为如何？”

反对的大臣言辞激烈：“不可！秦国屡有进犯之心，唯齐国不在其列，盖因王后多加周旋，如今主动交恶，岂非毁于一旦？”

这观点的支持者众多，纷纷挥袖指着易姜怒斥，一副恨不得生啖其肉的架势。

倒也有支持易姜的：“臣以为可以。秦国若不只是图谋霸主，此举是遏制其东进最为有效的方式。”

君王后犹豫不决，看向左侧端坐的公西吾：“上卿以为如何？”

公西吾自己对天下大势看得那么清楚，怎么会反对？易姜早已考虑到这一层。

果然，公西吾垂眼道：“臣以为，可静观其效。”

君王后皱眉：“可是，凭何认定秦国不只是图谋霸主？”

易姜当日与赵太后畅谈良久，功课做得很足，朗声道：“赵并中山，齐国并宋，难道是为了做霸主吗？自赵韩魏三家分晋以来，大大小小多少诸侯国被兼并？这么多年过去了，开疆扩域已成必然，王后又何必自欺欺人？秦国至今没有攻齐，不是因为王后您的周旋，而是因为离得远，鞭长莫及。一旦赵国被灭，下一个不是魏国便是韩国，而后便是齐国。”

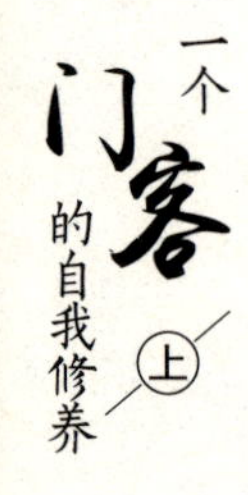

君王后脸色苍白，不发一言。

太子建也有些受惊，视线来回在易姜和君王后身上扫动。

公西吾施施然起身，声音一如既往地平静："王后，联盟既已结定，可先观其效，再做后议。"

除去几位言辞激烈的大臣，其余的人都纷纷坐回了原位。

"臣等赞同上卿所言。"

君王后似有不甘，却又无可奈何，摆摆手道："也罢，若田单能胜，我便亲自奉桓泽先生为客卿，绝不食言。但若不然……"

易姜抬手行揖礼，堪堪遮住自己双眼："若不然，听凭王后处置。"

其实她也不知道究竟能不能赢，但至少目前来看，胜算很大。

赵太后告诉她，秦国并未倾国而来，所以田单初战不利根本不是因为秦军太强大，而是因为齐赵不齐心。

赵国担心齐国不诚心来援，而齐国担心赵国太依靠自己，又不肯放手惹恼秦国，自然不会尽力。

她此番返赵，代表齐国与赵国订立新盟，赵国如今已经遍传齐赵二国齐心同抗秦军的消息，田单若不尽力便是罔上欺君之罪，当然要尽力一搏。这个方法赵太后也认为可行。

骄阳似火，还是钻在林子里最舒服。

裴渊此刻正靠在树干上直喘气，一边朝前面的少鸠摇手："不行了……热死了，我要歇一歇。"

少鸠转头看过来，双手叉腰："你一个大男人，竟然这般颓弱，这才几步路？"

裴渊径自在地上一坐，扯了扯衣襟："这都到了魏国地界了，你居然说才几步路？你是不是人啊？"他的视线在少鸠全身严实的黑衣上转了一圈，摇了摇头，"算了，你可能真不是人。"

少鸠干笑一声，转头就走，不多时返回，蹑手蹑脚地走到他身后。

裴渊累得不行，几乎迷迷糊糊要睡着了，忽然感觉手背上一阵湿滑，睁眼一看，惊得一声惨叫跳了起来，手臂直甩，一条黑黢黢的水蛇被他甩在地上，一阵扭动。

"怎么样，有力气走了吗？"少鸠在旁挑挑眉毛。

裴渊咬住下唇，愤然扭头。

果然不是人，尤其不是女人！

一路不停，日夜兼程，终于看到了高高的城墙。夕阳映照厚重的砖瓦，肃然的守兵雕像般立在城头。

少鸠乐了，拍拍裴渊胳膊说："看，还记得这里吗？"

"大梁城啊，当然记得。"裴渊脸上总算有了些笑意，疲倦一扫而空。

当初他们离开韩国四处游学时，第一站便是魏国的大梁。

少鸠一把拖住他手臂："快走，晚了怕来不及了。"

裴渊还想着要好好在城里转悠一下，却被她这般拽着冲进城门，一刻也不得停顿。

少鸠在大梁生活了好几年，地形熟悉得很，拽着裴渊一路狂奔，比之前跑得还快。

裴渊气都快喘不过来了，这家伙小时候就能跑，现在更厉害了。

夕阳将下时，少鸠在一处庭院前停了下来，手一松，裴渊就瘫在了地上。

"你……你到底……跑什么啊？"

少鸠双目直直向前，口中喃喃自语："还是晚了一步……"

裴渊顺着她的视线扭头，一座门庭森森的大户，大门的门额上写着相府二字，但此刻已然缠上白绸，显然正在办丧事。

大门忽然从内拉开，侍从们簇拥着一个沉着脸的华服青年出门登车。裴渊听见左右称他为信陵君，心中了然，这应该是魏国相国魏齐的府上啊。

他连忙爬起来，连身上尘土都顾不得拍去，问少鸠道："怎么回事，难道是墨家要你来救魏齐的吗？"

少鸠快快点头："都怪我，还以为替秦国拔除桓泽、公西便能救下魏齐，不想这般耽搁，反倒误了正事。"

裴渊脸色一下变了："什么？你居然要对二位先生下手！"

"我已经下过手了。"

裴渊又怒了，腮帮子鼓成了球，开始撸袖子。

魏齐死了？

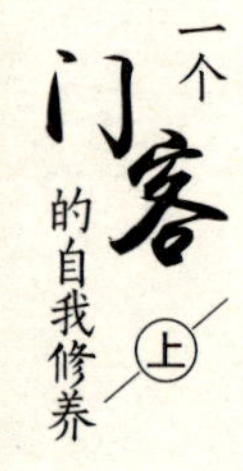

公西吾放下手中竹简。这倒是没想到，还以为他已经成功逃去楚国了呢。信陵君为此还特地赶回了魏国，不想他竟自尽了。

引起此战的祸首已死，那么秦国就没有不退兵的理由了，桓泽的命也保住了。

但她此番主动要求入赵，恐怕已经萌生他意。

府上已经掌灯，童子进来请公西吾换衣用膳，一面呈上质子府的消息。

公西吾接过锦袋，抽出竹简，扫了一眼就站起身来，果然不出所料。

质子府内，易姜收拾好包裹，正在向赵重骄辞行。

赵重骄自然讶异："到底怎么了？你要去何处？"

易姜道："我回赵国去，主公放心，不用多久，我也会将您迎回去的。"

赵重骄那双桃花眼快瞪成两个大了："你是不是病了？"

易姜朝天翻个白眼，转身就走。

赵重骄目送她出了门，只能去问聃亏，但聃亏急着去追易姜，也说不清什么。

待他们二人相继跨上马，赵重骄才幡然醒悟，追到门口怒道："你分明是想丢下我跑吧！"

马驰人远，哪里还有回应。

易姜还真像是跑，一路上快马加鞭，片刻不停。

聃亏数次想问缘由，一分神就被她甩下一大段距离，只好作罢。

一直跑到大街上，易姜急急勒住了马，因为骑马技术还不太熟练，险些从马上摔下来。

一队齐军高举着火把横马街前，有人自其后打马而出，披风随风鼓舞，腰间长剑清绝，被火光描摹出半边侧脸，不是公西吾是谁。

"师妹即将被拜为客卿，这是急着去哪里？"

易姜朝聃亏递了个眼色，猛地一扯缰绳，朝右奔去。

火光昏暗，聃亏反应慢了半拍，连忙跟上去。

公西吾竖起两指朝前轻轻一划："追。"

齐军如猛虎下山，飞驰而出。

宵禁后的大街安静异常，易姜知道此时出城是没可能了，转了方向，朝淄水奔去。

半月清亮，她将马停在河边，招呼聃亏上了岸边的小舟，叫他赶紧划船。

“姑娘，这是哪儿来的船啊？”聃亏一边撑船一边疑惑地问。

“赵太后特地命人准备的。”易姜极目远眺，齐军队伍的火光已经朝这边接近。

聃亏快速撑船，终于到了对岸，立即有人从林中现身，牵来快马。聃亏上下一打量就知道这些都是身着便服的士兵，听口音确实来自赵国。

齐军已经在对岸一字排开，易姜翻身上马，转头望去，公西吾的身影在火光下明明灭灭看不分明。

“师兄不用送了，齐国的客卿我不稀罕，赵国的上卿正等着我去做呢。”易姜一手安抚着身下不安刨土的马，一边高声喊道。

“师妹怎可食言？”顺风送来公西吾的声音。

易姜朗声大笑，真是第一次这么畅快：“师兄叫我终生在齐国为官，不过就是想让我一直活在你的监控之下？所谓兵不厌诈，为求自保许下的承诺，怎能算数呢？”

“哦对了，还有这个。”她打马朝水面走近几步，自背后包裹里取出自己记日记的竹简，高高举起：“师兄是不是很想知道这里面写的是什么？”她微微笑了起来，忽而手指一松，竹简落入了河中，顺水漂远。

公西吾面沉如水。

易姜拍拍手：“师兄保重，后会有期。”说完一提缰绳，策马转身，驰入茫茫夜色。

“上卿……”左右齐军纷纷看向公西吾，请他定夺，却见他嘴角竟隐隐有了丝笑意，不禁面面相觑。

第六章 阴魂不散

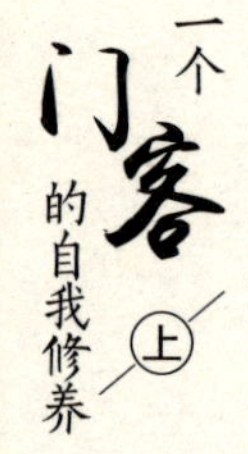

出入各国国境是有必经手续的，需要一种叫作封传的凭证。这种叫封传的玩意儿在易姜眼里就类似于护照，还好她作为齐使时拿到了护照。

出临淄后向西疾驰数日，终于出了齐国国境。易姜本已做好被公西吾追截的准备，没想到这一路上并没有遇到任何阻碍，很安稳地就入了赵国边境。

朝阳初升，带着新鲜的水红色。官道平整开阔，两侧的田地里种植着大片大片的小麦，似深宫里齐整的绿衣侍女，在微风中拘谨垂首，被阳光晕染出淡淡的甜美来。

此地远离战火，平和宁静。便装的赵军约莫有二三十人，片刻不离地紧跟在易姜后方，直到此时才舒缓下紧绷的神经，开始放马缓行。

聃亏刚刚知道缘由，一边努力消化一边问易姜：“姑娘，你就这么把鬼谷派的典籍给丢进了河，不心疼吗？”

那算哪门子鬼谷派的典籍？易姜对他的重点把握能力表示怀疑，但此时疲倦得只想打瞌睡，回答得很敷衍：“心疼，心疼得很。”

聃亏叹息不止，仿佛在感叹损失了一件珍宝。

他们在热烈地讨论着一卷书，早把那位在质子府里哀怨地砸酒爵的长安君给忘了。

入了城镇，驿馆有专门的官员接应，细饭热汤，尽心伺候。

易姜的作息已经定式，晚上舒舒服服睡了一觉，第二天一大早就准时睁开了眼睛，继续往邯郸城赶。

赵太后安排细致，不仅一路上好吃好喝地照应，而且轮番换了快马给她，快到邯郸时，又给她备了马车。

易姜收到秦军已退的消息，这一路上也放松了心情，游山玩水一般再次跨入邯郸的城门。

城里的人好像又鲜活了起来。街道上行人穿梭不息，车马辘辘，尘土卷着喧嚣在四周弥漫。街头巷尾都在议论着魏齐已死的消息，欢欣鼓舞。

一个人的死亡被当成一国百姓的狂欢，也是够悲哀的。

如今赵国群臣很清楚，叫桓泽的那个年纪轻轻的小姑娘正当宠，赵太后甚至赐她住在长安君府。

易姜又回到了自己原先住的屋子。晚上睡觉时，报复性地点满了灯，把整间屋子都照得亮堂堂的，颇有些财大气粗的架势，可是躺在榻上怎么也睡不着。

这情形只有初来时在大牢里那几个月才有，之后各种状况不断，搅得她每天精神高度紧张，到后来基本上是倒头就睡，今日也不知是怎么了。

睁着眼睛一夜到天亮，婢女进房来伺候她梳洗，易姜早已坐在铜镜前，对她摇了摇手，拿着篦子要自己梳头。

婢女以为自己伺候不周，伏首在地，战战兢兢地告罪。

易姜没料到自己一个无心的举动惹得她如此害怕，连忙解释："我只是想习惯一下罢了。"

总要习惯的。粗算一下，来这里已经大半年，饮食起居都接受了，却都是因为无可奈何。直到现在，她准备心里也接受了。

铜镜里的头发很长，但梳头时带下不少断发，脸颊终于有了点肉，却依然苍白。桓泽这副身子生得瘦弱，可又不像是营养不良。毕竟公西吾的模样摆在那儿，都是从云梦山里走出来的，没道理鬼谷子专挑好吃的喂他不喂桓泽吧？

易姜丢开篦子捏了捏自己的脸，心想这副身体不会有什么毛病吧？

这念头有点恐怖，她觉得自己该注意一下了。

发髻不是那么好束的，最后还是经婢女的手才完成。有人伺候的感觉还不太习惯，但易姜不得不承认这很爽。

刚更衣完毕，赵太后派贴身内侍送来了赏赐，黄金五百两，细绢良帛，华丽衣裳亦不在少数。

易姜恭恭敬敬收下，首先做的是找个地方藏金子。

这可是她赚到的第一桶金哪！

藏好金子再回到前厅，内侍竟然还在，请她入宫见驾。

易姜草草吃了点东西就随他上路。

内侍一路相伴，没有和往常一样领她去赵太后的寝殿，而是穿过两道宫门，

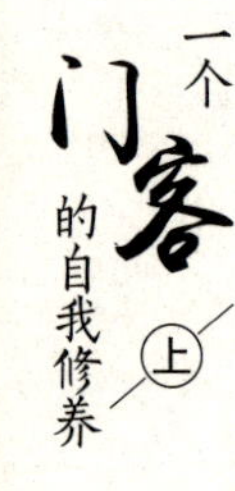

进入了前殿广场。

骄阳似火，夏风正盛，楼头旌旗猎猎，余晖在楼台飞檐上反射出一抹耀眼的金黄，两侧的侍卫顶着烈日静默无声。

易姜知道接下来等着自己的是什么，垂下眼睑跟上内侍步伐，拾阶而上，一直走到高高的殿门前。

“请先生入殿。”内侍躬身，手臂伸直向前做请。

易姜做了一下思想准备，举步进门。

殿内两侧各跪坐着一排大臣，年轻人很少，大部分是中年人和老年人，全都紧紧盯着她。

上方设正案与侧案，正案之后端坐着九珠冕旒的赵王，赵太后坐在侧案后，身后有两个侍女小心侍候着。今日她难得敷粉饰面，脸色好看了许多。

易姜拱手外推，双臂前倾，刚向赵王和太后见礼完毕，忽而有道冷飕飕的声音响了起来：“入殿而目下巡睃，无状至极，此代鬼谷先生高足便是这等模样？”

易姜侧头望去，一个头发花白皮肤发皱的老人正看着她，眼角下拉，嘴角紧抿，看着就不好说话。

赵太后笑道：“少女心性，公子溟不必怪罪。”

可惜公子溟并不给面子，手持笏板朝上方行了一揖，开门见山道：“既为少女，怎能为官哪？”

被称为公子什么的，肯定是赵国王室贵族了。易姜看他年纪，估计是跟已故的老赵王一辈的，难怪连赵太后都要笑脸相迎。

赵太后脸上的笑敛去几分：“桓泽救赵有功，我履行诺言授其爵位，有何不可？”

公子溟“哼”了一声，指着易姜道：“太后看看，一个瘦弱伶仃的女子，竟要拜其为上卿！此事若是传到他国，要叫他们耻笑我赵国无人啊！”

他右手边坐着的就是触龙，大概是觉得易姜看着有些眼熟，他一手拄着拐杖一手按着桌案，探头仔细看了看，抿唇不语。

“公子溟所言甚是，太后三思，王上三思啊。”许多臣子跟声附和，俯首劝阻，只有寥寥几人没有反应。

一时无声。易姜站在大殿上，瞄瞄两侧齐刷刷黑溜溜的后脑勺，有点心塞。

上方的赵王冷不丁地说了句：“本王听说，齐国也有意拜桓泽先生为卿，诸位可知晓此事？”

众人一愣，说实话连易姜也愣了一下。

这位年轻的赵王不像他弟弟，太安静了，半天忽然冒出句话来，才让人意识到有这么个人存在。易姜偷偷打量着他，隔着垂珠看不太清楚，只觉得他肤色有些偏黑，乍一看五官比赵重骄那小白脸要阳刚多了。

“王上何意？”公子溟有些激动，脸上褶子都抖索起来了，“齐国受此女口舌蛊惑，难道我赵国也要随波逐流吗？”

赵太后冷冷道：“此女口舌退了秦兵，尔等为我赵室宗族，口舌却全用在了此时！”

公子溟怒而起身，胸膛起伏不定：“太后身负监国之责，却倒行逆施、罔顾旧制，难道是要效仿武灵王吗？”

赵太后倏然抬眼，双目森冷，一旁的赵王反应更是激烈，猛地一拍桌案，起身离去。

公子溟这才收敛态度，敛衽下拜，却也是不慌不忙。

易姜被这架势震住，不敢轻举妄动。

武灵王的事她听说过，赵太后对武灵王颇为赞誉，上次商谈对策时还对她说：“若武灵王还在，定不会叫秦人如此嚣张。”易姜在齐国也听到过几次谈论武灵王的事迹，只不过口吻大不相同。

武灵王是现任赵王的祖父，首推胡服骑射，改革军事，吞并中山，降服三胡，修筑赵长城，大有作为。但就因为他推行胡服骑射，惹恼了守旧的贵族，竟然被困在沙丘宫中活活饿死。他的事在有些人眼里是离经叛道，在有些人眼里却是旷世之举。

公子溟敢用这话来压赵太后，分明带着威胁的意味，难怪赵王和太后都如此愤怒。

赵太后紧抿双唇，搁在案上的右手微微颤抖，许久缓过来，开口道：“当务之急，是该迎回平原君。”

正好有个台阶下，众臣纷纷称善。

“秦虽已退兵，但递来国书，索要魏齐人头方可释放平原君归赵。魏国不愿让魏齐身首异处，此事艰难。诸位可有愿意出使魏国，取回魏齐首级者？”

众臣讷讷不言。

触龙颤声道：“上大夫蔺相如智勇双全，可担重任。”

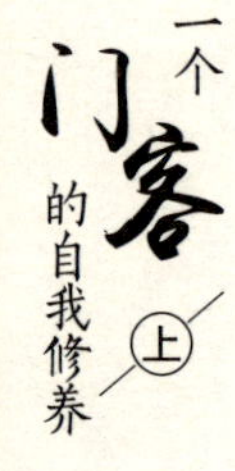

赵太后瞥了他一眼：“上大夫前些时日告病，还是让他好生养着吧。”她若有似无地看了一眼易姜，“不如派桓泽使魏，也好让他国瞧瞧，是不是我赵国无人。”

伏在地上的公子溟衣衫窸窸窣窣，可能已经气得发抖。

易姜有点无语。赵太后慢条斯理的，仿佛在说今晚吃什么菜一样轻松，也不想想让她一个女孩子去接触这么血腥的事情多恐怖，会留下心理阴影的好吗！

赵太后体虚，无法久坐，命左右侍女传驾，一面缓缓起身道：“诸事已准备妥当，先生一切从速。”

易姜怏怏称是。赵太后大概是想让她再立一功，好堵住悠悠众口，可这也太坑人了，金子还没捂热呢！

回到住处，将此事告知聃亏，他也很诧异。

“不好办啊姑娘，人家在办丧事，你却跑去要人头，人神共愤啊。”

易姜觉得他这次的重点抓得很到位。

嗯……这么丧尽天良的事情，可不能她一个人担着，得找个人一起背锅才行。

为了找人背锅，易姜构思了许多想法，人选也挑了好几个。她对赵国朝堂的官员了解还不够深入，想来想去只能想到个蔺相如。他能把和氏璧给带回来，就也能把人头给带回来嘛。

她找出竹简，苦思冥想，伏在案头，一笔一画地将意见写上去，准备呈给赵太后。可是写完一看，始终觉得遣词造句不够到位，干脆将竹简丢了，连夜跑去王宫打扰赵太后好梦。

赵太后果然已经就寝，但脾气很好，很耐心地坐起身来听她说话，没有表现出瞌睡的迹象。

易姜有求于人，当然狗腿，跪坐在榻边给她按摩小腿，一边道：“太后，迎回平原君固然重要，但长安君是您的爱子，同样重要。他如今身在齐国，孤苦无依，不如我先入齐迎回长安君，您再派其他人出使魏国。蔺相如智谋无双，可堪大任。我从齐国接回长安君后就立即赶赴魏国给他帮忙，您看如何？”

其实去齐国要应付公西吾也是很恐怖的，但总好过亲手接过一颗人头吧。再说了，等她把长安君接回来，估计人家都已经把魏齐的人头交到秦军手上了。

赵太后和蔼可亲地摸了摸她的头，给予否决：“结盟既定，重骄不会有碍，他的事可以暂缓。而平原君身负相邦之职，不可离国太久啊。”

易姜无言以对，苦哈哈地告辞，快出宫时忽地脚步一转，又跑去找赵王。

赵王很勤奋，正在刻苦研读治国之学，还没入睡，听说桓泽先生求见，颇为惊讶，立即请她入殿。

易姜知道赵王不喜欢平原君，否则也就没有平原君把她安插去赵重骄身边那一出了。

她在朦朦胧胧的烛火中对他行了稽首跪拜的大礼，略带小心又似不经意般提醒了他这一点，然后诚恳道："王上与长安君兄弟情深，桓泽愿去齐国迎回长安君。"

赵王沉默了很久，久到易姜都以为他要答应了，结果他却摇了头："此事母后已下决断，本王不好另行决定。"

易姜这才记起他还没主政，实权都在赵太后手里，无语凝噎。

这趟是免不了了。

去魏国很近，邯郸城不远就是邺城，到了邺城也就入了魏境，而两座城之间距离不用一日就可到达。而后再从邺城去大梁就要花上个十天半月了。

好在天气很不错，日头没冒出来，还有一阵阵凉风刮过，很是舒适。但易姜情绪不佳，从出发开始就整天窝在车上打瞌睡，整个人跟霜打的茄子一样，聃亏对此无可奈何。

好天气没持续下去，很快就开始烈日当头了。

魏国偏南，麦子熟得早些，一路走来已经能看到有不少人家开始收割，灰头土脸地在田间劳作。易姜就扒着车门幽幽哀叹，仿佛自己是被他们割掉的麦子。

魏国农家忙里偷闲看着这白马良车的一行人，不明所以，还以为车里的小姑娘是被赵国捆了送去给魏王做礼物的。

乡里之间遂传赵国无良，纷纷藏好自家闺女。

穿过大片大片的农田和荒林，终于再度看到城镇。

易姜对取人首级这种事情始终带着抗拒，进了驿站就窝进住处不出来。

聃亏的母性光辉无时无刻不笼罩着她，在她身边耐心开导，一面推开屋中窗子，指着外面的热闹事物让她分神。

易姜盘腿坐在案后，托腮转着毛笔，一声不吭。

聃亏给她描述了远处的塔楼，近处的小贩，扭打成一团的熊孩子，忽然朝窗外一探身，扭头惊呼道："咦，姑娘，居然有齐国使臣到了呀。"

易姜这才抬起头来："什么？"

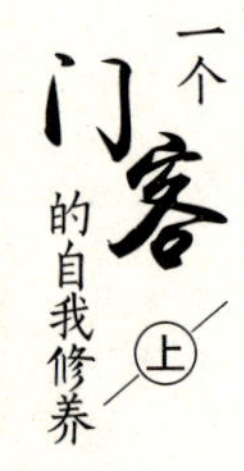

齐国使臣来魏国干什么？她不太相信，跑到窗户边一看，院门边尘土飞扬，一行人浩浩荡荡进入，一队侍卫，一辆马车，几匹快马。侍卫的确是齐兵打扮，为首的还扛着齐字大旗。

易姜觉得奇怪，走出屋去查看，恰好看见驿站官员领着一个齐国士兵过来。

“赵使来得正好。”驿站官员笑眯眯地为易姜引荐，“这位是齐使护卫，正要见您。”

那齐兵抬手向易姜见礼：“赵使有礼！得知赵国遣使魏国，王后特派专使前来相助，以表二国结盟诚意。”

易姜面上笑着，心里却觉得不对劲，君王后这么好？

“敢问你们的使臣是……”她心里直打鼓，千万不要是公西吾，千万不要是公西吾，千万不要是公西吾……

“师妹。”

听到这声，易姜突然觉得胃有点疼。

身后脚步声轻缓平稳，易姜努力摆出个笑，转过身去：“师兄。”

公西吾深衣雪白，青玉饰冠，骄阳浓烈，他的面容却是一如既往地沉静：“看来赶得正好。”

易姜算了一下日子，自己从邯郸过来这一路走了十来天，他居然能精准地从临淄赶过来碰头，不会是还盯着自己吧？

公西吾面色如常，仿佛之前什么事都没发生过一样，抬手做请，一边朝驿站内走一边道：“赵太后派师妹使魏，想必是为了平原君吧。”

易姜假笑道：“平原君若是知道齐国特地派师兄前来相助营救他，真不知该有多感激呢。”

公西吾回答得相当官方：“齐赵既已结盟，自当共同进退。”

易姜才不信这鬼话，全身的心眼都给打开了，恨不得把他照个通透。

第二日再出发，队伍一下变庞大了许多。

公西吾没再乘车，换了马，还特地叫士兵给易姜也牵来一匹。

易姜婉拒，表示自己还是更喜欢坐车。

公西吾打马过来：“我看师妹马术不错，以为你是爱骑马的。”

易姜觉得他是在讽刺自己跑出齐国的事，一把扯过士兵手里的缰绳，翻身上马。

公西吾打马与她并肩而行。易姜时不时瞄瞄他，却见他目视前方，心无旁骛，并没有与自己交流的意思。刚好她也没话和他说，便悄悄夹了夹马腹，加快了些速度，想要甩开他。

可是没一会儿身边响起了马蹄声，一扭头，公西吾的马居然跟上来了。

易姜眼角微抽，继续暗暗加速。

刚甩开一会儿，哒哒的马蹄声又在耳畔响起，转头一看，公西吾依然目视前方，稳稳地和她并驾齐行。

这是故意的吧？一定是故意的吧！易姜狠狠蹂躏手里的缰绳。

大梁城是个好地方，往西不远是韩国，往南不远是楚国。魏王大概是个很有想法的君主，知道利用地理条件来加强国与国之间的交流沟通，所以食物也是风格多样。习惯了口味单调的赵国饭菜，到了大梁，感觉这里简直就是人间天堂啊。

驿馆里可没什么好吃的，易姜都叫聃亏去市集上搜寻。这里的市集居然比邯郸还要热闹，从早到晚地喧闹，四面八方的口音充斥其间。易姜趴在窗口朝外张望，耳中听着喧嚣，鼻间充斥着各种各样的气味，眼睛都不知道该往哪儿看，可算心情好些了。

聃亏一手提着几个荷叶包裹，一手抱着两个陶罐进了门，随风挟来一阵食物的香气。

“姑娘，要不要给公西先生送一些过去？”

易姜接东西的手顿了一下。她当然是不想送的，但公西吾住的屋子就在她正对面，一拉开门就知道她在吃什么，想想也不好意思，只好无可奈何地分了点儿出来让聃亏送去。

公西吾也不白拿，回赠了她一卷书，一副围棋，还有几片绿油油的树叶。

书和棋都还好说，树叶算什么？文艺青年才会送这玩意儿吧！易姜随手丢在了一边。

因为偏南，这样的气候，大梁城里感觉要更热一点，蚊虫也渐渐活跃起来了。易姜晚上睡得不好，早晨起来胳膊上好几个疙瘩，穿戴整齐了还是忍不住痒得要挠，一直掀衣袖。

“我给的叶子师妹为何不用？”

她一抬头，公西吾就站在门口，倒是衣冠齐整，清清爽爽的。

“嗯？”易姜表示不解。

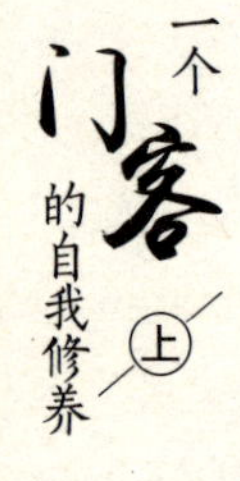

公西吾走去案边取了那几片半萎的叶子走过来，一手托起她胳膊，一手将叶子攥在指尖紧捏出水，涂在那几个疙瘩上。

易姜想要收回手臂没来得及，已经感到汁水滴上去后微凉的清爽，这才恍然大悟，原来这是驱蚊的。

“师兄不愧见多识广。”

公西吾收回手，自旁边铜盆里取水洗净：“以往在云梦山中便是这样用的，师妹都忘了？”

“忘了，谁会记得这些小事啊。”易姜似笑非笑地看着他，管他是疑惑还是怀疑。

公西吾却没什么反应，问她道：“国书已经递上去了，为何魏王迟迟没有召见？”

经他这一提醒，易姜想起这正苦恼不已的事来：“不知魏王是怎么想的。”

公西吾想了想：“若魏王走不通，不妨试一试信陵君这条路。”

易姜对各国君臣关系不够了解，受他点拨才知道还能这样，点头道：“那我去试一试。”

公西吾转身出门：“若有需要相助之处，师妹尽管开口。”

“好……”易姜送他出门，心里计划渐渐成型——是你自己说的哟，那这个锅就你来背吧！

信陵君魏无忌是魏昭王的小儿子，现任魏王同父异母的弟弟。据说齐国的孟尝君死后，门下所豢养的门客全部都投靠了信陵君，可见此人很有威名。

易姜原本对这人的了解仅限于一个称号，听了公西吾的描述才知道这些。从这点来看，她觉得分公西吾一点好吃的还是有用的。

傍晚时分，天边烧起了大片大片的火烧云，将所有东西都染成了金红色。驿站里又陆陆续续来了些旅人，忙得人仰马翻。

聃亏正在院内喂马，看见一个沐冠深衣的年轻士子朝院内探头探脑，忍不住走上前去问话。那年轻士子自称是信陵君府上门客，前来替信陵君传话于赵使。

聃亏立即请他进门。

易姜这几天不大痛快，因为驿站里往来的人知道她是赵使后，总要投来诡异的目光，以至于她为了显得老成庄重一些，专挑深色衣服穿，明明觉得热还得忍着。

今天她穿了件黛色深衣，在发髻上绑上赵太后赐的玉饰，又找了块木炭把眉毛给描粗，正对着铜镜欣赏成果，聃亏说信陵君派门客来了。

易姜赶紧起身，转头那门客已经进了门。

“信陵君如何说？”

大概是惊诧于赵使竟然是个年纪轻轻的女子，门客打量她许久才开口：“在下奉信陵君之命前来探望赵使，是想问一问赵使此行的目的，信陵君说要先问过目的再决定是否要见赵使。”

易姜命聃亏出去掩上门，摆出一脸悲痛之色：“魏齐身为魏相，却为顾全大义而自尽身亡，我国太后深感钦佩，特命我奉厚礼而来献给魏王，以表感激。”

门客双眼发亮：“哦？赵太后果然深明大义。”

“但是与我同来的还有一位齐使，他的目的可就不是这样了。”易姜竖起一只手挡在脸侧，声音低了下去，“他是来索要魏齐人头的。”

门客皱眉，声音也不自觉地跟着低了：“不该啊，齐使要魏齐人头做什么？他们要了也没用啊。”

易姜叹息：“先生想必知道齐赵已经结盟了吧？赵国需要魏齐人头救出平原君，然魏国不愿，也不好强求。但齐国觉得魏国这是不给赵国面子，要替赵国出头，还放言说若魏国不交出魏齐人头，就要横兵边境啊。”

门客大惊失色：“竟有此事？”

易姜一本正经地点头。

齐国可是大国，用它来压魏国，能不慌吗？什么叫狐假虎威，这就是！

门客嗫嚅了两句，大概是觉得兹事体大，匆匆告辞回去复命了。

易姜将他送到门口，朝对面紧闭的屋门贼笑了一声。

正得意，那门忽然打开了，公西吾站在门口，朝她望了过来。

易姜连忙正色。

公西吾朝外望了望天，对她道：“师妹要取首级得抓紧了。”

易姜一愣，下意识问了句：“为什么？”

“因为天热了。”

他说得云淡风轻，易姜胃部却是一阵翻滚，捂着嘴巴就冲去了院中。

易姜当晚连饭都没吃，简直寝食难安。好不容易睡着，一会儿梦到自己走在路上，前面一个滴溜溜滚动的球，跑去一看，是个人头；一会儿梦到聃亏给她端来食物，盖子揭开，是个人头；一会儿梦到公西吾高冷地朝自己招手：“师妹，

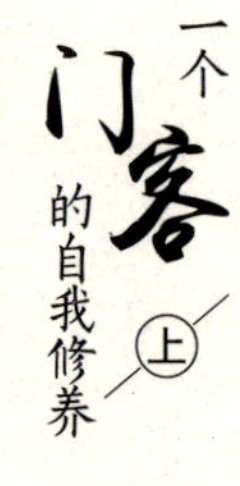

来拿这个人头……”

她半夜惊醒，一身冷汗，感觉自己就要神经衰弱了。魏国此行给她身心留下了难以磨灭的阴影，公西吾又给她补了一刀，现在阴影面积已经无法估算。

门客办事还算有效率，第二天午后，信陵君派人递了邀请来驿站，请赵使赴信陵君府饮宴。

信陵君府有些远，易姜乘坐车马绕过了大半个城才停在了府门前。府邸丝毫没有想象中的精致华丽，甚至说得上朴素。进了大门，一个侍从迎上来领路，将她一路送去正厅，又请聃亏和赵国护卫去偏厅就座歇息。

正厅里灯火通明，婢女曲裾如云，穿梭不息。刻纹高柱、雕虎画屏之前是黑漆彩绘的桌案。案后的人紫衣高冠，浓眉大眼，神采奕奕。

易姜本要见礼，见到他的脸动作就停了：“是你！”

对方也是一脸惊诧：“这不是易姜姑娘嘛，你果然出来了。”

易姜怎么也没想到眼前的人居然是当初在大牢里见过的季无。

“你不是说自己是魏国富商季无？”

“哈哈，不是季无，是无忌。”

无忌？张无忌？啊，魏无忌！易姜这才反应过来：“原来你就是信陵君！”你小子果然就是去齐国刺探的吧，活该被抓！

魏无忌笑容满面地走到她跟前：“原来易姜姑娘就是鬼谷先生的高足桓泽啊。不要这么见外嘛，怎么说我们也算共患难过，直呼我无忌即可。”说着还亲昵地拍了一下她的肩。

易姜没想到他还挺奔放，讪笑道：“这怎么行？”

“无妨无妨。”魏无忌摆着手，请她落座。

酒爵里酒光微亮，淡淡飘香。烧雁捣珍，烤羊烹鸡，盛在青铜鼎器里，满满一案。

魏无忌命侍女给她斟满酒，笑着举起酒爵：“说起来，我与你还颇有些渊源。”

易姜想了一下，他初见自己时并没有认出自己，应该是素未谋面，所以不存在以前相识的可能，于是放心问道：“有何渊源？”

魏无忌道：“当初设法让平原君将你从牢中救出来的人就是我。平原君的夫人是我姐姐，我请她在平原君跟前说话，才促成此事。”

易姜越发糊涂了：“可是你我素昧平生，你为什么要救我？”

"受人所托罢了。"

"谁？"

魏无忌笑了笑："先不谈这些，你来此也不是为了这个吧？"

易姜揣了一肚子疑问，心里挠痒般难受，但他既然不肯直说，只好找机会再谈，先把大事解决了要紧。正常推算，魏齐早就入土为安了，她已经晚了很久，实在等不了了。

"不知你对于魏齐的事有何答复？"

魏无忌笑了笑，嘴角露出个浅浅的梨涡："齐国当真会为赵国发兵魏国吗？"

不好意思，虽然算是朋友，但还是得坑你一下了。

易姜正色道："你也去齐国暗访过，该知道齐国兵强马壮，连秦国都要畏惧三分，难道会惧怕魏国吗？君王后虽然不是个主动与他国结怨的人，但既然已经与赵国结盟，岂会不护短呢？如今魏国不肯交出魏齐的人头，并不是不给赵国颜面，而是不给齐国颜面，齐国又岂会不追究？"

魏无忌稍稍往后一靠，手指把玩着腰间玉佩，眼神闪烁不定，似在权衡斟酌，许久才道："平原君是我姐夫，他的事我自然上心。只是魏齐是我魏国相邦，关乎我魏国颜面。"

"是颜面重要，还是国家安危重要？"易姜也上过几回战场了，嘴上功夫越来越麻溜，立即开始危言耸听，"你知道这次派来的齐使是何人吗？可是齐国上卿公西吾，他在齐国颇有威望，连君王后和田单都很敬重他，如果齐国不重视赵国，岂会派他前来呢？"

魏无忌坐正身子，面带震惊："齐使居然是公西先生？这我倒是没想到。"

易姜很满意他的反应。

魏无忌这次思考了很久，抬眼道："也罢，要魏国交出魏齐的首级也可以，只不过……"

"只不过什么？"易姜连忙追问。

"只不过，魏国希望能加入齐赵联盟，与齐赵一起，共抗西秦。"

易姜想了想："这是好事，只不过还要请我国太后定夺。"

魏无忌含笑点头："赵太后派你使魏，必然是信任你的，只要你肯相助，便一定能促成此事。"

易姜正要接话，忽然一个仆从走入厅来，禀报说有客求见。

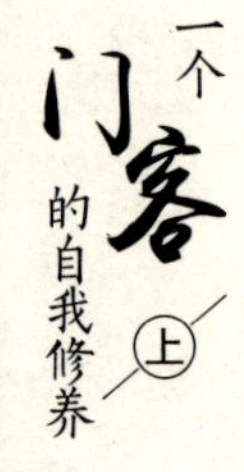

魏无忌舒舒服服靠在软垫上，并不以为意，随意摆了一下手传见。等来人走到门口，烛火刚刚映照出其面容，他就陡然变了脸色，连忙站起身来，整理衣冠，作揖见礼："原来是公西先生，无忌怠慢了。"

易姜一怔，公西吾突然跑来干什么？

厅中亮若白昼，将公西吾衣领上的绣纹都照得一清二楚。他立在门口，抱剑回礼，神色平淡，仿佛身处高位的人是他一样。

"公西先生来得正好。"魏无忌引他进门，"无忌正与桓泽先生谈到结盟一事，不知齐国可愿与魏国结盟？"

易姜抽了一下嘴角，虽然知道魏无忌是出了名的礼贤下士，但他见到公西吾的态度未免也太夸张了吧？居然都没要求他卸除武器。

公西吾迈步进门，并未入座，口中道："请信陵君恕在下不请自来，在下登门造访就是想告诉信陵君，齐国不会与魏国结盟。"

易姜诧异地看向他，恨不得揪住他衣领一阵摇晃，和魏国结盟一起对抗秦国不好吗？你是不是傻！

魏无忌也是一脸震惊，眉心都皱在了一起："齐国为何不愿接纳魏国入盟？"

公西吾道："因为对齐国没有好处。"

"三国联合抗秦，怎会对齐国没有好处？"

"心不诚，谈何联合抗秦？"

饶是魏无忌一副天生开朗的相貌，此刻也有些阴郁了，他抿了抿唇，负手而立："我魏国诚心结盟，齐国却是这般对待，看来魏齐的首级是断不能交出去了。"

易姜闻言一阵揪心，正要出言转圜，却听公西吾道："信陵君何必故弄玄虚？其实你早就将魏齐首级送去给秦军了。仔细算来，平原君此刻应该已经入了函谷关了吧。"

易姜错愕，去看魏无忌，他的神色有些僵硬。

搞了半天，人头早就送走了？魏无忌是在虚张声势？魏国既然早就将魏齐首级送去给秦军，却又对赵宣称坚决不交，不是前后矛盾吗？

难道魏国的目的就是故意引赵使来谈结盟？

一时无话。还是魏无忌先打破僵局。他再度扬起笑容，又成了那个爽朗的信陵君："敢问公西先生，究竟要如何才肯接纳魏国入盟？"

公西吾没有回答，反而问了个问题："听说魏国有意与楚国联姻？"

魏无忌几不可察地蹙了一下眉，不言不语。

“楚王为求自保，暗中与秦国定下互不侵犯之约，而魏国却要与楚国联姻，岂不是在对秦示好？既然如此，谈何抗秦呢？”

易姜猛地转头看向魏无忌。他微微侧头，避开她的视线。

好一个信陵君，原来打的是脚踏两只船的主意，想要两边都拉上关系，两边都不得罪！

公西吾手扶剑柄，剑尖抵地：“在下此番使魏，其实是要为太子建求娶魏国公主。若魏国愿意放弃楚国而改与齐国联姻，那么结盟一事自然好说。”

魏无忌半天没有作声。他听说赵太后近来开始器重桓泽时，就知道这是个结盟的好机会。因为身为女子的桓泽定不会轻易被赵国接纳，根基不稳，也就好糊弄。待见到桓泽居然就是易姜，他更是欣喜，几乎觉得事情已经成了一半。

自他十几岁开始游走各国，自问眼线遍布天下，却没想到背后还有个公西吾。他当初替易姜送信时还特地派了个生面孔去，如今看来，根本是多此一举。也许他当时在齐国的一举一动早就在公西吾眼中。想到此处，简直脊背森寒。

“师妹，走吧。”公西吾拿起长剑，转身出门。

“先生止步。”魏无忌声音渐冷，“无忌既然请了赵使前来，结盟未定，岂会这么轻易让她走呢？”他瞄了一眼公西吾手中的剑，“饶是你手中的昆吾剑，又岂能抵挡得了魏国千万大军？”

前院内不知何时已经站满了魏军，但此时魏无忌没有下令，谁也没有轻举妄动。

原来是想欺骗不成就来硬的！易姜霍然起身，举步要走。

“慢着！”魏无忌叫住她。

易姜转头端起案上酒爵，哐当一声掷在地上。门外一阵声响，聃亏与赵国护卫从偏厅内冲了出来，手已抽出佩剑，高喝一声。仿佛应和这一声呼喝，院墙外随之传出一阵阵兵戈捣地的铿然之声，满是威慑。魏军闻声立时横戈，一触即发。

“原来你还备了人马。”魏无忌眼里带了些不可思议。

初来乍到小心谨慎可是常识好吗？易姜坐了半天一滴酒水都没敢沾，还特地安排了人在此防备。本来见到魏无忌是熟人还以为用不着防范了，没想到计划赶不上变化。

果然搞政治的都是翻脸比翻书还快。

“不要误会，我毕竟是客人，不想惊扰主人的。”她双眼笑成了弯弯的月

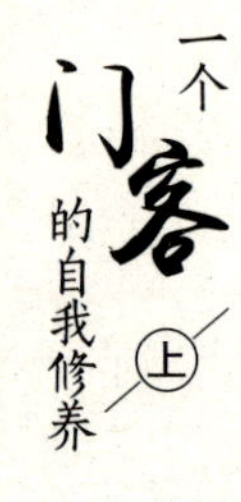

牙，转头扯了一下公西吾的衣袖，“走吧，师兄。”

公西吾提了剑，转身与她一同出门。

“来人！”魏无忌抬起右臂。

公西吾在门口停步，侧过头：“我曾有恩于信陵君三次，信陵君便是这般报答恩情的吗？”

魏无忌霎时无言，手臂僵着，脸色变幻，既不甘又无奈。

“你已报答过我一次，这次便算作第二次好了。”公西吾一手托在易姜腰后，领她出门。

易姜这才明白为何魏无忌对他这般恭敬，想不到二人还有这层渊源，暗暗留了个心思。

回到驿站后，易姜第一件事就是派人去查探平原君的消息。

赵兵快马飞驰，三日便返，带回消息称平原君果然已经入了函谷关，正在回邯郸城的路上。

易姜坐在案后，挫败得一脑壳磕在案上。

这一趟跑来干啥？白摊上了个心理阴影！

虽心有不甘，但不得不承认此行公西吾给她好好上了一课。她将教训牢记在心，只是实在觉得没面子。

她起身收拾行李，决定立即归赵。

公西吾在屋中安静地翻阅着临淄送来的竹简，午后日光透窗而入，在他衣襟上笼出一抹金黄。

一个齐兵送了木牍进来，他接过来看了一眼，嘴角露出浅浅的笑来。

魏无忌已经说服魏王，答应与齐国联姻了。

“准备启程归国，记得知会赵使。”

齐兵禀报道：“赵使已经提前一步上路了。”

公西吾卷起竹简，站起身来：“那就追上。”

易姜觉得有人跟着自己，这感觉十分强烈。为了快点回到赵国，她弃车骑马，所以四周响动也听得清楚很多。

在官道上那会儿还不明显，现在入了岔路，两侧都是树林，林中总有忽然惊飞的鸟群，树枝被踩裂的噼啪声，甚至她有次转头好像还看到了一截黑色的衣角。

她招手唤过聃亏，在他耳边低语几句。聃亏领命，招呼两个赵兵下了马，一起蹑手蹑脚进了林子。

她佯装毫不知情，继续打马前行。过了许久，后方传来一阵奔跑的脚步声，聃亏已经跑了回来。

“姑娘！是少鸠！”

易姜双眼噌地亮了，策马掉头，就要去追。

聃亏双手撑在膝盖上弓着身子，气喘吁吁：“别追了姑娘！那丫头太能跑了，我们三个都追不上她一个。”

“那也不能就这么让她跑了啊！”易姜一夹马腹就冲了出去。

疾驰了半天，太阳都要下山了，她连少鸠的影子都没看到，正在气恼，眼前出现了齐国的人。

想掉头跑已经来不及了，公西吾已经开口叫她。

“天色将晚，要赶到下个驿站来不及了。”他打马到了跟前，四周观望了一下，抬手指了一下前方，“往前找个地方宿营吧。”

易姜心想我压根没打算跟你同行，你怎么就不懂我的心呢！

到了前方，的确有块空地，恰好是个山坡背面，离开了树林，视野开阔，既不用担心野兽也不用担心大风，唯一的缺点是到了晚上蚊虫太多。

易姜此时才后悔去追少鸠，如果不是耽误了太久，也不至于现在要睡在外面喂蚊子。

齐赵两国士兵分别起了堆火，摘了大片树叶做扇子扇蚊子，一面准备埋锅造饭。

日头渐渐西下，草地上铺了竹席，公西吾端坐其上。

赵国的火头兵大概是有些慌忙，哐当一声将食器铜勺打翻在地，又赶紧手忙脚乱地收拾。

公西吾见状，忽然对齐国的火头兵道：“我来造饭吧。”

齐兵霎时一阵欢呼，居然能吃到上卿亲手做的饭菜，这是何等荣幸！

公西吾又对易姜道：“师妹和聃亏先生不妨一起用饭。”

聃亏手里的剑啪唧掉在了草地上，面露惊恐：“不不，公西先生停手，君子远庖厨啊！”

公西吾已经挽起衣袖走到土灶边，面无表情：“我不是儒家弟子。”

聃亏仿佛无法接受这个画面，竟后退了两步。

易姜“啪”的一巴掌拍死一只蚊子，觉得聃亏真是小题大做。反正早就认定

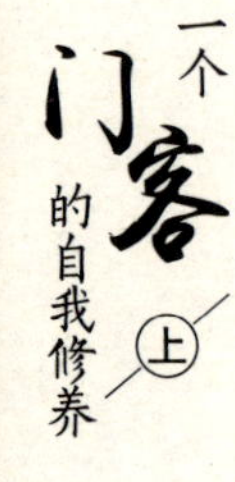

公西吾全能了，他会做饭也不稀奇。让他做嘛，搁现代会做饭的男人多了去了。当着这么多人的面，难道他还能下毒不成？

天渐渐黑了，公西吾的饭总算是做好了。他用匕首割了两块烤肉，吩咐其余人自取，而后走到易姜身旁坐下，递了一块给她。

易姜接过来正要吃，就见聃亏“嗖”地就跑远了。

以前在云梦山里公西吾也做过饭，但自那顿饭之后鬼谷子就日日亲手下厨，不让他再接近厨房半步，这情形一直到聃亏上山才改变。

聃亏接手伙房后，鬼谷子还一直跟他唠叨这事。他本不信，直到后来真的吃到过一回公西吾的饭……

那叫一个惨绝人寰，天地变色，记忆深刻啊！

“我这个徒儿学贯百家、无所不精，唯一事古怪，做了这么多次饭菜，竟没一顿能吃的。”记忆里的鬼谷子老泪纵横。

公西吾对聃亏崩溃的内心毫不知情，手中捏着块烤肉，忽然问易姜：“你傍晚时是在追少鸠？”

易姜一怔：“你怎么知道？”

“不用多虑，她与那个儒生现在都在大梁城中。墨家弟子众多，遍布天下，秦国心存顾忌，不会轻易动他们。我也不愿与墨家扯上太多瓜葛，由她去吧。”

易姜捏着那块烤肉，心情沉重：“师兄，这世上有你不知道的事吗？”

公西吾抬眼，火光飘摇，那双眸子仿佛要把人吸进去：“有，你知道的事，恰恰就是我不知道的。”

易姜心中一动，她知道公西吾指的是什么，他已经开始怀疑自己了。

故意不再遮掩，你纵然看到越来越多的变化，又岂能猜到缘由呢？是人都会害怕未知，就是要让你也尝一尝揣摩不透、深不可测又偏偏无法掌控的感觉。

就不信我这吃大米的现代脑袋玩不过你这吃小米的古代脑袋！

易姜得意至极，张嘴咬了一口烤肉，脸倏地僵住了。

默默吐出那口肉，她终于明白了聃亏的反应为什么这么激烈。

士兵们定然是不敢吐的，亏他们还要装作高兴吃得那么欢。

“师兄，你味觉失常了吧。”

公西吾低头看着手中卖相很好的烤肉，咬了一口细细嚼咽下去，许久才道：“我还以为已经恢复一些了。”

第七章

情愫暗生

大梁城里，裴渊正在望穿秋水地等着晚饭。

所谓“君子远庖厨”，他才不会下厨呢！

天已黑了，他扒在屋门口，一手捂着肚子巴巴地张望。终于等到院门推开，少鸠提着吃食走了进来。

“你可算回来了！”他几乎是扑到了跟前。

少鸠故意一侧身，将食物背到身后：“你就顾着吃，也不关心关心我出去这么久是不是有危险。”

裴渊一双眼睛全落在她手中的食物上，人跟着她手的方向转了一个圈：“城里又没坏人，你能有什么危险。”

“怎么没有坏人？”少鸠昂了昂下巴，“我可是刚送走两个呢。”

裴渊闻着食物的香气口中生津，心不在焉：“谁啊？”

“公西吾和桓泽啊。”

裴渊瞬间变脸，双目大睁，提起衣摆就要往外冲。

易姜一把拽住他后领：“去哪儿啊？他们早出城了，你追不上了。”

“你怎么不早说！”裴渊一生气就鼓腮帮子。

少鸠提着吃的在他眼前摇了摇：“急什么，你不吃饭了？”

谁也不会跟吃的有仇。裴渊一把夺过她手里的食物，恨恨地回了屋。

等我吃饱了再跑路！哼！

在马车里将就了一夜的易姜第二天天还没亮就急不可耐地要上路。这地方没法待，太可怕了！自己吃不饱，倒让蚊子吃得够饱。

赵国全员出发，没有惊动齐兵。

其实易姜是故意的，尤其是在吃了公西吾做的饭之后。

可惜事与愿违，没多久公西吾就又轻轻松松地赶上了她，还很平淡地问了句：“师妹怎么先走了？赵国有什么急事吗？”

易姜无言以对。

好在不到一天时间就到了分道扬镳的时候，齐国往东，赵国往北。

易姜在车中午歇片刻，换下了汗湿的衣服，梳洗整齐，欢欣雀跃地要下车去向公西吾道别，却见聃亏正抱着公西吾的大腿在号。

“先生，我才知道您味觉……”

公西吾竖起食指，掩唇“嘘”了一声：“聃亏先生不必挂怀，小事一桩。”

聃亏立即点头，守住这秘密，继而号得更厉害了：“是亏愧对先生，不知先生苦处，反而对先生辛苦做的饭食百般挑剔，实在无颜面对先生啊！呜呜呜……”

公西吾神色淡然，继续耐心安抚。

易姜目瞪口呆，聃亏哭得双泪长流，还真不像是假的，不知道的还以为公西吾才是他要保护的人呢。

她耷拉着脑袋又返回到车上，吩咐士兵等聃亏哭完再上路。

聃亏哭了大半天才回到易姜车边，眼睛泛红，衣袖上还湿了一大片。

“姑娘……”他犹自带着哽咽，看得易姜都于心不忍了，“公西先生让我把这个给你。”

易姜从车内探出身，接过他手里的一块布帛卷着的条状物，疑惑地朝公西吾那边看了一眼，恰好撞上他的视线。

公西吾已登上车，朝她微微颔首：“师妹，他日再见。”

易姜此时自当笑脸相迎：“师兄保重。”

当然最好还是别见了。

待公西吾的车马走远，她坐回车中，展开布帛，发现那竟然是一把勺子，勺柄上有鸟形纹样，这是赵国的食器。

公西吾给她一把勺子什么意思？难道那天做饭兴致太高了，就顺手牵羊摸了一把赵国勺子作纪念？

易姜百思不得其解，忽然发现勺口微微泛黑，用布帛擦了一下那黑渍，只擦下来少许。她觉得奇怪，怎么感觉像是沾染了什么化学物质。

想到化学物质她不禁一惊，连忙探身出车，招手叫过聃亏耳语了几句。

聃亏找了把弓，打马去了一边的树林，不多时回来，手里揪着一只肥壮的野兔。

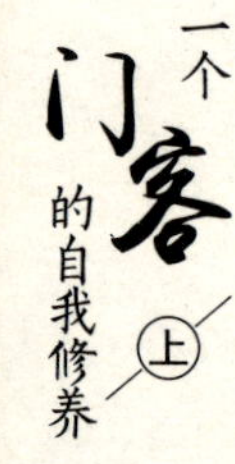

“姑娘，你想吃野味？”聃亏提着兔子的耳朵进了车内，也不知是不是说到野味就想到了公西吾的味觉，眼中一热又开始泪光盈盈。

易姜示意他声音小些，接过他手里的兔子。野兔毛色灰白，左腿被箭擦破了一块，微微瘸着，惊慌失措地乱动弹。

“你去取些我们随行携带的食材来。”

聃亏纳闷地下了车，心道莫非不是要吃兔子，而是要养兔子？

不一会儿聃亏返回，手里捧着些吃的，基本都是些肉类，也不知是不是天气的缘故，颜色有点古怪。

易姜让聃亏割一块肉片塞给兔子吃。

聃亏都蒙了：“姑娘，兔子不吃肉的。”

“我知道，反正你让它咽下去。”

聃亏硬掰着兔子的嘴巴把肉塞了进去——，感觉自己简直就是个禽兽。

兔子趴在车内，肚皮翕动，红眼珠里全是胆怯，很快渐渐不再动弹，歪倒下去，没了声息。

聃亏大惊：“这……”

易姜示意他噤声，朝外看了一眼，士兵好像少了几个人，仔细看看，正是那几个火头兵。

她一路没有露宿过，不吃他们的饭食，所以没事。直到那天露宿，他们才有机会。易姜心里说不出的后怕，倘若当时公西吾没有发现，没有借亲手做饭的名义叫她同食，自己一条命就没了。

盛夏酷暑已到了末尾，回邯郸时仍有喧闹的蝉鸣声伴随。

始终没有抓到那几个逃跑的火头兵，易姜心里比这蝉鸣还要焦躁。

天色已晚，但易姜担心赵太后焦急，并没回住处，直接打马入宫复命去了。

刚刚走到赵太后寝宫，殿内忽然走出一个中年男人，一脸欣慰地迎向她，一手还托住她衣袖，万般欣喜：“哎呀，先生可算到了。”

易姜暗暗打量他，看他玄服高冠，腰身佩玉，猜想大概是哪位高官。

殿内传出赵太后的声音：“平原君等候桓泽先生久矣，先生快进来吧。”

原来这就是平原君？易姜又悄悄打量他一遍，四十来岁的模样，圆脸，天生一双笑眼，蓄着短须，看着倒是挺好亲近的样子。

易姜入殿，先见过赵太后，再转向平原君。对方一把托住她双臂，连声道：

“不可不可，先生折煞赵胜了。”

易姜道：“平原君是桓泽故主，这是应当的。”

赵胜依旧摆手：“先生哪里的话，先生就要被拜为上卿，以后同朝为官，莫谈当初了。”

易姜看向赵太后，她点了点头：“有平原君说话，封爵是必然的事。”

易姜正要下拜谢恩，赵太后阻止了她：“还有件事要说清楚。”

易姜顿住动作：“太后请说。”

“齐赵两国结盟，按照惯例要互派官员。以往是互派相邦，但平原君刚刚归国，田单又刚从战场归齐，齐国便提出互派上卿。也就是说……”

也就是说她和公西吾会互换位置，各安一国。易姜明白了，垂首道：“桓泽虽不喜齐国，但既然是为结盟出力，自当尽力。”

公西吾在魏国帮她解围时，她心生羞愤，一路回避。但他在路上救了她一命，她已经没那么抵触他了，甚至认为自己以前可能是误会了他的动机。原本还打算再相见要好好和他交谈清楚，此刻听到这样的安排，只怕以后见面也难了。

赵太后摇头：“我要说的就是这个，我并不想让你去齐国，所以希望你让出上卿之位，留在赵国。”

易姜从失落中回神：“那……太后认为谁可以派往齐国？”

“我准备封蔺相如为上卿，你为亚卿。他去齐国，也省得廉将军总找他碴。”

这么说又能见到公西吾了。只不过折腾这么久才得到这个位置，就这么拱手让人了，易姜多少有点不甘心。

赵太后身体疲乏，想要休息了，临了许下重赏易姜的承诺，大概是想做些弥补。

易姜原本想把路上差点被害的事告诉她，想了想又觉得还是暂时不要打草惊蛇的好，便告辞退出了寝殿。

赵胜与她一同出门，心里早盘算了半天，这丫头以前在他府里半分不显山露水的，忽然就得了太后的宠，真是不可小觑，看来以后得拉拉关系了。

几场大雨一落，燥热略有消退。蔺相如领了上卿的职位，拖着病好不久的身体赶赴齐国去了。

易姜做了亚卿，终于有了自己的府邸，也是一国官员了，但无比清闲。

公子溟那老东西连亚卿也不乐意让她做，更不愿意她去朝堂听政，跟赵太后

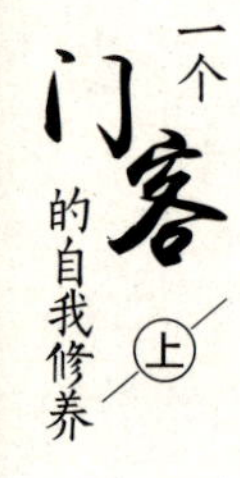

拧得厉害。易姜也懒得起早，干脆窝在府里做寄生虫。

这些时日是她来到这里后最为轻松的一段时光，只是心里却始终紧张地绷着根弦。

她吸取教训，把伺候她的人精简到了最少，又让聃亏接手了厨房，有时候甚至亲自动手解决伙食。

聃亏虽然在云梦山中做过鬼谷子的私人厨师，但其实做的饭口味也一般。即使如此，他还是勇敢地承担起了重任。

亚卿府里的婢女心情郁闷，还以为跟着个姑娘好伺候点，没想到人家连自己做的饭都不乐意吃。再看到厨房里那一个人高马大的剑客挥舞双臂剁着肉，魂都吓飞了。

妈呀，这是做饭还是杀人哪！

聃亏依然不放心，又不知从哪儿找来一只鹰，养在府内，易姜的每顿饭他都先弄一点喂鹰。

几个月过去什么事也没发生，倒是易姜有天看到那只鹰，生生吓了一跳。

嗬，肥成这样，飞不动了吧！

没过多久，齐国上卿公西吾到了邯郸。

易姜毫不知情，起了个大早，正在院子里练射箭。

因为觉得自己身体不好，她经常关着门锻炼，这段时间跟聃亏学了射箭，终于能走出门正大光明地锻炼了。

聃亏从廊下走过来，朝身后做了个请便退去了。身后的人朝易姜走去，双目深邃，冠玉服白。

易姜已经出了一身的汗，正拉着弓歪着脖子瞪着箭靶，身后忽然有人道："师妹这拉弓的姿势不对。"

她愕然转头，公西吾就站在身后。

"师兄何时到的？"

"昨日。"公西吾的目光扫了一眼远处的箭靶，贴到她背后，左手托起她执弓的手臂，右手覆在她右手上，引着她将弓拉满："不要耸肩，放松一些。"

易姜哪里能放松，就是以前也从没和男人这么亲密过，背紧贴着他的胸口，头顶上有他的呼吸，手背上有他的温度，简直紧张得都腹疼了！

这感觉并不是虚的，是真的腹疼，易姜只觉得小腹一阵绞痛，犹如千金坠在其间，推开他捂着肚子蹲了下去。

这感觉有点熟悉，她还没反应过来，忽然感受到一阵澎湃的暖意，人就愣了。

“师妹怎么了？”

“没、没事……”易姜连忙站起身来。

“那就好。”公西吾贴着她递来弓箭，又扶着她胳膊摆好姿态。

易姜的后背与他前胸紧紧相贴，心中暗叫不好，稍稍往前站了站，僵着脖子努力斜过视线向后看，夏衣单薄，在他雪白的衣摆间果然有一小块殷红。

她的脸“轰”一下就要炸了。

易姜很想说点什么来转移注意力，但实在想不到能说的话，于是放手一箭射了出去。

公西吾的注意力果然被吸引去了箭靶上。易姜刚想跑，看见远处有婢女过来，又赶紧退回，紧紧贴住公西吾，生怕被发现这窘状。

公西吾低头看见她侧脸红透，疑惑道：“师妹怎么了？”

“我……我其实刚才练箭受了伤。”

“伤在何处？”

“腰上。”

“我看看。”

“别！”易姜作势头晕，靠在他身上，“师兄，我头晕得很，你送我回屋吧。”

公西吾扶住她肩：“好。”

两人一前一后紧贴着走上回廊，婢女们纷纷垂首，羞红了脸，不敢多看。

易姜的脸跟煮熟了的虾子似的，但总好过被发现这丢人的状况。

回到房内，她立即反身正对公西吾，说要休息了。

“既然师妹受了伤，那我改日再来看你吧。”公西吾虽然觉得古怪，但也没有多问。

趁他出门之际，易姜瞄了一眼他的衣摆，那块血渍很小，但已经风干成褐色，一低头就能看到。

真恨不得把他的眼睛给蒙起来才好！

听说亚卿生了病，府里的下人都很慌张，又是请大夫又是忙膳食，最后全被易姜拦下了。

她找了个年长的婢女伺候自己，人家一瞧她捂着肚子直冒冷汗就知道怎么回事了，生冷辛食一概拒之门外。

这婢女忙活了半天还暗生感慨，寻常人家的姑娘经历初潮都是很惊慌的，亚卿倒是很镇定，不愧是做大事的人。

公西吾这一走好几日没露面，不过当天就差人送了一些滋补养身的礼品过来，并且嘱咐她好好养伤。

聃亏一听这话慌了，连忙跑来问易姜怎么回事。

“就受了点伤，没事……”易姜用毯子裹着小腹靠在榻上。

聃亏依然不放心：“怎么伤的，公西先生说都见血了啊！”

“被箭镞扎了一下而已。”

“扎哪儿了？”

“腰。”

聃亏丝毫没有察觉这里面的逻辑漏洞，再三叮嘱她好好休养，赶紧去厨房给她张罗吃的去了。

秋天悄无声息地到了，吹过的风渐渐有了凉意。例假过去的易姜又活蹦乱跳，只是觉得日子实在无聊。

平原君居然登门拜访过一次，拉着她的衣袖亲切地道：“先生当初承我一诺，去长安君身边蛰伏，如今入了朝堂，深受宠信，可千万别忘了赵胜才好。”

易姜正好也想抱紧他这棵大树，忙道：“平原君言重了，我视平原君为故主，永世不变。将来待我迎回长安君，也会告诉他这全是平原君的功劳，届时平原君在朝中地位定会越发稳固。”

赵胜神色激动，无以言表：“先生大恩若斯，要赵胜如何报答才好呢？”

易姜早有准备：“平原君门客三千，见多识广者众多，我想要天下诸国王室和官员的资料，不知能不能给我呢？”

“资料？”赵胜不解。

易姜平常说话是刻意模仿了古腔的，这会儿一时口误没改过来，忙补充道：“就是他们的出身、习性，都有哪些喜好，与哪些人有仇，与哪些人有恩之类的详细描述。”

赵胜恍然大悟：“这般详尽倒不是那么容易，不过先生放心，赵胜一定尽力为之。”

不出一月，果然自平原君府送来了各国王室重臣的详细档案，足足好几十卷竹简。

易姜这下有事做了，每天捧着竹简埋头深造，有次不小心睡着了，手中的竹简掉落下来，“啪”的一下砸在她脑门上，竟肿了一个大包，好几天都没消。

赵太后这段时间似乎很倚重公西吾，经常与他商谈国事。易姜都觉得自己快要失宠了，结果又被她记起来了。

王宫里的宫人来请她入宫，她连忙丢下手中竹简整装出门。

午后的日头钻进了云里，阴沉沉的，寝殿里的光线很昏暗。赵太后倚在榻上，见到易姜进门，不等她见礼便招手唤她近前，苍白的脸上挂着笑容：“听闻桓泽成大人了呢。”

易姜一愣，脸有点红：“太后连这个都知道啊。”

赵太后掩口轻笑：“若非以为你病了，我也不会找你府上婢女询问。害羞什么，女人总有这么一日。”

易姜还是觉得尴尬。

赵太后牵起她的手，拍了拍她的手背：“如此一来，也就到了谈婚论嫁的时候了。”

易姜吓了一跳：“太后，我还小呢。”

“不小了，寻常姑娘家十六岁就该嫁人了，你还有几年光景啊？”赵太后暧昧地冲她笑了笑，“你放心，我绝对会给你选个好男儿。”

原来给她打工还附带解决单身问题。

不过赵太后之所以这么说也可能只是客套话，彼此都是女子，她体恤自己，说些体己话也正常。说白了就是叫她安心留在赵国，别跑去别处呗。

易姜出了宫就把她的话给忘到脑后了。

也不知道是不是赵太后跟人提起过她的个人问题，没两天府里突然来了个人，穿着细绢长衣，玳瑁饰冠，由婢女领到易姜跟前，一副趾高气扬的模样，还自称是公子溟的侍从。

易姜听到公子溟就不大高兴，把视线从竹简上移开，跪坐端正，问他有何贵干。

侍从看她时眼睛都是斜的：“在下奉公子溟之命前来传话，公子溟说亚卿这段时日安分守己，他很高兴，现替其幼子向亚卿提亲，已呈报太后定夺，来此知会一声。”

易姜恨不得用手里的竹简砸过去。

且不说她同不同意，有这么提亲的？把她当什么了？仿佛娶她是看得起她一样。

她将竹简重重拍在案上，理也不理那侍从，高声唤来侍女：“给我更衣，我要入宫觐见太后！”

秋意渐深，王宫里的树木开始落下大片大片的枯叶。

朝服厚重，易姜掖紧领口，提着衣摆一路小跑，看到前面有人就停下装一下淑女，没人又继续狂奔，到了赵太后的寝殿前已经是气喘吁吁。

内侍立在门前，见她过来，赶忙上前迎接，就要去殿内禀报。

易姜恰好听到殿内有公西吾的声音，连忙阻止内侍，侧耳细听。

公西吾的声音慢悠悠地传出来，一如既往地没有情绪：“听太后意思，公子溟对桓泽多有不满，若桓泽嫁入他门中，此后只怕再难有为太后效力的机会了。”

“那依上卿之见，是要回了公子溟了？”

“太后若觉得难以启齿，臣愿出面。”

“可公子溟在赵氏宗族里权势颇重，上卿初来乍到便得罪他，以后只怕举步维艰啊。”

“臣背后毕竟有齐国，公子溟不敢太为难臣。”

“嗯……这倒是。想不到上卿对自家师妹这般上心，看来是我以前误解鬼谷一脉了。”

“世人这般认为，大约是因为当初庞涓与孙膑斗得太过惨烈。其实谁也没规定鬼谷弟子必须斗个你死我活，不过是因缘际会，使他们成了对手罢了。”

易姜仿佛被人重重地打了一拳，也不知是被打蒙了还是打醒了。她一直把公西吾当作对手看待，也许他根本就没有和她斗的意思？

如果她真的误解了他的动机，那他的动机到底是什么？

想得正入神，衣袖忽然被扯了一下。易姜回神，对上内侍幽幽的眼神，他眉头紧皱，显然对她偷听的行为很不满，这的确也不合规矩。

“不用禀报太后了，我这就走。”易姜讪讪笑了笑，转身出了宫门。

日头渐渐西斜，天色暗淡下来。易姜在宫门口来回转悠，也不知是烦躁还是紧张，一会儿揪一下衣摆，一会儿又抚平。

她把从和公西吾见面以来的所有事情都回顾了一遍，觉得自从她从齐国逃走后公西吾就似乎对她尤为关注，态度也出奇地好。

难道他有受虐倾向？越是跟他对着干的他越喜欢？

易姜被这念头弄得又吃惊又想笑，忍不住又狠狠揉了揉衣摆。

不知过了多久，公西吾出了宫门。他还穿着齐国的上卿朝服，青玉高冠，白色深衣，玄色蔽膝，腰间佩玉丁零作响。

“师妹怎么在？”他从侍卫手中收回自己长剑，朝易姜走来，“伤好了？”

“呃，好了，好了。”易姜脸上发热，随便支吾了过去。

公西吾似不放心，手搁在她后腰扳着她转了一圈，看了看，一边道：“聃亏说你伤在后腰，可我记得你当时并未被箭镞扎伤，怎么会流血？若非我回去发现自己衣摆上也沾了血，还不知道你伤得这么重。”

易姜脸红得更厉害，连忙站正：“你来之前我就不小心扎到了，忍着没说罢了。”

公西吾这才明白了：“那你好好休养。对了，听内侍说你去了太后寝宫？”

“是。”易姜松了口气，总算不提这茬了。

“是为了公子淇提亲一事？”公西吾抬了一下手，请她前行。

易姜点头，与他并肩前行，问道：“师兄为什么要替我出头？魏国回来的路上，又为什么救我？”

“替你出头自然是不希望你嫁，救你自然是不希望你死。”

易姜眼神飘忽不定，喉头竟有些发紧：“师兄以前可没这么在意我。”

“可你已不是以前的你了。”

易姜抬眼，触碰到他视线，像是受到了惊吓，撇过脸道：“此事我自有计较，其实不必师兄费心。”

“为何？”

其实她自己也不知道为什么拒绝他的帮助，大概是不安和忐忑吧，总觉得这样的公西吾已经超出她预想之外。好不容易觉得自己和他站在了对等的位置，现在竟又陷入了看不清他的状态里。

实在不知道该如何回答，易姜随便找了个借口，匆匆告辞跑了。

聃亏正好来接易姜回府，见状讶异道：“公西先生与姑娘说了什么？她这是怎么了？”

公西吾摇头，眼神落在易姜跑走的方向。

聃亏连忙策马去追，竟没追上，心想：果然日日活动筋骨是有用的啊！

易姜近来有种感觉，当她开始向女人这一步进发的时候，仿佛所有人都开始关注她，就像野猫发现了一块鲜肉。

赵太后这段时间的表现仿佛是个合格的心理老师，安慰她道："女子到了这个年纪就是这样的，往后还多的是谈亲事的时候，不要惊慌。"

远在齐国的长安君不知怎么得知了公子溟向她提亲的事，特地写了封信来。

易姜心道中二君真是故主情深，还知道关心一下自己的终身大事，结果拆开一看，他在里面把她贬得一文不值。

"出身如此低微，还想嫁入王室？简直是白日做梦！"

她气得要死，一把火把信烧了。

这些王公贵族果然都是一个德行，怎么会尊重她，不过把她当个奴隶！公子溟那老东西会来替儿子提亲，八成也是为了把她禁锢起来，好叫她没机会在赵国"兴风作浪"。

转眼到了秋末，赵国王室每年到此时会举行大规模的捕猎活动，称为狩。这是个大活动，不仅是王公百官纷纷出动，就是后宫家眷也会露脸，更多的则是未婚的少男少女。

赵太后也要出席，往常是平原君夫人随侍作陪，今年她特地叫上了易姜。

出发前，婢女们忙前忙后地为易姜的穿着费心，一面告知她需要注意的事项。易姜听到此处就懂了，男人们打猎，女人们相亲，这还真是个综合性的活动呢，呸！

猎场在山野之间，山脉平缓，树林深幽。原先枝叶茂密的树木因为落叶而渐渐稀疏，阳光高远，看起来有些泛白，已经没什么温度。

贵族子弟，将相侯爵，穿上了紧身的胡服，踩着皮革长靴，打着马一个个地进了场地，很快就在树林间散开。

动物们正是肥壮的时候，但也尤为警觉。所有人都小心翼翼地挎着弓，只有马蹄踩过树叶时才会发出沙沙的轻响。

枯黄的草地上搭了高台，赵太后被重臣女眷们簇拥着坐在台上。其余女眷们都在四周围栏外或站或坐，眼神落在那些打马围猎的男子身上，时不时交头接耳，时不时低声轻笑。

赵太后难得出宫门来，今日气色不错，穿了件水红的曲裾，清瘦也成了窈窕。

易姜绑着男子发髻，穿着宽厚的深衣，与那些缤纷艳丽的佳丽格格不入，视线在场中来回扫了一圈，瞄到远处的公西吾就连忙收了回来，去看别处。

公西吾身着黑面红纹胡服，自远处打马过来，先向赵太后见礼，再朝林中而去，这一来一往，瞬间就叫周围的女子们兴奋了。

易姜见他从头到尾都没多瞧自己一眼，心里不是滋味，又不是陌生人，竟连声招呼都没有。

那些姑娘正在问公西吾的身份，易姜还以为得知公西吾不是贵族出身要叫她们失望了，哪知人家根本没失望，听说这是齐国派来的上卿，反倒更激动了。

“齐国可是大国呀，嫁去临淄也是不错的。”

“是啊，到底是齐国来的，气度便不同呢。”

“有你什么事？方才分明是我先问的。”

“呸，分明是我先问的！”

说得好像明天就能嫁给他一样！易姜翻白眼，俯身在赵太后耳边道：“太后，您可得看严实了，别让公西吾把我们赵国的贵族亲眷都骗走了，那得是多大的损失啊。”

赵太后笑道：“上卿哪里看得上赵国女子，尝闻楚女多美人，可以前楚王以十名美女相赠，他都没瞧得上眼呢。”

易姜讪讪直起身来。

他眼光那么高？

从高台上可以远远看到前方狩猎的情形，赵太后看不清楚，便问易姜道：“王上现在何处？”

易姜极目远眺，没看到赵王丹，倒一眼看到了公西吾。大概是见到了猎物，他已搭箭引弓。

她看了一会儿才想起来赵太后还等着她汇报，又连忙搜寻赵王丹的身影。

有人拾阶而上，踩着木台发出铿铿的闷响。易姜转头看去，来的人是公子溟，心情顿时不好了。

公子溟朝太后见了礼，看都没看一眼易姜便道：“太后还没回复老臣那桩婚事呢。老臣这是第一次求您赏个人，还望太后成全啊。”

赏个人？易姜脸都青了，恐怕还不是明媒正娶，是做妾了。

赵太后拉了一把易姜，将她带至身前："平常你说要人，我赏十个都可以，但桓泽是鬼谷先生的弟子，我岂能擅作主张呢？若是传去他国，岂不是要被耻笑我赵国不懂礼贤下士？届时还有谁敢来为赵国效力呢？"

公子溟这才看了一眼易姜："不过一个女子，太后未免言重了。"

赵太后面有不悦，闭嘴不答。

易姜正色道："长安君特地来了信，说我身份低微，配不上公子溟爱子，我看此事还是算了吧。"

公子溟"哼"了一声："还是长安君最识大体，不过此事只要太后点头便可，配不上老夫也认了。"

"长安君是桓泽故主，他的话我是一定要听的，他说不行便不行，我绝不能答应这桩婚事。"

正好，拿赵重骄做挡箭牌，一箭双雕，要发火就去找他好了。易姜这是公报私仇。

恰好陆陆续续有人带着猎物回来了。这是个献殷勤的好机会，少年郎们纷纷将猎到的好东西送给心仪的姑娘，四周闹哄哄的。

赵太后见公子溟脸色不佳，便叫易姜也下去看一看，离他远一些。

易姜下了高台，去了围栏边，哪知公子溟又跟过来了。

"桓泽先生若执意如此，那我也不强求了，不过你别后悔。"远离了赵太后，他说话也没顾忌了，指了一下前面笑闹的少年少女，"女子要做女子该做的事，若忘了自己的身份，最后便连该得到的也得不到了。"

易姜皮笑肉不笑："那公子溟的意思是我该悉心打扮，等着男子来送一个猎物，而不是为赵国出谋划策，剪除将赵国当作猎物的猎人？"

"就凭你一个女子？"

"公子溟别忘了，太后也是女子。"

公子溟冷笑："太后是王室出身，你是什么东西？"

易姜一肚子气无处发泄，前面欢声笑语，听在耳中也是气闷。

公子溟以为她无话可说了，正要走，忽有马蹄声传了过来。他停步望去，原来是公西吾到了跟前。他一手执着长弓，一手握着缰绳，打着马小跑过来，马臀上挂了一只灰狐，一只鹿。

四周喧闹之声瞬间没了，女子们都纷纷朝他的方向挤去，恨不得叫他把东西送给自己，易姜的视线也被吸引了过去。

公西吾下了马，叫人将鹿搬去高台献给赵太后，自己取了那只灰狐走了过来。

“师妹，这个给你，回去叫聃亏剥了皮，冬日里可御寒。”

四周一阵吸气声，易姜伸手接了过来，感觉自己脸上全是刀刃般的目光。这一瞬，忽然觉得之前的胡思乱想全没道理，她心里一下有了底气，转头朝公子溟看了一眼。

公子溟被她这一眼气得不轻，当即拂袖离去。

易姜心里好不痛快，不仅是对着公子溟，还有对着那些女子。

晚上回去时，聃亏打马跟在车边跟她闲扯：“姑娘，听说只有赵国围猎有赠人猎物的风俗呢。公西先生八成是不知道这风俗的吧。”

易姜脚边就放着那只灰狐，原本脸上还带着笑，闻言顿时没了情绪。

不知道就不知道呗，要你提醒啊！

“嘭”的一声闷响，易姜回神，顺声探出头去，一根箭钉在马车上，轻颤不止。

聃亏立即绷紧了神经，拔出长剑，一提缰绳就朝箭射出的方向奔了过去。

易姜刚想叫他回来，周围忽然冲出一堆人来，将马车团团围住。

天已昏暗，车还未入城，寥寥几个护卫根本抵挡不住，易姜不清楚状况，心如擂鼓，趁乱跳下车就跑。

两侧都是农田，没有遮蔽，她只好朝远处的林子跑。刚跑到林子口边，忽然有根木棍伸出来，将她绊倒在地。正疼得龇牙咧嘴，身后有人捂着她嘴将她拖了起来。

十分迅速又敏捷的行动，她被捆着藏在柴堆里，由牛车拉着远行。

她不知道这些人是谁，只知道浑身被干硬的木柴硌得生疼，手背和侧脸上都火辣辣的。

不知过了多久，身上沉重的柴堆被移开，她被拖下了车。

天已经黑透，月亮泛着稀白的光。她的发髻早散了，垂着头装作脱力，任由摆布，故意蹬掉了一只鞋。悄悄抬头去看那几个人，都是五大三粗的汉子，脸上蒙着布。

旁边是农田，往前是一片树林，眼前是一片湖泊，水面平静得像块镜子。

一个男人上来拉她，手不小心碰到她胸前，微微隆起的胸部证明了她的性别，那人顿时发出一声淫笑："是个女子啊，要不……"他转头看向后面的人。

那人上来就给他一巴掌："谁让你开口的！"

易姜原本吓得后退，此时一愣，后面说话的这个声音她记得，居然是那个替公子溟来提亲的侍从。

大概那侍从也意识到自己失了言，恨恨道："算了，听到声音也无妨，反正要弄死她。"说着他踢了一下身边的人，"赶紧把人解决了，这时候还想着女人！"

那人嘴里咕哝着："反正都要死了，多可惜……"他一边说着一边将易姜抱了起来，又趁机揩油。

易姜恶心地扭动着身子想要挣脱。他来了火，"呸"了一声，将她猛地抛了出去。

易姜一声尖叫尚未出口，人已经落入湖里。

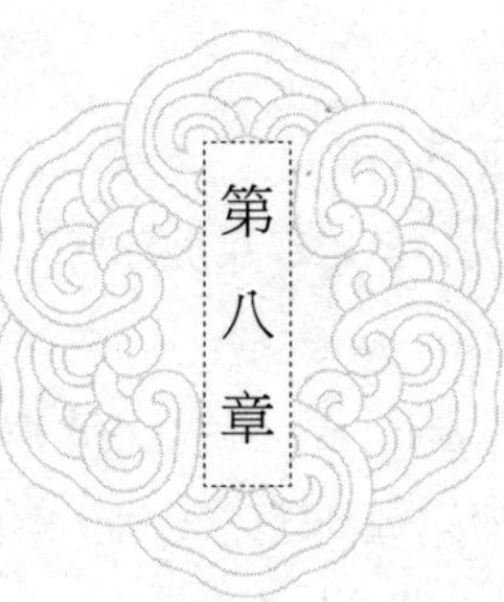

王室婚约

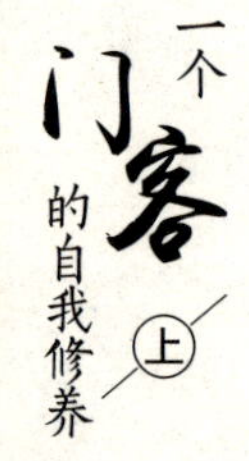

湖水冰冷，顷刻间浸透四肢百骸。

易姜会游泳，本不该惊慌，但她现在全身被绑成了个粽子，怎么挣都挣不开，很快就朝湖底沉去。

一口气能憋多久呢？她仰着面，看着月亮在水面上摇摇晃晃，清楚地感觉到水漫进了耳朵里，大脑昏昏沉沉，脑子居然分外清醒。

可能要死在这里了。在牢里没死，在魏国回来的路上没死，但这次可能躲不过去了。

手腕几乎要磨破却还是没能挣开束缚，水终于呛了进来，很疼，肺像是要炸了。恐惧和焦虑在这一刻全都涌了上来，扑打撕咬，把她仅有的理智驱赶殆尽，她在拼命挣扎中往下越沉越深，脑子里只剩下存活的渴望……

岸上的人站了很久，甚至还投了一块大石下去，终于放心地走了。

聃亏打马奔出不久就知道自己错了，连忙回去，只看到几个受伤的护卫。他们慌不迭地指了一下方向，请聃亏快去找人，晚了赵太后问罪，谁也担不起。

聃亏打马入了树林，迎面碰上其他护卫，都摇头说没找到。他心里越发焦急，忽然想到此时应该还有其他大人在回城的路上，赶紧叫护卫们去拦人，多一个帮手就多一点希望。

护卫们闻言纷纷朝官道奔去。

聃亏继续沿着树林寻找，许久没有头绪，不知该如何是好。

“聃亏先生。”远处快马疾驰，公西吾到了跟前，“听说师妹出事了？”

聃亏连连点头，一时说不清楚，看到那几个护卫跟在他身后，怒道：“怎么不去拦其他大人！”

公西吾道：“不怪他们，诸位大人都找借口回城了，依我看，此事必然早有安排。”

聃亏心凉了半截："这……这要如何是好？"

公西吾左右看了看："师妹是朝这个方向跑的？"

护卫们点头。

他打马沿着那方向走了一段，发现沿途有散落的树枝，切口齐整，应该是木柴。这些木柴往前散了一路，可见运柴的人很慌忙。

公西吾仔细想了想，若桓泽有心，该留下什么线索才是。

刚想到这里，已经打马去前面探路的聃亏赶了回来，手里拿着一只鞋。

"在哪里发现的？"

"湖边。"

易姜的意识是慢慢被拉回来的，感觉好像有一股力量在拉扯自己。她睁不开眼睛，脑袋迷蒙，唇上湿热，似乎有气息入了胸腔，好像有了点力量，又一点使不上力气。

最后终于睁开了眼睛是因为觉得胸腔难受，她猛地坐起来，揪着领口一阵咳嗽，能感受到胸腔的震动，喘不过气来的窒息，可没有一点声音，这感觉很奇怪。

周围有明亮的火光，一个人拿了厚厚的披风裹在她身上。她盯着那张脸仔细辨认了很久才认出这是公西吾，记忆到此时才回笼。

公西吾在她面前摇了摇手，嘴唇翕张。她能看出他的唇形是在叫师妹，可是听不见他的声音，下意识侧了侧耳，依然听不见。

公西吾的双唇终于停了下来，将她抱起。

易姜浑浑噩噩，靠在他身前看向聃亏。他一路跟在后面说着什么，可她一个字也听不见。

等到再醒来已经在床榻上，身上已经换上干净衣裳，脸上和手臂都擦了些药汁，辣辣地疼。易姜张嘴叫了一声聃亏，没听到自己的声音，还以为自己没叫出声，聃亏却已奔进了门。

他站在榻边，嘴巴动得很快，神情焦急，但易姜一个字也听不见。她终于记起刚被救起时的情景，意识到了什么，不禁瞪大了眼睛，一手捂住了耳朵。

她居然听不见了……

聃亏眼里不禁含了泪。她根本不知道那晚在湖边他们用了多长时间才把她叫醒，此刻她也已经在床上躺了好几天，每天进食都是靠婢女撬开牙关灌一些小米汤下去。聃亏甚至一度怀疑她怕是没得救，没想到刚才居然听到她在叫自己，如何能不激动。

那晚公西吾将她带回来时就说她可能是失聪了，聃亏当然知情，连忙扶住她好生宽慰。

但易姜看着他嘴在动，更加惊慌失措。

聃亏见状只好赶紧扑去桌边，找了木牍写了字递过来。

易姜看到上面写着已经请了最好的大夫过来，叫她千万不要慌张，这才慢慢平静下来。

只能说暂时平静。

无声的世界太可怕了，看得到别人的脸，知道他们在说话，却不知道他们说的内容，也就无法知道他们在想什么，仿佛把自己孤立了。

聃亏走后，易姜躺在床上看着屋顶，委屈得想哭。

她不明白为什么偏偏是她。她该过着普通人的生活，而不是在这里每天提心吊胆、小心翼翼地为活命挣扎。

但这个念头很快就被她压了下去。明明已经下了决心要接受现在，就不能再有这种情绪，一旦开了头，以后可能就会越来越放纵这种想法，她就会在挫折面前变得越来越脆弱，而这个地方容不下脆弱。

她狠狠抹了一下眼睛，起身下床，将平原君送来的那些竹简都翻了出来，挑出其中赵国官员那一部分。

刚来时她觉得安分守己就能活下去，后来入了大牢觉得主动抗争就能活下去，现在发现，要活下去还要有足够的力量。

如果这是她的命，她也不会就这么认了。

不让她好过的，又何必跟他客气！

平原君是三日后过来的。

聃亏带着易姜的信去他府上拜见，信里说了事情的详细经过。

他一手端茶一手看信，看到一半，差点一口茶汤喷到聃亏身上，还好聃亏身手敏捷给躲过去了。

“竟有此事！”赵胜拍案而起，当即备车赶往亚卿府。

易姜发髻束得一丝不苟，身上披着厚厚的披风，靠在榻上，隔着帘子向他投来目光。

赵胜天生是怜惜女子的，见她脸色苍白还带着伤，当即噼里啪啦好一顿指责，又温言软语好一番安抚。

易姜听不见，也不阻拦，等他嘴巴终于不再动了，自帘后递给他一块木牍。

赵胜接过去看了许久，眼中露出震惊，正要说话，易姜开口道："写下来，免得被人知道我们在说什么。"

他这才发现旁边早准备好了木牍笔墨，立即提笔写了字递过来。

"此事当真是公子溟所为？"

易姜亦写字回复："我亲耳听到，已派人去查证，之前企图毒害我的人也出自他府中。"

赵胜又提笔写字："此事难成，恐有性命之忧。"

"可若成了，赵氏宗族就该由你执掌了。届时就算王上亲了政，你的地位也依旧无可撼动。"

赵胜眼神闪烁不定，手抚着短须思考许久才写下句话："还得看太后愿不愿下刀。"

易姜慢慢写完一句话递过去："你不妨去试试。"

赵胜心里七上八下地走了，当晚一夜没睡，来回转悠，恨不得把地踱出一道坑来。后半夜时终于忍不住，赶赴王宫见了赵太后。

他也机灵，开头先不说实话，假意骗赵太后说易姜已经被奸人溺死在城外湖中了。

赵太后自然震怒，待得知凶手是谁，眼中竟有了泪光："先王一崩，宗族贵老便开始欺负我们孤儿寡母了，当真要逼死我们不成！"

赵胜赶紧跪在地上："无论太后下什么决定，臣都誓死追随。"

赵太后闭眼："人也救不回来了，又有何用？"

赵胜这才说出实情。

赵太后眼中厉光尽敛，微微摆手："去请王上定夺吧。"

宫中随后就派了大夫来给易姜医治，但反复看了好几次，说不出个所以然来，只说耳中恐有积水，可又不知该如何排出。

聃亏不敢说实话，写字告诉易姜说很快就会没事了。

易姜想到以前学游泳的时候听教练说过，在深水区潜水可能会造成耳膜的内外压力差过大，造成耳膜破裂，引起失聪。

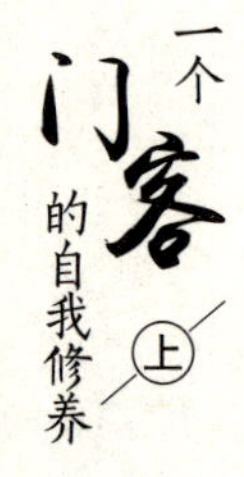

不过这也有可能是暂时的，她只能这么安慰自己。

天气已经很冷，易姜的屋子里甚至已经燃起了炭火。

聃亏端了药进来，看到她靠在榻上一言不发，手里捧着竹简在看，人却像是木头做的一样，心里说不出地难受。

她是鬼谷先生在云梦山里捡到的，亲手抚养长大，当亲女儿一样。如果她当真失聪，真不知道自己以后入了土要如何向他老人家交代。

“姑娘，喝药吧。”他把药端到她跟前，在她眼前摇了摇手，将她的视线拉了过来。

易姜二话不说，端过来就一口气喝完了。

聃亏这才好受了些。她就这点好，遇上个事从没有自怨自艾，也没放弃过。

他端着药碗退出门，迎面走来两个人。为首的是个玄衣高冠的少年，面容刚毅，不苟言笑。聃亏正要问他是谁，跟在他身后的侍从道：“亚卿现在何处？王上来看她了。”

聃亏吃了一惊，连忙请他进去。

赵王丹叫侍从留在门口，独自进了门。

易姜余光扫到有人进来，转头看去，发现来人是谁，立即起身下拜。

赵王丹亲手扶她起身，取了披风给她，又将她一路扶去案后坐下，自案上提笔蘸墨，写了字递到她跟前。

“树大根深，先生以为要如何拔除？”

易姜提笔回复：“上下一心，自然连根拔起。”

“何人可用？”

“赵奢与其有旧仇，可加以挑拨。”赵奢在赵氏宗族里也颇有势力，何况还有兵权。这是从平原君给的资料里看到的。

赵王丹似有些犹豫：“母后卧病，不曾表态，本王不敢妄下决断。”

“太后卧病是应该的。这是赵氏宗族的树，就该赵氏宗族的人去砍，她不好插手。”

“此话当真？”

“太后为人王上该清楚，她若要阻止，你现在就不会在我这里了。”

赵王丹依旧有所顾忌。

易姜也不意外，赵太后和赵重骄都说过他优柔寡断，看来果真如此。

“王上并不是在为臣报私仇，而是为了自己。他们在朝堂上嚣张跋扈，何曾将王上和太后放在眼里？王上难道想做第二个武灵王吗？”

赵王丹霍然抬眼。武灵王的事是赵氏王族引以为耻的往事，一国之君被亲叔叔杀害，他的父王甚至战战兢兢地连提都不敢提。

这么多年过去了，这就像根刺，时时扎在心头，提醒着他这些贵族的势力，随时都可能冲过来，把他剥皮抽筋。

“便依先生所言。”赵王丹起身离去。

易姜坐在案后，将那些对话的木牍全都扔去火盆里，手指搓着毛笔发呆。

不知过了多久，忽然有根手指点了点眼前的桌面。她抬起头，看到公西吾坐在对面。

他应该是从府上过来的，只用一根竹簪束着发髻，身上穿着淡蓝常服，盯着易姜的眼神分外专注，长睫轻掩，又带了些柔情。大概是有心安抚易姜，嘴角微微带了丝弧度。

“师兄。”易姜开了口，“你是不是也是因此才失去了味觉？”

公西吾笑了笑，没有作答。

“失去味觉是什么感觉呢？”

公西吾提笔回复：“久了就习惯了。”

“我应该习惯不了，要是一辈子都听不见，我会受不了。”

公西吾想了想，写了段话递过来：“也有好处，若下次我再做了饭请你用，你便可以随意骂我了，反正你自己是听不见的，骂多难听都是可以的。”

易姜终于忍不住笑了，笑着笑着又有点想哭。

“师兄，只怕我的双手就要沾上血了。”

“无妨，洗干净就好。”公西吾抬手抹了一下她的眼角。

赵新王元年，入冬，平原君赵胜派门客揽获宗室族老公子溟十桩罪行上呈新王，其中就包括谋害亚卿桓泽。

赵王丹遂以赵奢领重兵围其宅，勒令其伏法。

公子溟拒不认罪，力求伸冤，宗族权贵俯首求情。太后卧病，避居代郡，诸事交由赵王决断。

赵奢以重兵施压，斩除其门下党羽数十人，平原君游说百官。不出五日，公子溟认罪，自请为先王守灵，免于死罪。

“先生以为如何？”赵王丹递来木牍，看着易姜的眼神里竟有些小心翼翼。

自落水失聪，易姜就安静得像掉落在地的一片枯叶，但赵王丹总觉得这片枯叶就要在来年催生出更茁壮的新绿来。

如今唯有秦国自商君变法后废除了贵族政治，采用按功授爵的方式，但这行为并不被山东六国所接纳，认为是逆天而不德的。山东六国依然保留着传统的贵族政治，即以出身高低掌权势。赵王丹如今同族操戈，当然会当心被他国诟病，说他不念血亲。

易姜肩上搭着厚厚的狐皮，在沉沉熏香中双眼微眯，仿佛也成了只狐狸，提笔回了话过来。

“当初公子成反对武灵王胡服骑射，武灵王去他府上陈明利害，公子成也跪地告罪，后来如何了？”

赵王丹脸色一僵：“后来正是他将武灵王困于沙丘宫中活活饿死。”

“那王上做何决断？”

赵王丹沉着脸起身，朝她施了一礼，转身离去。

见赵王出了大门，聃亏才探了脑袋进来，请易姜出门。

前院里站了一排孩子，都才七八岁的样子，衣着单薄，在寒风里搓着手跺着脚，脏兮兮的脸都冻得通红通红的。

这些都是易姜吩咐聃亏去找来的。

她挨个扫视了一遍，问聃亏道：“都是孤儿？”

聃亏点头。

“来历都清楚吗？”

聃亏点头。

“那好，好好养着。”

聃亏再要点头，一下愣了，一直追着她进了屋子，写字问她为何。

易姜道：“这些人无父无母，正愁无法生活，我救了他们，以后他们就会效忠于我。好生调教，这个年纪，安插去他国做眼线最不易被察觉。”

聃亏目瞪口呆。

“还有，从今日起，府里招揽各国贤士，有才能者皆可来此，我必以礼相待。”

聃亏觉得已经不认识她了。

天阴沉沉的，像是要落雪了一样。

童子走进公西吾的书房，问他要不要生上炭火，一边小声嘀咕着赵国的小气，都这时候了还不拨木炭给他们，以往齐国可不会亏待他家上卿。

公西吾正在看齐国送来的信件，嫌他吵，正要叫他出去，门口忽然冲过来个人，一下把门挡得严严实实。

“公西先生！这要如何是好，我觉得姑娘不对劲啊！”这么风风火火，不是聃亏是谁。

公西吾搁下笔，请他入席就座：“怎么了？”

“您不觉得她自落水之后就像变了个人一样吗？”

“差点命都没了，不变才不正常吧。”

“可她变得太多了，终日忙这忙那，悄无声息的，我都不知道她在布置什么……”聃亏说到激动处，一拍桌案，“我不管，她现在这样太可怕了，您得负责。”

“我负责？”

“是啊，她是您师妹，除了鬼谷先生，您是她唯一亲近的人了，您就不该劝劝她，让她开心一些吗？”

公西吾抿紧唇，双眼微眯，紧紧盯着他。

聃亏的激动退去，只余讪讪，小心翼翼地站起身来：“呃，是亏多话了。先生忙着，我走了。”他一边说一边退，到了门边，刺溜一下钻出去跑了。

公西吾垂眼继续去看竹简，过了一会儿，忽然抬头问身旁：“要如何让女子开心，你知道吗？”

童子停下忙碌的动作，一双圆溜溜的眼睛扑闪扑闪，茫然无辜。

“算了，你太小了，当我没问。”

地处北地的邯郸城到了冬天出奇地冷，风割过脸颊，叫人感觉一阵一阵尖利地疼。

不过这季节也有好处，待落下雪来，就会显得四周出奇地安静，对易姜而言，就不会有被孤立的感觉，仿佛周围本来就该是没有声音的。

易姜穿着厚厚的胡服，披着披风，在院子里练射箭。天上飘着小雪，地上泥土还未湿，听不到风声，似乎也感觉不到冷。

一个瘦高的男子走到她跟前，抱拳见礼，而后递上一块木牍。

易姜放下手里的弓，接过来看了一眼，微微叹息。

这里的人到底还是看不起女子，听闻赵国亚卿是个女人，没有一个士子肯上门效力的。

她摆了摆手，对方便退下去了。

远处门后，聃亏在落寞地挠门板。近来她身边多了很多太后派来的人，忽然感觉自己已经变得不重要了……

想到这里，他不禁瞅了一眼拴在旁边的肥鹰："看什么看，你不也被忘了？哼！"

肥鹰大概正在思考鸟生，被他打扰，气愤地一鹰喙啄在他脚面上，疼得他"嗷呜"一声嘶号，捧着脚蹦蹦跳跳地躲远了。

易姜丝毫不知背后发生的惨状，一箭射了出去。

守门匆匆走了过来，知道她听不见，便比画了一下，指了指门，意思是有人求见。

"领进来。"易姜说话时又搭上一根箭。

"先生啊！"

来人如疾风一般卷了进来，一把扑过来就抱住了易姜的胳膊，害得她一箭射偏十万八千里去了。

立即有两个侍从跑过来拉开他。易姜转头看去，那人用木簪束着发髻，一身青绢深衣，被侍从按着左右肩胛，龇牙咧嘴地望过来，竟然是许久没见的裴渊。

她颇感意外，还以为他在魏国不打算回来了，没想到就这么出现在了眼前，赶紧示意侍从松开他。

裴渊得了自由，又扑了过来，这次比较收敛，只牵住了她的衣袖："先生，你知道我为了回赵国来见你，经历了多少波折吗！"

易姜含笑不语。

裴渊并未看出异常，抽了抽冻红的鼻子道："我日夜都想着早日回到赵国，人都瘦了。"他扯了扯自己的脸颊，"你看你看，是不是瘦了？"

易姜点头："是胖了不少。"

裴渊鼓腮，心想会不会聊天啊！

易姜朝大门口看了看，问他道："少鸠人呢？"

裴渊翻白眼："我早把她甩在身后了，料想她此刻还在城中哪个地方转悠吧。"

话没说完，从院墙上"嘭"地摔下来个人影。二人低头一看，正是裴渊口中被甩掉的少鸠，全身上下一袭黑，不愧是墨家弟子。

易姜唇边露出笑来："少鸠姑娘，许久不见啊。"

少鸠捂着腰站起来，没好气地瞪了一眼墙头："先生长本事了，墙头上都有人守着呢！"

易姜朝左右摆了一下手，两个侍从立即上去制住少鸠。她刚才那下摔得不轻，此时被拧住胳膊，不禁疼得叫了一声。

"我这里没有少鸠姑娘精巧的机关，不过多的是关人的屋子。你若是答应以后肯为我所用，我便放了你，否则就只能关着你了。"

少鸠一听就火了，挣扎着就要上来跟她理论。

易姜反正听不见，任由她折腾了半晌，又补充了句："你若答应了，好处多的是，比如……"她瞄了一眼裴渊，"我相信裴渊是肯定愿意跟着我的。"

裴渊点头如捣蒜："愿意愿意！我就是看到了先生发的招贤书才赶回来的。"

少鸠被易姜的话弄得又羞又恼，咬着唇踢了裴渊一脚："真是个呆子！你看不出来她聋了吗？竟还愿意跟着她！"

裴渊一愣。

"墨家有弟子在赵国为官，入城那天我就打听好了，她已经是个聋子了！"少鸠得意地朝易姜看去，"你看，我说她是聋子她可有反应？"

裴渊盯着易姜的脸看了半天，忽然眼眶就红了，拽住她的衣袖，呜呜咽咽地问到底出了什么事。

易姜虽然听不见他们在说什么，但看裴渊忽然开始抹眼泪就明白了几分，沉着脸吩咐左右将少鸠押下去。

少鸠哪里肯走，气愤地要跟那两个侍从动手，但看到一边眼泪滚滚的裴渊，不禁又有些心软。

墨家讲兼爱众生，她并不想嘲笑桓泽耳聋，实在是气不过罢了。现在看到把裴渊弄伤心了，不免又自责自己的口快，最后负气般放弃了挣扎，由着那两个侍从将自己拖走了。

易姜对裴渊道："我回头会把事情原原本本告诉你，你不用难过了。"

裴渊一边抽泣一边点头，忽朝身后看了一眼，脸上一阵激动，蓦地晕了。

易姜莫名其妙，朝他身后望去，公西吾正朝这边走来，她瞬间懂了。

聃亏又被叫了回来，脚还疼着呢，本以为姑娘叫他有什么重要的事，结果一眼看到地上趴着的裴渊，脸就耷拉下来了。

这厮又出现了，每次晕都要他扛！聃亏恨不得把他扛去喂鹰才好。

公西吾看到裴渊被聃亏扛走也很诧异，一直目视他们走远才走到易姜跟前，右手托住她胳膊，左手做了个请，示意她随自己出门。

易姜好奇道："师兄要带我出门？"

公西吾点头。

"做什么？"

没有笔墨简牍，回答不方便，公西吾便将她的手心摊开，以指做笔在上面写了几个字。

易姜没琢磨明白，皱着眉头。

他只好放慢速度，一笔一画在她手心上重写了一遍："让你高兴。"

这下易姜总算懂了，不禁有些难为情，手被他攥着，眼睛都不知道该往哪儿看了。

赵王丹采纳了易姜的建议，下令将公子溟腰斩于市，行刑时间便在今日。

雪渐渐下大了，市集上却还是围满了人。公子溟蓬头垢面，身戴枷锁，一步一顿地被押赴刑场。

易姜挑开车帘朝外望了一眼，又转头看向车内的公西吾："师兄要带我来的地方就是这里？"

公西吾点头。

易姜觉得好笑，原来他认为看杀人会使她高兴。

外面公子溟正在大呼小叫地说着什么，表情撕心裂肺。易姜听不见，只默默地看着他做垂死挣扎。

这次也不知是该算公子溟嚣张日久有业报，还是算她运气好，被她说服出手的人无论是赵王、平原君还是赵奢，都恰好与公子溟有着最直接的利益冲突，下手自然也都不留情面，事情难得进行得这般顺利。

或者说他们早就在等机会下手，只缺少一个借口，一把最后的推力。

行刑开始。场面肯定血腥，易姜在刽子手动手前放下了帘子，低头看了看双手，仿佛已经在上面看到了血光。

忽有只手伸过来托住她手掌，缓缓描了几个字："不高兴？"

易姜看了一眼公西吾的双眼，勉强挤出个笑来："高兴。"

公西吾放了心，谁看到仇人被处决都会欣慰的。

公子溟这一撮势力被连根拔起后，赵国贵老们一蹶不振。平原君赵胜在宗族里一家独大，很是开心，看易姜真是一百个顺眼。所以在瓜分公子溟权势的时候，他还记挂着她，特地派人来问她需要多少黄金。

易姜表现得极为兴奋，一口气要了一千金。

公子溟那老东西多的是钱，赵胜觉得这姑娘不愧是山里来的，完全没见过世面嘛！于是好心地表示，除那一千金之外，她还可以在公子溟的封地里选一块地盘作为自己的封地。

易姜等的就是他这句话，便假装什么都不懂地在地图上圈出了仇由那个地方。

赵胜乐了，这地方以前是三胡的地盘儿，贫瘠荒凉，亏她看得上，二话不说就划给她了。

实际上在易姜看来，仇由是个好地方，西接秦国，南接魏国，虽然收上来的赋税很低，但将来如果迫不得已需避居封地，也算有个后路。

不过“仇由君”这个称号不太好听就是了……

她将赵胜给的那一千金花在了招兵买马上，叫人去仇由训练护卫，也算将来有个保障。

时间过得飞快，冬天过去就到了赵新王二年，易姜的伤却依然没有起色。

四月里，聃亏兴冲冲地跟她说，她的生辰就快到了——其实也就是鬼谷子在山里捡到她的日子。

易姜觉得不可思议，如果算上刚来时在牢里的那几个月，来到这个时代居然都有一年多了。

进入十五岁，在这里就意味着已经成年了。这是件大事，就连公西吾都特地送了两根玉簪过来作为贺礼。

易姜自己也很高兴，以前好不容易练出一副前凸后翘细腰长腿的好身材，结果一朝发配到这地方，顶着这副豆芽菜的身躯，不知道暗中懊恼过多少回，如今总算是长大一点了。

这段时间因为她的伤大家都很沉闷，她便叫聃亏准备宴席，要全府上下一起庆祝一下。

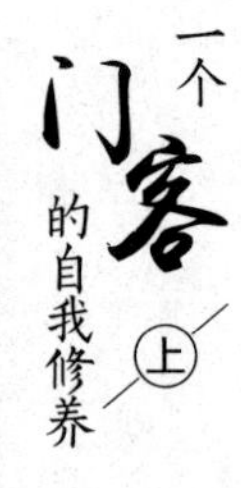

所有人都忙着准备礼物，裴渊则暗地去见了少鸠。

关押少鸠的屋子坐北朝南，之前冬天的时候还每日提供炭火让她取暖，饭菜也都很讲究，其实是莫大的优待。

裴渊已不是第一次来，侍从都习以为常了。他进了屋先把门掩好，径自在席上坐了下来：“都几个月了，你还没想通？”

少鸠本来坐在案后看书，听了他的话当即背过身去，冷哼一声。

“当初你把桓泽先生禁锢在机关内，现在人家却好吃好喝地招待你，你怎么就不能低个头呢？”

少鸠依旧不吭声。

裴渊托腮：“我想好了，你若是不答应她，那就叫她送你走吧。”

少鸠这下转过身来了：“送我走？”

“是啊，反正你也不想待在这里。你赶紧走吧，我好叫桓泽先生给我寻个好姑娘。”

“寻个好姑娘做什么？”

“做妻子啊！”裴渊白她一眼，“有你在这里，肯定要指手画脚，你走了我就可以放心地挑啦。”

少鸠“嘭”的一下将竹简拍在案上：“赵国的姑娘有韩国的好？”

“有啊，我在赵国好几年了，已经习惯赵国了，赵国的人自然也习惯了。”

少鸠气红了脸，瞪了他半天，忽然抬了抬下巴：“谁说我要走了？我已经决定要答应桓泽了。”

裴渊不屑：“谁信你的话？”

少鸠当即起身：“我这便亲自去与她说，你且看着就是了！”

裴渊看着那几个侍从押犯人一般将她押了出去，心道桓泽先生真是神了，按她的话说，竟然真的劝动了呢！

当晚府中宴饮，易姜万分开怀。少鸠肯答应她的要求简直是最惊喜的礼物，墨家的机关术和人脉都是她所渴求的。

厅中在席的人并不多，其中一个是赵太后特地派来照顾她的女管事，沉熟稳重，唤作息嫦；另一个是易姜近来提拔的武卫，名唤东郭淮；还有便是聃亏和裴渊了。

少鸠自然是座上宾，浑身上下修饰一新，坐在易姜对面怏怏地举着酒爵，时不时瞪一眼她旁边坐着的裴渊，恨不得把他剥皮抽筋。

易姜有意刺激她，转头对裴渊道："此番你劝动少鸠，实在是大功一件，我要如何谢你才好？"

少鸠一听就急了，要开口又想起她听不见，只能狠狠地咬了一口肉。

裴渊很兴奋，手指蘸了酒水，在她案上写了"公西"二字。

"你想见公西吾？"

裴渊连连点头，聃亏冷不丁地泼来一桶冷水："等你哪天不会晕了再说吧。"

众人哄然大笑，连少鸠都乐了。

这般谈笑风生，席间倒不寂寞，易姜却觉得冷清，脸上虽然挂着笑，眼睛却时不时朝门边张望。

其实她今日也请了公西吾。

酒过三巡，余光忽地瞄到有人进了门，她连忙转头看去，来的却是公西吾身边的贴身童子。

他向易姜见了礼，双手奉上一封信函。羊皮做的信封上什么都没有，只粘着根紫色的草，草有三叶，细长如穗。

这还是公西吾第二次用这方式给她写信。

易姜接过来，童子便告辞走了。她拆开信一看，原来公西吾白天就奉太后之命去邢地体察民情了，难怪没能到场。

赵太后倒是越来越器重他了。

易姜将信纳入袖中，端起酒爵，灯火照入酒水，映出她发髻上的玉簪。

戴之前还寻思会不会太显眼了一点，纠结了半天，不想送玉簪的人根本就没来。

没有及笄仪式，只有这么一顿饭，鬼谷先生的爱徒便成了年。

赵王丹和平原君都送来了厚礼，其他官员自然闻风而动，易姜趁机广结人脉。

赵太后已从代郡返回邯郸，却没有反应，上次她可是连例假的事都过问了。易姜起初以为她是想让自己安心养伤，后来叫息嫦入宫探望了一下，才知道她是病了。

赵太后才四十出头，可不知何时起落下了这一身的病根，如今竟然一整天只进食一点稀米粥，也根本无法下床走动。

易姜有点不安，印象里她从没病得这么重过。

五月初，息嫦又入了一次宫，这次回来带话说，赵太后想见一见她。

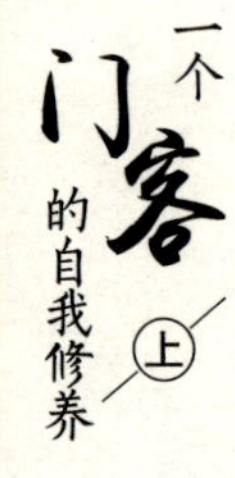

易姜立即整装入宫，路上提心吊胆。

赵太后的寝殿里如今全是药味，她在门口停顿了一下，适应了那气味才走进去。躺在榻上的赵太后消瘦得几乎脱了相，她看了一眼就皱了皱眉。

听见见礼，赵太后微微睁开了双眼。榻边置了一方小案，案后跪坐着一名内侍，赵太后嘴唇动了动，他便立即提笔记录下来，递给易姜过目。

“我想见重骄。”

这是赵太后的第一句话。

人在重病之中自然想念亲人，何况赵重骄是她最疼爱的小儿子。易姜在榻边跪坐下来，轻声道：“那臣便想办法迎回长安君。”

赵太后竟摇了摇头，嘴唇翕张片刻，内侍将她的话递了过来。

“我已发过信给君王后，她说若无正当理由，不可放人回国。”

易姜心中了然，一般来说，两国结盟更需质子维系关系。君王后说的正当理由，要么是回国继任国君，要么是回国完婚。赵王丹好好的，赵重骄要继任国君是没可能了，不过完婚很简单。

“既如此，太后便为长安君择定人选婚配便是。”

赵太后深深叹息。

“眼前只剩下楚国有公主与重骄年纪相当，但楚王与秦国交好，不会将女儿嫁来赵国。所以要选人，只能在赵国选了。”

易姜点头：“赵国大臣之女也好。”

赵太后看她一眼，这次话说得很慢，好一会儿内侍才将木牍递给易姜。

“大臣之女又如何比得上大臣？我觉得你便很合适。”

易姜错愕。

赵太后又启唇，内侍下笔飞快。

“我本也没想到这一层，但仔细一想，这未尝不是一件好事。此事若成，重骄能重返赵国，对你而言也是个好归宿。重骄毕竟是王上的亲弟弟，他的夫人没人敢轻易动，你已失聪，有人护着总是好的。”

易姜从未想过要靠婚事自保，但也不好直拒，俯首道：“臣出身低微，配不上长安君。”

赵太后抬手抚了一下她的头顶，内侍随即递来木牍。

“话不要说太早，你不妨考虑一下。”

故主重逢

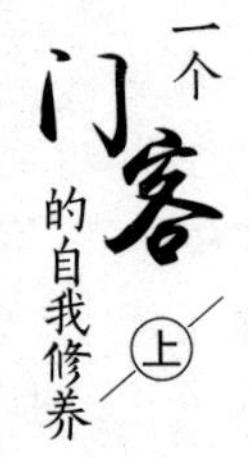

月入层云，夜静无声。易姜猛地从床上坐起，身上一身冷汗。

已经不是第一次梦到自己溺水，想挣扎却全身被束缚住无法动弹，清楚地感觉到自己在下沉，眼里只有水面上的月亮……

每次都是相同的情景，每次惊醒后都感觉像是经历过一场搏斗。

其实这段时间还好一些了，刚出事那段时间她甚至都不敢盯着水面看。

她光着脚下了榻，去桌案上取了凉水灌进喉中，心情渐渐平复下来，不禁又想起赵太后的话来。

以她现在的情形，赵重骄的身份的确是赖以生存的一把保护伞。但她很清楚，赵太后会提出这个建议，绝对不只考虑了这一点。

她之所以能得到赵太后的宠信，一方面是为赵国做过贡献，另一方面是因为同是女子。赵太后体恤她身为女子的苦处，多有照拂，但并不代表她就拥有了绝对的地位和自由。不管怎样，她也只是赵国的一枚棋子，赵太后想怎么用都可以。

这桩婚姻若能成，怎么看对赵太后都是有利的。以后赵重骄可以三妻四妾，她却终生都被绑在了赵国，如赵太后本人一般，即使拖着病体，也会为赵国鞠躬尽瘁，因为这里有她的丈夫和子女。

这是拴住一个女子最有效的方法。可她并不是以出嫁从夫为理念的古代女子。偏偏这也不好跟赵太后解释，说了恐怕要被认为她溺水之后伤的不是耳朵，而是脑子了。

赵重骄这会儿也睡不着，在屋子里砸了一通的东西。

白日里赵国送信来，他得知终于可以归国了，兴奋得无以复加，哪知条件竟然是成婚，还是跟桓泽成婚！

他向来不稀罕什么名人雅士。什么鬼谷子高徒，不就是个山野丫头？当初要不是她死皮赖脸，他根本不会收留她做门客，如今竟还想嫁给他？简直是痴人说梦！

下人们全都躲在门外不敢出声，赵重骄双臂叉腰，胸膛起伏不定。

当初是谁口口声声说用不了多久就会接他回去的？结果呢，自己在赵国混得风生水起，又是做赵使，又是做亚卿，险些还嫁入王室，估计早把他这个主公给抛到九霄云外了！

赵重骄越想越气，心道无论如何也不能便宜了这个白眼狼，就算一辈子回不去也不会娶她！

春暖风柔，正是花团锦簇的时候。赵王宫里除了赵太后那里，到处都是一派欣欣向荣的景象。

易姜受赵王丹召见，由宫人引着穿过回廊，本以为会去他书房，哪知宫人在花园里便停了下来。

园中有亭，内有石案石凳，上置笔墨简牍。赵王丹穿着常服坐在其中，脸上挂着笑，像是个寻常人家的少年。

易姜见礼后入座，他没叫侍从伺候，亲自提笔写了字递来。

上次魏国一行，齐国与魏国顺利达成联姻意向，今春魏国公主已经嫁给齐国的太子建，齐魏之盟算是结定了。而作为齐国的盟友，赵国和魏国却没有下文，赵王丹便就此事询问易姜意见。

易姜慢慢写下自己的建议：“齐赵既已结盟，齐国的同盟便也是赵国的同盟，不过为稳妥起见，王上不妨选定吉日，邀请齐魏二国会盟，举行仪式以昭告天下，也好叫他们无法反悔。”

赵王丹正有此意，听她这么说便下了决心。

易姜料想他应该还有事，不然不会特地叫自己入宫，哪知赵王丹并无后话，反而叫人去请王后过来。

很快就有一群侍女簇拥着个年轻女子到了跟前，深绿绸衣，金钗珠翠，手中抱着襁褓，只看这排场也能猜出身份。

赵王丹去年即位不久后娶了王后，今年给他添了一子，娇宠得很，待在深宫里从未有人见过。易姜这也是第一次见。

赵王丹又写字递来：“母后十分疼爱新孙儿，也希望早日看到重骄的血脉

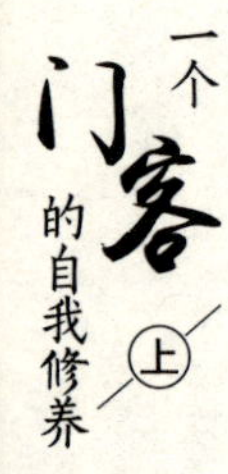

出世。”

王后笑容满面地抱着孩子过来给她看。易姜勉强挤出笑容，口中盛赞了几句，心中已经明白赵王丹的意思。

这副身体才十五岁，很难想象现在就结婚生子会是什么情景，就算是眼前的赵王丹和王后，在她看来也是大孩子带小孩子一样。

虽然已经完全接受现在的一切，也在努力经营，但该有的坚持总不会妥协。易姜并不希望自己的婚姻由别人来安排，尽管这在别人看来是极大的殊荣。

赵王丹现在这般简直是将她当一家人看待，大概是想替赵太后做说客。她想了想，问道：“不知长安君可已知晓此事？”

赵王丹神色有些尴尬，笑了笑，没有作答。

易姜这下轻松了许多，赵重骄不肯就好，他反抗可比她要省力多了。

实在没办法装作其乐融融，易姜起身，借探望赵太后离开了花园。走到半路，摸了一下发髻上的玉簪，心想不知公西吾知道了此事会怎么想。

他会不会介意？会不会和上次一样愿意为她出头？

这几天一直故意没想公西吾这一层，就是觉得想多了会烦。她很清楚这是什么状态，但又很抗拒这种状态。公西吾不是她以前见过的那些男孩子，那些都一眼看得到底。如今的他对她而言的确很有吸引力，但这个背景下的男人到底值不值得付出感情，她并不确定。

回到府邸后，易姜思虑再三，写了封信，羊皮做封，紫草为记，快马送去给公西吾。

赵重骄那货看着也不是个沉得住气的，果然和上次一样又写了信来给易姜，这次洋洋洒洒，足足一卷竹简。

易姜刚喝完药，坐在案后喝白水缓解那苦涩，待看完他的信，觉得更苦了。

首先可以确定，这封信应该是他本人亲笔所写，因为从笔墨轻重来看，当事人情绪很波动。

就像一篇讨伐檄文，信中将她不念故主只图自己荣华富贵的小人形象描绘得无比深刻。

易姜无奈了许久，忽然觉得不太对劲，以赵重骄的性格，要骂她应该早就寄信来了，为什么等到现在？她叫来息嫦，让她入宫去打听一下情形。

过了许久，少鸠忽然一阵风似的掠进了屋子，拿起她的笔唰唰写了行字放到她眼前："听说你要嫁人了？"

易姜懒得开口，写字回复："我不认为女子过了十五就得嫁人，婚姻也不该是达成某种目的的手段。"

少鸠挑了挑眉，似有些诧异，写字道："这倒是与我墨家平等一说相合，我很欣赏你。"

原本她是想来问清楚情况的，倘若桓泽都要嫁作人妇了，那自己就没必要跟着她了。不过此刻得到的答案让她满意，甚至有些出乎意料。

易姜难得被她欣赏一下，正觉得好笑，息嫦脚步匆匆地回来了。

带回来的消息不容乐观，赵重骄不肯娶她，惹了赵太后不满，现在赵太后放了话，叫赵重骄非娶不可。

易姜有点失望，赵太后说是让她考虑，但如果连亲儿子都能逼迫，那她考虑出的结果又有什么意义呢？

聃亏从门外进来，易姜一见他便问："有信？"

聃亏摇了摇头。

从邯郸到邢地也不算太远，送信过去顶多两三天就可以往返，但这么多天了，公西吾对此事竟然一点反应也无。

易姜不禁自嘲，看来是自己想多了，也许之前的行为根本只是他的无心之举。

聃亏已跪坐下来，写了字递给她。

易姜接过来扫了一眼，霍然起身，示意他跟自己出门。

剩下少鸠和息嫦莫名其妙。

赵国上卿府易姜还是头一回造访，刚进门不远就碰到了童子。见着易姜来了，他连忙上前见礼。

聃亏道："公西先生何在？"

童子抬手做请，率先朝前带路。

易姜跟着他一路前行，脚步太急，踏上回廊时险些摔倒，连忙扶住柱子才不至于失态。

童子领她们去的是公西吾的房间，门窗大开，春光尽入，房中除了案席书籍，只有一张床榻，单调得很。公西吾此刻正靠在榻上，散发披衣，闭目养神。

童子先过去提醒他有客到访，又细致地搬来小桌，放上笔墨和简牍。

易姜走过去，上下打量了他一遍，问道："听说师兄受伤了，伤在何处？"

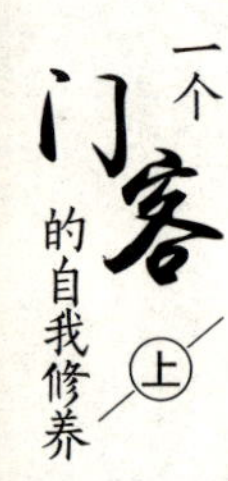

公西吾摇了摇头，意思是自己没事。

易姜在榻边坐下，缓缓道："我以为你是故意不回我信，原来是受了伤。"

公西吾提笔道："其实我今日才看到你的信，如今事情如何了？"

听到他亲口证实，易姜心底阴霾一扫而空，摇头道："不太好。"

公西吾垂首写字，长发遮了侧脸，只露出长长的眼睫，他将木牍递过来，神色如常。

易姜看了一眼，上面只有两个字："别嫁。"

公西吾此次出行时便感到些许不对，照理说体察民情这种事不该他一个外国官员去做，赵太后会叫他去，大概是想支开他。

一切如常，视察完回都复命。邢地一个官员给他指路，提议他走近路回邯郸。公西吾认为此举异常，没有采纳，依旧走了官道，不想官道上竟也遇到了劫匪。

当然不是什么劫匪，寻常劫匪哪敢在官道上逞凶。公西吾为留活口，手腕受了些皮外伤，后来因为对方死活不肯开口说出主谋，一路上审问耽误了不少时间，所以到今日才返回，也到这时才注意到易姜给他送了信。

聃亏只知道上卿府送了消息来说他受伤了，却不知伤得如何，跑去易姜跟前一说，将她吓得不轻，便连忙跑了过来。

公西吾看到信中所说的事情便想通了前因后果。之前公子溟向桓泽提亲时他明言反对过，还搬出了齐国。如今赵太后自然也担心他会再用齐国来压她一次，当然要将他调开才有机会。

易姜手指摩挲着那块木牍，琢磨着这两个字的分量。她本也没打算嫁，当然也没将公西吾当作过理由，但此刻看到这两个字，却还是平白给她增添了一份力量。

她拿起笔，接在那两个字后面问了一句："师兄为何至今没有成家？"

公西吾接过笔去，也不拿新木牍，就接在她后面写道："我从未想过此事。若真要娶妻，能想到的人也唯有师妹了。"

易姜接过木牍，没料到他这么直接，赧然地垂下眼，竟无言以对。一个现代人居然被古人弄得这么害羞，还真是奇怪。

她知道自己不如以前的桓泽厉害，公西吾也说过她已经不是以前的她，他拒绝了那么厉害的桓泽却对她说这种话，实在是她没有想到的。

赵太后的病越发地重了，息嫦说她这次连着两天才吃了一回稀粥，自然也无暇理会婚事。

易姜虽挂念她，但也不敢去见，怕她旧事重提。她埋头政事，叫裴渊起草了文书，送呈赵王丹和平原君过目，请二国共入邯郸参加结盟大典。

赶得不巧，齐王刚好过世，太子建忙着即位，君王后也不便出行，便派来了相国田单。魏王于是叫信陵君魏无忌代为走一趟，赵国做代表的自然就是平原君赵胜了。

槐花正香，这时节出行最好，不冷不热，沿途风景也好。邯郸城郊的鹿台行宫里准备齐全，只待齐魏二国的人到了便可举行结盟大典。

接下来的事不用易姜再操心了，她的心情忽然变得格外好，每天射箭骑马锻炼身体，偶尔侍弄一下花草，甚至还会跟那只肥鹰培养一下感情。

聃亏看着她气色一天天好起来，人也爱笑了许多，心中直呼古怪，恨不得搂着那只肥鹰问一问她到底跟它说了些什么。

五月中旬，齐魏两国代表先后到了邯郸。

按照惯例，东道主赵国要设宴招待，赵胜也叫上了易姜参加，但她以耳疾为借口推掉了。

晚上吃过饭，易姜正在看书，聃亏来报说魏国信陵君来了。

易姜放下手中竹简，直觉不可思议，这小子还有脸来见她？

魏无忌今日特地一身素淡，布绳束发，以示自降身份，这是要登门谢罪的架势，就连见到聃亏他都郑重地见了个礼。

聃亏哪敢受名扬天下的信陵君一拜，连忙回礼。魏无忌便再拜，身子比他低一个头，聃亏赶紧再回礼，身子也比他低一个头，魏无忌再拜……

聃亏受不了了："信陵君还要不要见亚卿了？"

"啊对，见见见，当然见！"魏无忌请他带路。

进了书房，却见案席前设了帘帐，一个白衣儒生坐在帘子前方。魏无忌觉得这阵仗有些不对，仔细看了看，才发现易姜坐在帘后，旁边还坐着个黑衣少女。

"信陵君请坐。"白衣儒生向他见礼。

魏无忌入席就座："这是……"

"在下裴渊，桓泽先生座下门客，奉命侍候在此。"

魏无忌指了一下黑衣少女："那她呢？也是桓泽先生的门客？"

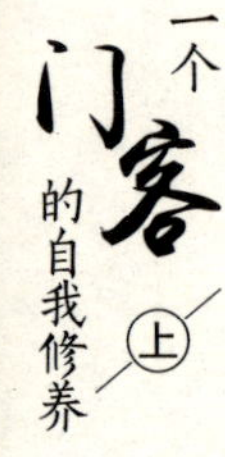

裴渊点头：“桓泽先生有命，与信陵君一切交谈内容，都由我们代为转达。”

“这……”魏无忌苦笑，“我是来道歉的，还叫我当着这么多人的面道歉，可真是叫我无颜了。”

少鸠自帘后回道：“先生说了，道歉还嫌丢人，那就不够有诚意了。”

魏无忌正色：“谁说的，我浑身上下都是诚意！桓泽，你我好歹在狱中……”

少鸠打断他的话：“先生之前交代了，狱中的事就不要提了。”

魏无忌郁闷地往案边一靠，一手托腮：“上次设计你是我不对，我这不是来道歉了嘛。你说要我怎样，我都依你，行不行？”

这话说得委实柔情款款，少鸠都忍不住打了个寒战，将这话写下来递给易姜过目，她只觉得好笑。这小子肯定是情场高手，这么会哄女人。

她将意思交代给少鸠，少鸠便朝裴渊使了个眼色。

裴渊清清嗓子：“桓泽先生说了，既然如此，要和好也不是没可能，只要信陵君说到做到。”

魏无忌一看他们这模样就知道是早就计划好了，撇撇嘴道：“那是自然，有什么条件你尽管开口。”

裴渊竖起一根手指：“一万金。”

“这么多钱？”魏无忌咋舌，怎么也没想到桓泽要的是钱，鬼谷子高足这么爱财？

裴渊道：“桓泽先生说魏国一行使她心理承受了巨大的……呃，压力！精神上饱受摧残，而这对整个人生都会有很大影响，所以需要赔偿，这叫作……精神损失费。”

魏无忌扶额：“不愧是圣人高徒，巧立名目，叫无忌刮目相看。”

少鸠高高兴兴地道：“只要信陵君答应，桓泽先生与信陵君便又是好友啦。”

魏无忌觉得这样的友情好危险。

帘后微动，魏无忌猜想易姜大概是要走，连忙抬头唤她：“桓泽等等，我答应就是了！”

易姜脚步停了一下，隔着帘帐看了他一眼，神情似乎有些诧异，但还是转头走了。

魏无忌懊恼，说走就走，太小气了，好歹花了一万金呢！

三国结盟大典三日后正式举行。

鹿台行宫里设坛祭天，赵国官员齐齐出席。礼乐庄重，香火鼎盛。赵胜领头祝祷，田单与魏无忌奉献牺牲，三人歃血为盟，交换盟书。

易姜不太懂这些流程，也不怎么关注。她的身旁站着公西吾，那点皮外伤已经好了，手腕上缠的布条却还没拆掉，盖在朝服衣袖里，只露出一小截来。

她伸手扯了一下，手忽然被公西吾捉住，转头看了过来。易姜赶紧眨眼表达歉意，他这才松开了手。

大典结束，众人潮水般退去。公西吾趁机递了个眼神给易姜，指了指田单，大概是要去与他叙叙旧。

易姜点头，准备去找聃亏回府。

聃亏也是第一次来鹿台行宫，建在郊外的行宫都别有趣味，他左右一逛就没了时间观念。

易姜找不到他，只能在行宫里乱转。忽见远处有两个官员一路走一路张望着进了一处偏殿，心思一转，也不找人了，跟在他们后面进了殿门。

这偏殿的确不同，里面立柱颇多，又圆又粗，所以叫作多柱殿。里面有祭祀用的鼎器，不常有人来，已微有积灰。

这里随便哪个角落都是藏人的好地方，那两个官员正躲在鼎器后方絮絮叨叨地说着话，忽然听见脚步声，连忙止住声音。其中一个探头出去看了一眼，拍了拍胸口："我以为是谁呢，原来是我国亚卿。你放心，她聋了，听不见我们说话。"

另一个也悄悄张望了一眼，发现那女子果然没有循声看来，只是无意识地张望着，这才放了心："事情我都说清楚了，此事若成，少不了你的好处。"

"可在我赵国土地上对你魏国公子下手，到时候魏国肯定会兴师问罪的，叫我如何向我王和太后交代啊？"

"嗬，我敢请你帮忙，又岂会害你？你且放心，只要你助我一臂之力，魏国绝对不会兴师问罪，因为要害信陵君的人本来就是……"他附在对方耳边说完了后面的话。

易姜好不容易找到聃亏，回到府里时天已经黑了。

更衣净手，正准备用晚饭，公西吾进了门来。他身上还穿着朝服，看来是从鹿台行宫直接过来的。

"师妹好像有事瞒着我。"他在易姜对面坐下，嘴角微带笑意。

聃亏赶紧要去找木牍写下来转达给易姜，被他竖手拦住，"魏无忌刚刚斩了那个跟他来赵国的魏官，说是你告诉他有人要害他，还说是你亲耳听到的？”

易姜含笑点头：“是，我能听见了。”

其实耳朵恢复，易姜是有感觉的。那日她脚步匆匆地去看公西吾，在他廊下险些摔一跤，回来后便觉得耳中有些异样。

之后心情渐好，大概对康复也有帮助。直到那晚魏无忌忽然叫她，她隐约听到一声“桓泽”，还以为是自己听错了，后来发现并没有听错，耳中声音也渐渐清楚起来。

结盟大典时，她本想给公西吾一个惊喜，故意去扯他裹伤口的布条，但公西吾以为她是在开玩笑，她干脆就没跟他坦白。

“我还想找个好机会再告诉你，没想到被你先发觉了。”易姜稍有不满，这么久听不见，好了就想恶作剧一下。

公西吾抿唇带笑：“这是好事，该庆贺一番。”说着叫聃亏去备些酒水来，也不客气，要留下来用饭。

聃亏正在旁边激动地抹眼泪，一阵风似的冲出了门，不是去替公西吾准备酒水的，而是抱着肥鹰哭去了。

可算是好了，这下可以向鬼谷先生交代了！

第二日一早，魏无忌亲自登门道谢。

易姜刚吃完早饭，就见侍从们抬着几只大箱子进了厅中。魏无忌自后而入，今日没自降身份，衣饰华丽，又是那个风姿翩翩的信陵君了。

他眉开眼笑：“好友，我来送钱了，一万金，不多不少。”

易姜一听这话就高兴了，要发展势力可是需要很多钱的，魏无忌是魏国公子，不讹他讹谁？

“好友，你太客气了，送钱叫侍从来就可以了，何必亲自来。”

“这怎么行，我得亲自上门感谢你救命之恩啊。”像是怕她会再提金钱，魏无忌连忙补充，“心中感恩，心中感恩。”

易姜挑眉。

魏无忌一手托住她胳膊，一手竖起三指对天：“你放心，这次你救我一命，我自当奉为天大的恩情。今日我便在此立誓，他日若你有需要我相助之事，不论何时，我都一定赴汤蹈火，在所不辞。”

易姜见他一脸严肃，不像开玩笑的样子，便坦然接受了。将来指不定就有用得着的时候呢。

“究竟是谁要对你下毒手，你查出来了吗？”魏无忌也是奇特，经历了生死攸关的大事还能笑得这般阳光灿烂，叫她不禁刮目相看。

“此事说来话长。”魏无忌脸上的笑敛了几分。

易姜其实多少猜到了一些。以他魏国公子的身份，能动他的除了魏王本人也没有其他人了。那魏国官员自称就算杀了他也绝对不会有人来兴师问罪，也恰好印证了这一点。

她遣退婢女，请他入座，亲手奉上茶汤：“算你运气好。我前些时候被害得失了聪，这次康复得正是时候，大概是你命不该绝。”

魏无忌抿了口茶，唉声叹气：“我这可不是第一次被害了。处在这样的位置，没有最高的权力，却有了过盛的名号，总是为人所不喜的。”

易姜心道也是，他年纪比齐国的孟尝君，赵国的平原君，楚国的春申君都要小上许多，名声却丝毫不逊于这些人。魏国追随他的人必然也有很多，这对君王而言是个威胁。

魏无忌不知想到了什么，又开始嬉皮笑脸：“说来也是巧。大概我与鬼谷一派有缘吧，之前有几次险些被罢黜，多亏了公西先生相助才平安度过。这次险些被害，又是为你所救，看来我得为鬼谷先生立祠供奉才是。”

易姜记起之前在魏国时，公西吾的确透露过曾有恩于他三次，看来这小子还真是命途多舛。

“唉，好友，你我真是同病相怜。”

魏无忌苦笑摇头，难得正经起来：“同病相怜的何止你我！这样的乱世，君不信臣，臣不忠君，诸国征伐，尔虞我诈，真不知何年何月才是个尽头。”

“总会有尽头的。”易姜透过窗户看了看高远的碧空，“也许多年以后，这里没有了国与国的分别，也没有了王侯将相，人们可以平等地生活，也不再有肆意地杀戮。”

魏无忌顺着她的视线看了一眼：“好、好友，你当时伤的只是耳朵吧，没其他地方？”

易姜白他一眼：“闲话少叙，既然你登门道谢，我眼下就有件事要请你相助。”

“你尽管开口！无忌的命都是你救的，一切好说。”

其实易姜觉得以他的手段，也不会轻易被害，但他这般有诚意，倒是将她之

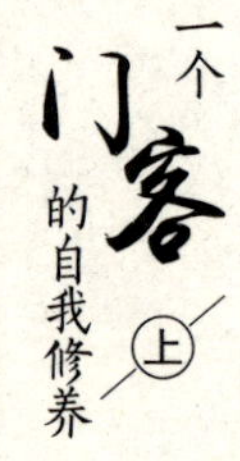

前在魏国那点不快完全消除了。

正午时分阳光刺眼，枝头蝉鸣阵阵，公西吾正在案后处理事务，童子双手捧着一份帛书进了书房。

“上卿，犯人已经审问完了。”

公西吾抬头：“招了？”

“是。”

从邢地开始便审问那几个“劫匪”，竟然到此时才招认，也真是够嘴硬。他接过帛书，展开仔细看完口供，命童子将之烧了。

又是秦相范雎，看来此人是盯上自己了。

若真被他得手，凶手可以嫁祸给赵国，便能引起齐赵结盟破裂，进而彻底瓦解齐赵魏三国之盟。这么说来，此次齐赵魏三国会盟大有益处，刚好重重地回击了一招。

他自案上抽出一卷竹简仔细看了看，果然，提出三国会盟的人是桓泽。

“上卿在笑什么？”童子见他嘴边挂着笑，忍不住好奇。

“没什么，只是觉得，我这个师妹越来越聪明了。”

易姜此刻正在赵太后的寝宫里，熏香很浓，盖过了刺鼻的药味。她已多日未来，赵太后比起之前所见更加消瘦了。

“太后。”她蹲在榻边，在赵太后耳边低语，“我耳朵能听见了。”

赵太后微微睁开双眼，似有些诧异：“此话当真？”

榻边准备侍候的内侍笔已举起，见易姜点了点头，的确是交流无碍，便撤了小案退出去了。

赵太后竟撑着她的手坐了起来：“这是什么时候的事？”

易姜道：“就在这两日。”

赵太后并没有太多喜色，反而有些怅惘，易姜一看便知她想到了婚事，安抚她道：“如今我耳疾痊愈，太后不必再为我担心，也不必再惦记我的归宿。长安君无心成婚，太后又何必强迫他？要迎他回国多的是办法，我向您保证，一定将他迎回邯郸。”

赵太后闭了闭眼：“你就如此不愿嫁与重骄吗？”

易姜抿唇：“太后放心，不管以后我嫁给谁，我都清楚是谁栽培了我，我对赵国一定会忠心到底。”

赵太后睁眼盯牢她：“记住你今日所言。”

易姜敛衣下拜：“桓泽绝不违背今日誓言。”

赵太后似是终于相信了她的话，缓缓躺下去，摆了摆手：“那我便等着重骄了……”

实际上要赵重骄回来，需要下极大的血本，但总好过用一生的婚姻去换。

易姜出宫回府，吩咐下人备下重金交去给魏无忌，稍后魏无忌则会将这笔钱送去齐国给齐国重臣后胜。这个计划是魏无忌说要报恩时她才想到的。

后胜是君王后的弟弟，齐王建的舅舅，这当中还有个典故。

当初齐国与燕国爆发大战，被燕军灭了七十余城，仅剩下即墨、莒城两座城池。刚过世不久的老齐王彼时还是齐国太子，名唤田法章，乔装改扮躲避在莒城太史家中做仆役。太史之女觉得此人相貌气质绝非凡人，暗中接济他，一来二去竟生出情意，珠胎暗结。

不久田单以火牛阵攻破燕军，光复齐国，迎回田法章即位。田法章第一时间便跑去接了太史之女回都完婚。因为此女姓后，称呼不便，便称作君王后。

莒城太史十分气恼，认为女儿与人私通丢了自己颜面，与她断绝了来往。君王后自觉愧疚，对此事始终难以释怀，一直希望与家人恢复关系，但都没能实现，唯有弟弟后胜冒着与父亲断绝关系的风险入都相认。

恰逢齐国亟待振兴之时，君王后觉得弟弟肯来相助十分难得，因此多加关照，将他当作是弥补家人的代表。齐王建向来温软，最听母亲的话，自然也器重这个舅舅。

如今要迎回赵重骄，从此人入手最为有效。

魏无忌手下遍布天下，要办事很容易。按照易姜的计划，赠送后胜的厚礼中附带了一封他的亲笔书信。

信中表示：如今齐赵魏三国结盟，该互派质子，但齐国是大国，又刚与魏国联姻，魏国不敢请齐国派出质子，只能让赵国王子入魏为质。赵国唯有长安君是赵太后的心头肉，所以还请齐国把长安君移交给魏国做质子。

后胜并不像传说中说的那般为国为民，其实他极其贪财好色，爱慕权势。名震列国的信陵君亲自写信给他求情，他深感脸上有光，加上送来的财宝丰厚，又有巧舌如簧的门客从中周旋，不出两日他就被说动了。

不过魏无忌为此还特地从魏国选了二十名美人补送给了他，也是心塞。

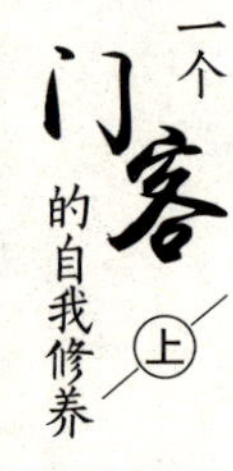

齐王建生性温和，是真心将赵重骄当作表弟看待的。最近他先经历成婚大喜，又经历丧父之痛，最是看重亲情的时候，竟不愿意将表弟送去魏国做人质。

“留在齐国，本王还可以好生照顾他。”说这话时他眼眶都红了。

后胜急得以头抢地：“王上啊！结盟重要啊！人各有命，您就送他去吧。”

君王后心疼弟弟的脑袋，也劝齐王建：“罢了，既然是为结盟好，那就送他去魏国吧。”

齐王建无法反抗，暗暗抹了把泪：表弟，对不住了。

赵重骄是半夜被叫起来的，齐军在院子里站了几排，说要送他去魏国做人质。

他心里自然火大，但不知怎么还记着当初易姜的话，他在这里代表的是赵国，一言一行都不能被人小看了去。于是转身回房，亲手穿上厚重的礼服。

出发前他对着北方遥遥拜了拜。得知赵太后重病他也很担心，但看来是无法尽孝跟前了，去魏国既然是为赵国好，那就算是以忠为孝吧。

马车在夜色里疾驰，颠簸得厉害。他睡意全无，忍不住又开始责怪桓泽。

早知她如此无能，当初为何要将她留在身边！什么破匣子，早就该退货才是！

一路气闷，加上沿途劳累，到了齐魏边境，他人都瘦了一圈。

比起趾高气扬的齐军，魏军要亲和得多，不仅沿途放缓车速，还好吃好喝地供应，甚至还送来两名绝色美人陪伴他。

赵重骄的车中满是脂粉香气，他回不过神来——这是作质子的待遇？

他自小生长于深宫，没有多少机会出远门，对于路线当然也不认识。所以并不知道魏军并没有将他带去国都大梁，而是转了条道，将他送去了邯郸。

入城时已过去半月。城头守军高声问话，传来熟悉的乡音，赵重骄霍然惊醒，探身出去，方知已身在赵国。

他茫然地下了车，径自朝前走去。城门大开，车马缓缓驶来，的确是他赵国的官员。他以为自己在做梦，一个个仔细看过去，忽然看见车内探身而出的人，白衣胜雪，玉簪束发，明明做男装打扮，却已是明显的少女身姿。

赵重骄觉得不可思议，再三确认，那的确是桓泽。一年多没见，她长高了些，身材也匀称了些，不再像以前那样瘦弱，那双眼睛也已稍稍长开，眸光清亮，肤白唇朱。不只是外貌，就连浑身的气质都变了，沉静得叫人陌生。

“恭迎长安君归国。”易姜抬手见礼。

赵重骄蓦然回神，抿唇移开视线：“哼！”

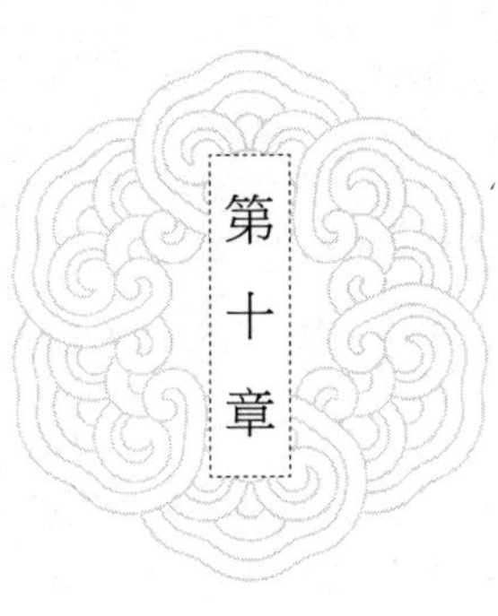

第十章

情中生疑

赵太后已经卧榻很久，忽然得知赵重骄回到了邯郸，竟从床上坐了起来，特地命人给自己描眉添妆，在宫中等候。

赵重骄顾不得规矩，进了宫门一路狂奔到她殿门前。一进门，母子俩谁也没说话，各自眼中都有了泪光。

“吾儿。”赵太后唤他至跟前，仔细看着他的脸，哽咽道，“你长大了。”

其实赵重骄变化并不大，不过身子结实了许多。这一年来在质子府里太无聊，虽然吃喝玩乐一样没落下，武艺却也没荒废，每日都要练上几回，还是有效果的。

赵太后泪光盈盈：“桓泽没有骗我，果然将你迎回来了。”

赵重骄乖巧地伏在她膝头，闻言一怔：“这是她的计策？”

赵太后点头，仿佛知他心中所想，叹息道：“她这一年也不容易。你错过了个好姑娘啊。”

赵重骄想起城门口见她的模样，“哼”了一声：“绝色美人我见得多了，错过一个她有什么好可惜的。”

赵太后失笑。当他少年心性，不予计较。如今母子团圆，她真是什么都不想计较了。

易姜迎接赵重骄时碰了一鼻子灰，回府路上还在哀叹那失去的血本。

差点赔个人给他，没赔成又赔了这么多钱给他，结果就换来一句“哼”？

马车忽然停了下来，聃亏在外面叫她。易姜探身出去，已经到了府邸门口，公西吾立在门边，似在等她。

“师兄怎么不进去？”她跳下车，衣摆险些被绊住，有些尴尬。

公西吾上前扶了她一把：“听闻你将长安君迎回来了，怎么没让我帮忙。”

他这不是问句而是陈述，易姜笑了一下，心绪复杂。她是觉得牵扯到自己的私事才故意没告诉他，他却依然对自己的事情了如指掌，这感觉说不上太好。

“这是我自己的事，我自己可以做好，师兄不用担心。”

公西吾怔了怔：“也是，我大概是习惯了。”

“习惯？”易姜不解。

“没什么。”公西吾请她进门，一边说道，“我今日来是想请你与我去一趟蔚山。此行与国事无关，是鬼谷内部的事，所以你必须和我一起去。”

易姜还是第一次听说鬼谷派内部有事。这个学派的学生那么少，全天下加起来才几个同门，能有什么大事啊？

公西吾看她脸色便猜出她心中所想，自怀中取出一份帛书递给她。

易姜接过细细阅览。上面写了见面的地点、时间，落款鬼谷，附带紫草标记。

“这是哪个同门？”

公西吾道：“你准备一下，我们即刻出发，路上再与你详说。”

“这么急？”易姜在脑中筹划了一下，看地点蔚山在鲜虞城中，离她的封地仇由不远，倒不用担心安全的事，只是不知此行有何目的，心中始终不太踏实。

长安君府里又有了人气，只是冷清了许多。

赵重骄倚在厅中，想着这里曾经进进出出的身影如今已自立门户，真是气不打一处来。

原本听了赵太后所言，他已决定暂且原谅桓泽，只要她再低头上门认个错，把他撂在临淄足足一年的仇就算是揭过了。可是等了足足三天也没等到那白眼狼上门道歉！

两个美人儿娇滴滴地偎在他怀里，齐齐撒娇：“长安君为何不高兴嘛。”

赵重骄脸色铁青：“我可高兴了。”

正说着，仆从进来禀报，说已去暗中看过了，桓泽先生没来是因为随公西先生去鲜虞城了。

赵重骄本就看公西吾一百个不顺眼，见桓泽与他走得这么近，恼恨地攥紧手，决定还是不原谅她了。

“哎呀长安君，你弄疼人家啦……”一个美人儿对着被他攥紧的手腕猛呼气，眼泪都要下来了。

鬼谷一派弟子稀少，但个个都是满腹谋略的人物。有本事的人眼界自然高，同门之间互相看不顺眼的多的是。

此代鬼谷先生本名犀让，有个师弟，年轻时也曾与师弟一样游学列国，施展抱负。但人到中年时，不知怎么忽然抛下了所有，返回山中专心教学去了，只留了个师弟还在山下世界大展拳脚。

公西吾告诉易姜，此行要见的就是老师的这个师弟。

鲜虞城距离邯郸大概有四五天的行程，不过公西吾与易姜二人骑马快行，节省了些时间。

护送的队伍都在暗处，二人装作普通士子，一路进了鲜虞城，很是顺利。

赶了一路，身心俱疲，易姜原以为会在城中休息一晚再前往蔚山，哪知公西吾并无停顿，带着她直奔城东山脚，等到达时已是午后。

易姜翻身下马，累得说不出话来。公西吾这才注意到她的状态，一手揽住她，将她搀上山去。

“师兄，要这么赶吗？”易姜说话时注意到山道旁似有人埋伏，不禁拽紧了公西吾的衣袖。

“我们已经来迟了……无妨，这些人只是护卫，今日只谈学术，不会有危险。”

山腰上有间荒置的竹屋，门前洒扫一净，像是早有人安排过。公西吾扶她进去休息，让她吃些东西，自己出去转了一圈，片刻后返回，带她继续向上攀登。

天气渐渐炎热，正是茅草繁盛的时候，公西吾在前开道，白衣上沾了青草泥土却浑然不觉。易姜在他身后跟着，忽然觉得他对此行极为重视。

到山顶时日头已微微西斜，茂密的树林间设了一盘棋，一个中年男子坐在棋盘旁，高冠华服，双眼细长，白面短须。

“二位可算到了。”他抬了一下手，示意二人就座。

公西吾朝他施了一礼，坐在他对面。易姜在侧面坐下，扫了一眼那黑白分明的围棋，心道不会是来让他们下棋的吧。

中年男子捏了一枚黑子，看向公西吾：“我先行，你续犀让的白子。”

公西吾抬手：“请。”

黑子落下，他口中道：“陈兵渭水，剑指安邑，阁下如何救魏？”

棋局上黑子仿佛被赋予了生命，如肃杀的铁骑，静默无声，严阵以待。

公西吾执起一枚白子，眼观棋局，缓缓落下：“兵横赵韩，洛阳断后，三路夹击，主守韩国。”

白子顷刻连接一气，如三路大军，合围而去，西南方却还要来得密集些，士气如虹。

“嗬，好棋，竟然看得出我意在韩国。”中年男子口中赞叹，眼中却不以为然，又执起一子落下，“兵退楼烦，绕道屠何，阁下又如何救赵？”

黑子如大军退守，环伺左右。

“燕赵心不齐，临燕攻赵，这才是好棋。”公西吾落子，不慌不忙，“围于代郡。”

白子忽然化守为攻，只一子将优势尽显。

易姜到此时才明白他们不是在下棋，而是在以棋做兵，征伐天下。从来不知道毫无兵戈的对阵也能叫人如此紧张，甚至连她这个不懂棋的人也忍不住屏息凝神地思索对策。

他们二人你来我往地对峙，原本落子很快，到后来越来越慢，斟酌的时间也越来越长。易姜看了许久，脖子都有些僵硬了，感觉他们已经陷入胶着。

夕阳渐渐隐下山头，中年男子许久放下一子：“陈兵河西，背倚西平，阁下又该如何？”

公西吾没了声息，手指微微摩挲着白子，眉头轻轻蹙起。

这盘棋是以前老师犀让与师弟对弈后的残局，后来犀让退隐，无疾而终，如今这位师叔忽然提出要和他们比试，公西吾自然明白来者不善。

“西平……”他幽幽看了对面一眼，“手段未免狠了些，却最为有效。”

中年男人嘴角泛着冷冷的笑意，目光忽然扫到易姜身上：“这便是我师兄收养的那个女婴？不知是不是也如你一般继承了他的谋略呢？”

公西吾眼珠微转：“你不妨试试。”

易姜皱眉，耳中听见那中年男人已经开了口：“若我攻破赵国防围，兵围邯郸，你要如何化解啊？”

易姜听他口气就知道他看不起自己，称呼公西吾时尚且是“阁下”，到了自己就只是一个干巴巴的“你”了。

她仔细思索，如果赵国防围被破，那么必然已经是全国主力受创的情况下，要救邯郸难上加难，唯有拖延时间，等待救兵。

“我会大开城门，在楼台恭候大驾。”

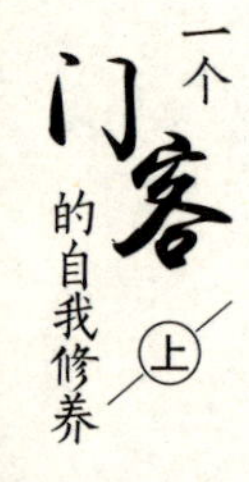

中年男子一怔：“什么？”

易姜笑了：“你是入城呢，还是不入呢？”

对方皱眉不语。

“所谓知己知彼才能百战不殆。你对我一无所知，我却可以通过我师兄了解你，你敢贸然入城吗？”

“哈哈，这可是兵家之道。”对方抚须而笑。

易姜耸肩：“那又怎样，只要有用，管他什么学派，都可以拿来用。”

公西吾点头：“诸子百家，各有所长，取众家之长方能成经天纬地之学，是为鬼谷。”

中年男子上下打量着易姜：“说得不错。我对你的确不够了解，至少我三年前见你时你可没这么聪明，想必你对我有所遮掩。”

易姜一愣。

“今日便到此为止吧。”他随手抛下手中黑子，站起身来，“胜负于我本也不重要，我只是想见一见你们。我很佩服师兄，我一直想教导出一个合格的学生都未能如愿，他却有两个。可惜你们不在秦国。”

公西吾道：“我们不在秦国，你该觉得庆幸才是。”

“哈哈，说的也是。”他又扫了二人一眼，拂袖下山。

待眼中彻底看不见他身影，易姜转头问公西吾：“他到底是谁？”

公西吾正在安静地收拾棋子：“范雎，你忘了我跟你说过他是老师的师弟吗？”

“秦国相国范雎？”易姜此时方觉心惊肉跳，“那他为什么说……算了……”

她原本想问为何他会说以前的桓泽不够聪明，这根本不对吧？但又怕问多了自己也不好圆话，还是作罢。

公西吾手下顿了顿，抬头看了她一眼，又很快敛眸。

正如公西吾所言，此行只关乎学术，与国事无关，来得匆忙，结束得也迅速。

范雎仿佛腾云驾雾一般，易姜他们不过晚了他一步下山，竟然连他的影子都没看到，仿佛他从未踏入过赵国。

回去的路上，公西吾告诉易姜，今日只不过是小试牛刀，所谈都很片面，其实鬼谷学术精髓远不止于此。鬼谷弟子不仅要精通谋略、布局、用人之术，天下大势更应尽在掌握，而非只是谈一谈破兵之法。

这次与其说是比试，倒更像是一次会面。

天已经成了一片灰黑色，两匹马一前一后踏在茅草丛生的小道上，仿佛之前没有经历过任何事情，二人只是出来游山玩水罢了。

易姜情绪不佳，沿途奔波劳累是一方面，被范雎的话影响是另一方面。公西吾说过没人规定鬼谷派必须内斗，但是范雎和犀让这局棋又算怎么回事？一局棋延续到下一代都要继续约战，难道还不足以称之为内斗？

她看了一眼前方的公西吾，他的背影在灰蒙蒙的天色下像是一道剪影，清瘦安静。

“师兄，将来你会不会也跟我这样对弈？”

公西吾侧了侧头，看不清神情：“将来的事谁也说不清楚。”

“你说过鬼谷派并不是非要互斗。”

“我也说过因缘际会会造就不同的局面。”

“所以你会跟我斗吗？”

“你很在意？”他转头盯着易姜，语气成了肯定，“你很在意。”

易姜忽然有点烦躁，从范雎透露出她曾经不够聪明时就有这种感觉。她觉得公西吾对自己隐瞒了什么，而隐瞒的这部分恰好就是她这么久以来因为疲于应付各种危机而忽视的事实。

她咬了一下唇：“我不想跟你斗，或者说不想跟你走到争斗的那一步。”

公西吾的声音依然淡淡的：“为什么？”

“我觉得两个人的争斗总是带着些许恨意在里面的，而我不想恨你。”

公西吾忽然勒住马，看着易姜的马缓行到跟前。天已黑透，他的声音随着晚风轻轻飘过来：“师妹，你喜欢我。”

易姜一愣。

“你喜欢我。”

……

“喜欢只是一种情绪，不必遮掩。”

易姜觉得他简直理智得不像凡人。

她也不清楚自己对他具体是什么时候产生了这种情愫。大概是在他因救她而暴露自己的弱点时，也有可能是在见第一面的时候。她对他的外表没有抵抗力，

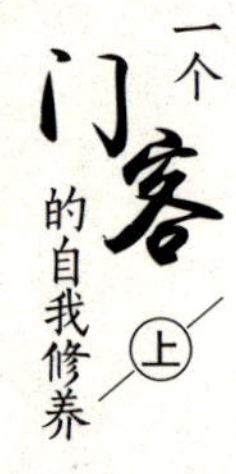

但对他的人一直是怀着既敬且畏的态度，直到后来被他的所作所为一点点打动，在这个世界的不安和彷徨渐渐消逝，好像因为他而得到了久违的安全感。

这样的安全感在他叫自己别嫁给赵重骄时到了顶点，可又因为今日这一趟行走而飘摇不定。

易姜摸了一下滚烫的脸，大概是这样的天色给了她勇气，她双手捏紧缰绳反问了句："那你呢，你喜欢我吗？"

"自然喜欢。"没有丝毫拖泥带水。

易姜咽了咽口水："你以前拒绝过我。"

"我说过你不是以前的你了。比起以前的你，我更喜欢现在的你。"

易姜仿佛听到了自己的心跳声，有两情相悦拨云见日的喜悦，有不安慌乱迫不及待的疑问。她有很多问题想问他，话到嘴边又咽了回去，只能怔愣着，大脑被这句话震得轰轰地响，那声音越来越真切，仿佛已经到了耳边……

不对，的确有什么声音。她迅速转头，远处传来马嘶人叫，尖厉的哭号。一排火光起伏着朝这边掠来，呼喝阵阵，踩过良田，踏过安宁的村庄。

"那是什么？"

刚问出口，身下的马忽然一声狂嘶，抬起前蹄，险些将她摔下去。

公西吾伸手过来握住她手臂，重重一扯，手顺势穿过她腰，将她拦腰抱起。身下的马因为忽然增加的负重刨了一下蹄子。易姜下意识叫了一声，回过神时人已经在他的马上，而自己的马已经狂奔出去，隐约可以看见马臀上插着一支箭。

"有敌入侵。"公西吾一手扣紧她，一手挥鞭，马立即疾驰而出。

身后闪出几匹快马，紧随左右，射出箭矢，以抵挡远处汹涌而来的敌军。

"秦国军队？"

公西吾稍稍伏低身子，将她护得严严实实："听他们口音，应当是燕军。"

"但这里并不与燕国接壤，他们是如何混进来的？"

"这你得去问赵国边防了。"

一路不敢停顿，易姜听着身后燕军嚣张狂嘶，百姓哀号惨叫，那一阵阵轰隆的马蹄声像是一把钝斧，艰难却毫不迟疑地劈开了鲜虞城郊，迅猛而坚定地朝城内蔓延而去。大地仿佛都在痛苦地嘶号。

这是她第一次亲身体会到战争的残酷，那些鲜血淋漓的场面就在身后，她不敢回头去看一眼。

天快亮时才出鲜虞地界，公西吾安排的人马和易姜封地的人马都已赶来接应。她终于回头看了一眼，远处的鲜虞城方向有冲天的火光，熊熊大火燃烧发出的吱吱声连这里都能听见。浓烟弥散，空气里全是血腥味和焦煳味。

公西吾劝易姜休息片刻再赶路，她却拒绝了，叫人牵来快马，要立即回都。

邯郸城里早已收到消息。赵太后是赵国的顶梁柱，她病倒后，不只燕国，许多国家都对赵国虎视眈眈，只是碍于齐赵魏三国刚刚结盟，不敢轻举妄动罢了。

而燕王显然不是个怕的人。曾经的燕军那么强大，连齐国都差点为其所灭，他早就想恢复往日荣光，甚至残忍地对自己的王后说要她亲眼看着赵国覆灭。

燕王后想送信给母亲赵太后，却遭到了拦截。赵太后得到消息，既担忧国家，又担忧女儿，蓦地吐了口血出来，惊得宫人们左右奔走，大夫进进出出，忙碌了一天一夜才把她从鬼门关拉回来。

她醒来时，易姜已经入了宫。连续不停地骑马赶路，双腿几乎麻痹，身上的衣裳布料粗糙，早已皱成了一团，发丝凌乱，脸上还沾了飞灰。

赵太后的寝殿里站了不少的人，易姜远远听见里面的争执声，没有进去。内侍告诉她几位将军正在就谁领兵应战争论不休。

不一会儿，公西吾也到了。他倒是特地回去换了朝服，见到易姜立在廊下，走过去自怀里取了一块帕子，让她擦一擦脸。

易姜心不在焉，接过来随便抹了两下。

公西吾看不下去，拿过帕子，托起她的下巴，替她一点一点仔细擦干净，口中道："我怎么觉得师妹有些慌张？"

易姜按住他的手："只是隐隐有些不安，我总觉得这次的战事来得蹊跷，时机也不对。"

"你觉得跟秦国有关？"

"我不确定……"易姜皱紧眉头。她的确想过这一层，毕竟范雎前脚刚走，燕国就杀了进来。

殿内的争执声忽然断了，传出赵太后重重的咳嗽声。待声音平息，内侍快步走过来，请二人入殿。

易姜官位低公西吾一等，落后半步跟在他身后进了殿门。

殿中开了窗，夏风阵阵，药味便淡了许多。赵太后倚靠在榻上，腿上搭着一方薄单。榻前垂帘，帘外站着几个身披铠甲的将军，个个都铁青着脸不作声。

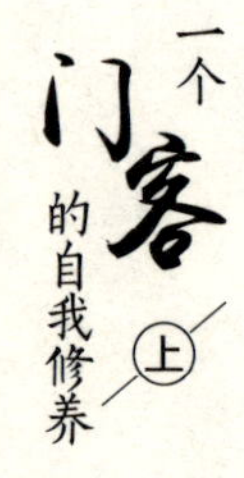

赵太后免了二人见礼，先问公西吾道：“燕军入侵，上卿以为该如何应对？”

公西吾道：“对付燕军最有经验的当属齐相田单，当初他以一人之力创火牛阵大破燕军，光复齐国，太后不妨请他入赵率军抗燕。”

易姜不可思议地看了他一眼，转头看向赵太后，她竟然在点头。

“不错，我也是这么想的。”

旁边一个胡须花白的老将军道：“臣以为不可，臣与廉颇将军都可率军抗燕，太后何须用齐人？”

易姜没见过此人，但有次在赵太后殿外听过这声音，这是大将赵奢，当初多亏了他才成功灭了公子溟。他旁边站着的黑面魁伟的中年人必然就是廉颇了。

赵太后又轻咳一声，看向易姜：“亚卿以为如何？”

易姜垂眼，慢慢道：“臣也不赞成任用田单抗燕。”

“为何？”

“田单虽然攻破了燕军，但那是在齐国。他是齐人，未必对赵国地形熟悉。臣知道以田单的声势，的确可以震慑燕军，但要他入赵率军，只怕也要付出代价。”

公西吾不动声色地扫了她一眼：“由我出面游说，太后可以放心。最多只需三座城池，齐国一定会同意田单入赵。”

易姜不禁蹙眉，对赵太后道：“臣还是认为不可，赵国并不是无人可用，太后大可不必去求齐国。赵国举步维艰，更应保留疆土，岂能再割城池给齐国？”

赵太后竖了一下手，似乎疲倦了，按了按额头道：“此事就这么说定了，你们都出去吧。”

“太后！”赵奢和廉颇脸色一个比一个难看，但赵太后已经躺了下去，二位将军只好出门，临走前眼神不善地扫了一眼公西吾。

易姜只好也退出殿门。

身后跟着公西吾，脚步声越来越近，易姜鼻间已经闻到那股熟悉清淡的熏香。

“当日师妹说不想与我斗时，我便想问你，若有政见不合的一日该如何，不想今日已经到了。”

易姜埋头走路：“我当然会坚持己见。”

“那还是斗。”

“这不一样！”她猛地抬头，积压了一路的焦虑忽然爆发，也不知道是因为蔚山里的会面还是因为燕国的入侵，“这是立场的不同，每个人都有自己坚持的立场，这是一个人处世立身的根本。就像我根本不会责怪你今日的提议一样，你也无权责怪我。”

公西吾眼中有些诧异：“我并没有责怪你，我只是想告诉你，这就是所谓的因缘际会。”

易姜一愣，竟无言反驳。

公西吾拍了拍她的头：“我不知道你因何而忧怨，只是想告诉你，这并不会改变我对你的看法，我反而觉得你本来就该是这模样。”

易姜彻底平静下来了，因为她发现公西吾察言观色细致入微，清楚地知道她情绪的变化。

但他曲解了自己的意思，实际上她并不是在担心自己的反对会影响他对自己的看法，而是每当他说到她现在该有的模样，她就忍不住去想范雎的话，想要知道以前的模样。

为什么不是桓泽，为什么是她？

她恍然记起，自己从未真正了解过桓泽，直到范雎提起。

在此之前她一直认为桓泽是强大的，是可以和公西吾抗衡的，而且为人清冷孤傲。而她当初刚从大牢里出来时也的确是这样模仿的，聃亏也并未表现出怀疑。

“我没有忧怨，只是担心赵国安危罢了。”易姜找了个借口敷衍过去，垂着头慢慢出了宫门。

这次公西吾没再跟上来。

亚卿府里已经收到她回来的消息，息嫦甚至叫婢女准备好了沐浴用的热水。

易姜想着赵太后不顾一切的决定，心烦意躁地一头扎进了浴盆，结果在里面一泡就把浑身的疲倦给勾出来了，最后居然不知不觉在里面睡着了。

下人们看她进门就板着张脸也不敢惊动她，后来易姜还是被冻醒的，睁眼一看天都黑了。

廊下悬着灯，将院子里照得很亮。易姜屋里没有点灯也能看见，她赶紧爬起来擦干身体穿上衣服，正忙着，听见院子里有一阵脚步声越来越近，似乎朝前厅去了。

料想是有客到了，易姜点亮灯，叫来息嫦给自己重新梳了个头，这才出门。

前厅里灯火通明，主案后大大咧咧坐着个人。易姜进去后他不仅没有挪动一下，甚至造型还更夸张了点。

关键是他还穿了件女装……

易姜见礼时觉得自己眼角在抽搐："不知长安君大驾光临，有失远迎。"

赵重骄这一年外表变化不大，但个子高了，声音也愈见浑厚了，穿着女装已经不能用风情来形容，但还不至于叫人反感。他手里端着茶盏，慢慢转着："亚卿忙得很啊，要见一面真难。"

易姜撇嘴："长安君见我所为何事？"

赵重骄将手中茶盏在案上重重一蹾："我来要人的。"

"要谁？"

"裴渊。他当初是从我府里被人掳走的，现在回来了应该还是我的门客，为何会到了你门下？"

易姜觉得他简直是找碴："门客向来都是自由的，愿留则留，不愿则走，没有既定的归属。何况裴渊回到赵国时，长安君还未归国。"

赵重骄翻了个白眼："总之我今日就是要带他走。"

身后有窸窸窣窣的轻响，易姜回头看了一眼，裴渊正扒着门朝里面张望，急得脸都红了，大概是在纠结如何在旧主和新主之间抉择。他身边的少鸠和聃亏却是一脸看好戏的表情，看样子都恨不得捧点小吃零嘴来长时间围观了。

易姜的实际年龄要比赵重骄大好几岁，在她眼里赵重骄就是个中二少年，搁现代也就处在叛逆期向成熟期转变的阶段，所以不能刺激他，要好好地跟他说。

于是她开口道："不行。"

赵重骄脸一沉："凭什么？"

"就凭他在我这里有用。"

"他跟着我没用吗？"

易姜不禁皱眉："长安君知道现在的赵国发生什么事了吗？"

赵重骄一愣："发生什么了？"

"燕国入侵了。"

赵重骄霍然起身。

易姜上前一步，眼神上上下下扫视着他身上的女装："长安君穿着这身衣服来向我挑衅的时候，燕军正在肆虐赵国边城，你自己说，裴渊跟着你有什么作为？跟着我至少还可以报效赵国。"

赵重骄脸上一阵青一阵白，再也站不住，脚步匆匆地出了门。

易姜自然没有送他。

赵重骄没有回长安君府，而是去了王宫。

赵太后刚刚睡下。他站在殿外徘徊了片刻，看到赵王丹脚步匆匆地从廊下走过，身边跟着一群着急的大臣，忽然觉得易姜骂得一点也没错。

他什么都不知道。从齐国回来后，赵太后心疼他，依然放任他做个清闲公子，直到此时他才发现自己跟这里简直格格不入，想帮忙都帮不上。

他懊恼地脱了女装，随手扔在地上，径自在廊下坐了。往常这时候早有内侍过来大惊小怪地请他起身了，但此时整个王宫都在忙着，根本没人管得到他。

不知过了多久，一道人影迎着廊下的灯火叠在了他眼前。赵重骄抬头，原来是平原君赵胜。

"叔叔怎么来了。"

赵胜将他拉起来，仔细给他拍去灰尘："重骄，你来得正是时候，叔叔正想请你帮忙哪。"

赵重骄叹气："我能帮上什么忙？"

"此事你一定能帮得上忙。"赵胜贴在他耳边仔细说了一通。

是易姜叫赵胜来的。赵重骄离开不久，赵胜就去了亚卿府，去向易姜问计。

一旦赵太后按照公西吾的建议任用田单抗燕，那么田单势必要成为赵国的新相国。赵胜九死一生从秦国跑回来，好不容易把这位子坐稳了一点，现在却要拱手让人，怎能不急？

易姜告诉他长安君刚刚离开，依他的性格，被她一激，铁定要去宫中，叫他赶紧跟上。如果赵重骄肯劝说赵太后，那情况可能会有改观。

赵胜当然不能说是为了保住自己的相国之位，和赵重骄说了许久的家国大义，说得他恨不得当即就冲进赵太后的寝宫去。

于是他真去了，顾不得打扰病重的母亲休息。

然而就在赵胜心满意足地等待赵重骄的好消息时，却见公西吾施施然朝这边而来，手中还拿着一卷锦绸包裹的竹简，看来是国书。

想不到他的动作这么快，连国书都拟好了！赵胜心如火煎。

易姜在厅中踱着步，等着平原君的消息。之前赵太后言辞坚决，能不能让她收回成命，可能真的只能依靠赵重骄了。

亚卿府的武卫总管东郭淮自门外快步而来，向她抱了个拳，低声道："平原君刚刚送来消息，诚如主公所言，长安君入宫后太后果然有心思回转之意，但是……"

易姜最怕听到"但是"，皱眉道："直说。"

"但是上卿公西吾紧随其后劝谏，并将诸事都已准备妥当，赵太后决定还是任用田单。"

易姜咬了咬牙，公西吾的动作太快了。为什么赶得这么巧？赵重骄和赵胜前脚刚去，他后脚就跟去了。

她想到了什么，脸色有点难看："从今日起，你要比往常守卫更严密，府中的消息不能透露出去半分。"

东郭淮立即应下，出门布置去了。

易姜抬手按了按太阳穴，感觉之前从蔚山回来路上的焦虑感又冒了出来。

公西吾明明说着喜欢她，却又要牢牢监控着她，这是不是可以解释为一种独占欲，她也不知道。如果是这样，倒是可以解释当初他那个要她终生在齐国为官的要求了，但他也不至于那时候就对她改变心意了吧？

东郭淮没再送来新的消息，看来赵胜是放弃了。

易姜在厅中坐了一夜，将能动用的关系和势力都慢慢顺了一遍，甚至想到了让赵奢或者廉颇先斩后奏去前线率了军再说，当然那二位未必会答应冒险。

在她看来用了田单，也就将齐国势力引入了赵国，这是极为不当的举动，赵太后这么精明的人，不该做这个决定才对。

天亮时分，她灌了一盏凉茶，换上厚重的朝服，顶着半边朝霞去了王宫。

赵太后居然已经起了，或者她根本一夜没睡。易姜进去时她正在小口小口地喝米粥，眼下一片青灰。

"桓泽，我知道你会来。"赵太后叹口气，朝她招了招手。

易姜特别吃她这套，这个动作看起来特别亲切，像是母亲召唤自己的子女一样。她慢慢靠过去，垂头问："太后，您为何执意任用田单？"

赵太后笑了笑："我以为以你和上卿的交情，不会这般明确反对此事的。"

易姜的手指攥了攥衣摆，有些艰难地道："公西吾的背后毕竟是齐国，他所有提议肯定是优先为齐国考虑的。"

赵太后微微叹息："赵国将领连燕军入了腹地都不知晓，如何能放心让他们去抗燕？我深感时日无多，如果在最后的日子里让赵国陷入危局，叫我如何向先王交代？任用田单代价虽大，但此刻我只想要稳妥。"

易姜抬头，赵太后的眼珠有些浑浊，但很镇定，无悲无喜，那是经历了所有的浮华喧嚣之后沉淀下来的一种深沉。这番话说得似乎也没什么情绪上的波动，好像只是一个任务，只要完成，就能在最后递上一份完美的答卷。

她忽然有点难受，赵太后是将她一手扶持起来的人，也是她在这里最为钦佩的一个女子。一个人牵着年少的赵王，周旋于赵氏宗族权贵间，撑着列国环伺中摇摇欲坠的赵国，直到今日，似乎忽然看开了，又好像完全陷入了执念。

像她这样地位的女人，这一生究竟付出了多少，又能得到多少？做得不好被千夫所指，说她妇人误国，做得好却是应该的，荣耀都归于她的丈夫和儿子。

易姜释然了，自己已经尽力，既然她还坚持，那就这样吧。

出了宫门，聃亏上前告诉她，公西吾已经出发去齐国请田单了，临走特地叫人送了信来给她，叫她不要挂念。

易姜点头，提起衣摆登车："让他去吧。就算田单来了，也未必就能便宜了齐国。"

田单果真入了赵国，赵胜快快地让出了相国之位，满腔心酸无人可诉，只能跑去跟大舅子魏无忌诉苦。

魏无忌也苦得很。魏王想害他，他到现在也不敢贸然归国，就在赵国待着，想想也心酸。于是跟赵胜相对哀叹，一个比一个愁闷。

最后相对无言，魏无忌站起身说，出去散个心吧。

于是他打马到了易姜的亚卿府。

易姜的心情比他更糟，田单入赵，占据了赵国的相国之位，而齐国的相国则成了公西吾。除此之外，为了换取田单入赵，赵国还割让了三座城池给齐国，都是很富庶的城镇。

多么好的一步棋，不仅让齐国势力堂而皇之地进入了赵国，还让齐国开拓了疆域，自己也成了齐国最高官员，只因为他在最恰当的时机下提出了这个建议，

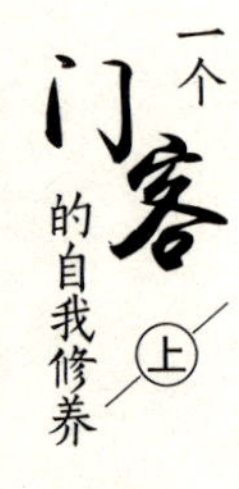

可能都将赵太后的心境摸得一清二楚。

易姜左手支桌托着腮，右手转着笔，忽听门外传来魏无忌的笑声。

“好友，你说怪不怪。”他一边进门一边笑着道，“昨日我马圈中黑马与白马互相斗狠，黑马将马圈撞开，招来了同伴。我想放自己的坐骑进去帮白马，它却不知好歹，非要以一敌多。”

易姜勾唇，依然转着笔：“你想说我就是那匹白马？劝你死心吧，我没打算将魏国势力引入赵国，所以你的帮助我不需要。”

魏无忌脸色一僵，翻了个白眼，坐到她对面来：“你这般固执，迟早要吃亏。”

易姜坐正，舀了一盏茶汤，推向对面：“赵国此时就像一块肥肉，人人都想来咬一口，别人还没来，齐魏自己先动了，那之前的结盟算什么？你是不是看齐国先下了手，按捺不住了？”

魏无忌挑眉，刚想说话，忽然一阵稀稀落落的响声从头顶传来。他抬头看了一眼，奇怪地看向易姜：“什么声音？”

易姜平静得像是什么都没发生一样：“没事，可能是老鼠吧。”

“啊？”魏无忌抽了抽嘴角，哪里有那么大的老鼠？

片刻后，屋顶上的声响没了，东郭淮从门外走了进来，抱拳道：“主公，让对方跑了。”

“跑就跑了吧，只要下次别再来就好了。”

“属下一定严密防范。”

易姜点了点头，他便退了出去。

魏无忌有些错愕，压低声音道：“有人盯着你？”

易姜撇嘴：“一直都有。”

“公西吾？”

“嗯……”

“嗬，没想到！这是故意做给我看的？”

“什么叫故意做给你看的？”易姜莫名其妙。

魏无忌笑了一声：“你们俩郎有情妾有意，他还会这么对你？”

易姜皱眉：“你监视我？”

“非也，我监视的一直都是公西吾，可惜他防范得太严密了，只在最近有了点机会。”魏无忌朝她暧昧地挤挤眼，“他好像对你格外上心。我一直想找出他的弱点，可这么多年他身边一个亲近的人都没有，现在却跟你走得这么近。据说你们师兄妹还去深山幽会呀，不错嘛。”

“不是你想的那样。”

“我只相信我知道的。”魏无忌的手指拨弄着茶盏上的漆纹，神情变得漫不经心，“我和公西吾明面上没见过几次，但暗着打交道也不是一日两日了。以我对他的了解，他不会平白无故对一个女子感兴趣，即使那个人是他的师妹，你真的觉得他值得你托付真心？”

易姜感觉他这句话恰好捏住了自己的七寸，将她一直拒绝去想的问题赤裸裸地挑了出来。“你到底想说什么？”

魏无忌盯着她：“好友，你在装傻吗？赵国如今局面，难道没有你的推波助澜？”

“当然没有！”易姜终于明白过来，“怪不得你一进门就要掺和进赵国来，原来你怀疑我跟公西吾合作？在你眼里我是那种因情误国的人？”

“那我该如何解释这次战事偏偏只有齐国得了好处呢？”魏无忌放下茶盏，“你不妨考虑一下离开公西吾，与我合作，他可能只是在利用你。”

“说到底你还是想让魏国来分一杯羹。”易姜冷笑，“可惜要叫你失望了，从一开始我就是反对赵国任用田单的。”

魏无忌的脸上明显写着不信。

聃亏忽在此时从门外走了进来，脚步有些仓促：“姑娘，新齐地发生了骚乱。”

新齐地就是那三座赵国割让给齐国的城池，这个时候发生骚乱，时机实在奇怪。但易姜并没有特别的表情，只点了点头。

魏无忌狐疑地看着她，等聃亏出了门，忍不住问道：“你好像知道要发生骚乱？”

“当然，就是我派人去撺掇的。”

“为什么？”

“骚乱之中可以神不知鬼不觉地转移很多东西，比如钱，比如壮丁。”

魏无忌恍然大悟：“你要留三座空城给齐国？”

易姜白了他一眼：“这样你还认为我跟公西吾是在合作吗？”

魏无忌愣了许久，讪讪地笑了一下：“看来是我误会你了。”但随即他的眉

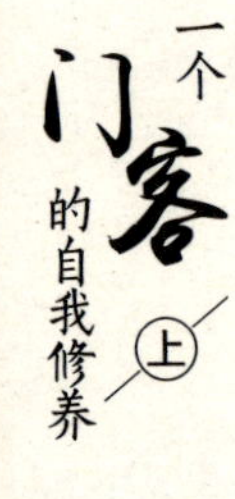

头又渐渐皱起，“有人说齐国活靠田单，强靠公西吾。一个能让齐国起死回生的人，你是斗不过的。”

易姜抿了抿唇，这话她是第一次听说。也许公西吾就是这样一个人，他做事时你摸不准他在想什么，但到最后一定会发现他的所作所为会有回报。就像他当初下山没有选择强大的秦国，却跑去了刚缓过气来的齐国一样，如今齐国成了唯一可以与强秦对抗的强国。

这是不是跟他选择自己一样？如果强秦是桓泽，她也只能算是当初刚有起色的齐国了。

“不试试怎么知道。”收回思绪，易姜执勺又给他添了盏茶。

“你以为我说他强是指他的能力？”魏无忌摇了摇头，“你有没有想过，以他对齐国的贡献，为何一直只做了个上卿？为何天底下都没什么人在意他？”

易姜忽然想起刚开始她甚至都不清楚公西吾的下落。的确如他所言，公西吾一直都很低调，便下意识地问：“为何？”

“我不知道。”魏无忌撇撇嘴，一脸无辜，“所以除去他的能力，你更该担心的是他的目的。”

易姜默然。

她的确没想过，以公西吾的能力，要做齐国相国很简单，为何非要借“田单入赵”？也许这不是偶然，不是他才有了往上爬的念头，而是早就计划好的。

这个计划造就了他现在既是齐国相国又是赵国上卿的身份，而田单成了赵相，无疑能让他更便利地把握住赵国，他仿佛直到此时才横空出现在世人眼中。

到底是什么目的需要他这样费心的安排？

“我好像成功挑拨了你们呢。”魏无忌笑着抿了口茶，起身道，“太罪过了，我还是先告辞了。”

“等等。”易姜叫住他，这人看着没心没肺大大咧咧的，其实肚子里全是主意。她给自己也添了盏茶，脸上堆起笑，“我有个问题想问你很久了。”

魏无忌又坐了下来：“什么问题？”

“我记得你跟我说过，当初是你请你姐姐说服平原君救我出狱的。”

魏无忌点头。

“你还说你是受人所托。”易姜牢牢盯着他，“那个人是谁？”

魏无忌笑得狡黠：“想知道的话得用等价的秘密来换才行。”

易姜起身走到他面前，微微俯下身，在他耳边说道：“如果我拿公西吾的目的来跟你换呢？”

魏无忌神情略有变化：“那倒是可以考虑，但你首先得知道他的目的。”

“我一定会知道。”

魏无忌盯着她的双眼，大概是被她眼神里的坚定说服了，点了一下头：“好吧，成交。”

“是谁？”

“还能有谁？”他笑得阳光灿烂，“当然就是你的情郎公西吾啊。”

易姜诧异地直起身子，怎么会是公西吾？

按照公西吾的说法，因为桓泽爱慕他被拒，要求与他比试，然后失败入狱。可公西吾既然将她送了进去，为什么又要救她？如果要救她，为什么又要等到那时候才救？当时她已经在牢里待了两个多月了，桓泽本尊则要更久吧。

这到底是怎么回事……

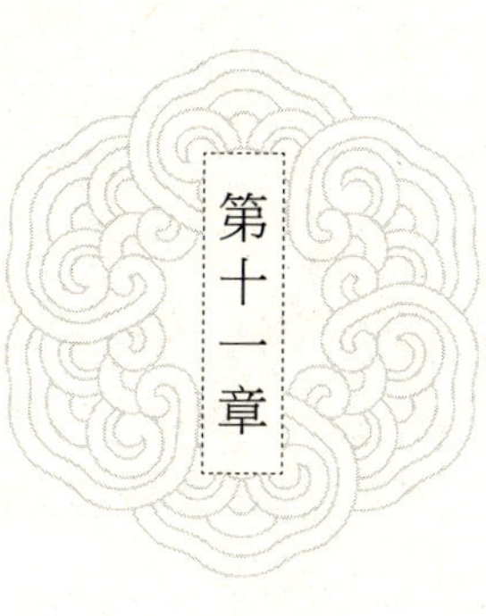

第十一章

分道扬镳

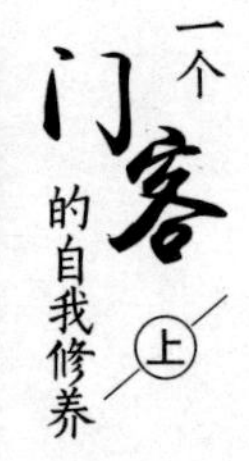

天已经黑了，却忽然开始下起大雨，这时节已经很热，雨水却丝毫没有冲淡空气里的热度。

公西吾正在处理政务，童子进来禀报说亚卿来了。

他放下笔，抬头易姜已到了门边。她收起伞沥了沥水，放在门口，走了进来。

今日她竟然穿了女装，长发分两侧梳至脑后束起，发上戴了一枚精致的华胜，垂珠悬在额前，那张脸犹如被明珠烘托，居然还上了妆，黛眉朱唇，看起来竟有了丝风情。身上深衣雪白，腰带上戴着盛满花瓣的香囊，每走一步都有淡淡的香气弥散开来。

公西吾一直目视着她走到跟前，微微笑了笑："师妹今日与众不同。"

"我是来恭贺师兄的。"易姜没坐在对面，而是依着他身旁坐了下来，"师兄如今是相国了，一人之下，万人之上。"

公西吾唇边的笑容加深了些许："我已收到贺礼，三座空城。"

易姜低头叹气："师兄这是在怪我了。"

公西吾伸手揽了她一下："没有的事，我很佩服。"

易姜抬头看着他："你以后是不是就没什么机会留在赵国了？"

她这话说得有些哀愁，公西吾的语气不禁软了下来："战事未了，我不会走的。"

易姜偎进他怀里，眼睛盯着他案上的东西，那里却全是一卷一卷的竹简。

"师妹要看吗？"公西吾扶她坐正，随手抽了一卷竹简朝她递了过来。

易姜几不可察地皱了一下眉，他这么大方地就把竹简递给自己，倒弄得像是她有意要窥探一样。她接过来展开扫了一眼，又递给他，摇摇头："密密麻麻的，看不下去。"

公西吾笑了笑，随手扔在案上，起身道："既然来了，一起用饭吧。"

易姜点点头，跟着他起身走出书房。

大雨停了，残余的水滴沿着瓦片滴滴答答地落在地上。他的住处似乎永远只有寥寥数人，回廊上静悄悄的，甚至都没有悬灯。

易姜跟在他身后，忽然伸手扯住了他的衣袖。公西吾不禁回头看了一眼：“怎么了？”

“师兄，当时我在狱中，每日也是这样黑洞洞的。”

“怎么忽然想起狱中的事了？”公西吾手托着她的后腰，将她往自己身边带了带。

易姜依旧拽着他的衣袖不放：“我很后悔，当初那么不懂事，非要和你比个高下。”

“那倒没什么，只是你当时还病着，在牢里太危险，又不肯出来。”公西吾说到此处微微叹了口气。

易姜心里慢慢过滤着他的话，原来她之前猜想的没错，桓泽这副身体的确是有病的，但这么久了都没听他和聃亏提起过，实在奇怪。

难道当时就是因为桓泽拖着病体又不肯出来，他才请魏无忌出手救人的？

“相国。”童子走近，向公西吾见礼，“有客到访。”

“现在？”公西吾看了易姜一眼，微微蹙眉，正要开口回掉对方，易姜抢先道：“师兄去忙吧，我改日再来就是，反正多的是机会。”

公西吾只好点头：“那好吧，我送你出门。”

“不用了，别让客人等太久。”她笑了笑，越过他走了。

一直到大门口，她忽然想起自己的雨伞还丢在书房门口，只好又回头去取。

书房的门仍然开着，里面的灯就快没油，光线微弱。易姜拿了伞，目光又落在案上那堆竹简上，犹豫着抬起脚，忽然脚边“叮”的一声轻响，一支短箭射在门槛上，堪堪离她脚面咫尺。

她强忍住回头查看的冲动，装作毫不知情般低头擦了擦鞋，站直身子抖了抖伞，原路返回走了。

正厅里，童子轻手轻脚走到公西吾身后，附在他耳边低语了几句。

公西吾找了个托词暂别客人，起身去了书房。刚到门边，从远处闪出一个黑影。

“谁叫你贸然出手的？”

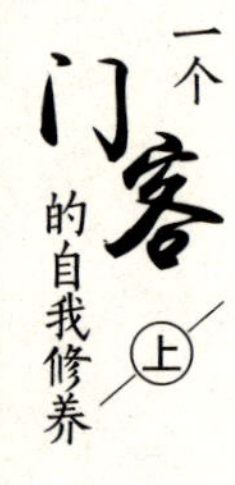

“我以为她想进书房。”

公西吾左右扫了一眼：“你的箭射在何处了？”

“就在门槛上。”

公西吾蹲下身，手指轻轻抚了一下门槛，上面有个小小的圆坑，而造成这圆坑的短箭却没有了踪影。

易姜的房里点了好几盏灯，裴渊和少鸠一人着白一人着黑，像黑白无常一样左右坐在她对面，牢牢盯着她的手。

她的手里拿着一支细小的箭，正在灯火下细细端详。

会得到这东西，本不在她的计划之内。

她之所以去找公西吾，全是因为魏无忌的那番话，原本的计划只是想从公西吾口中打探出当初他与桓泽之间到底发生了什么。

公西吾对她全不设防，甚至她只是瞄了一眼他的桌案便将竹简递了过来。易姜当时还有点生气，感觉他误会了自己。她始终认为两人之间无论如何针锋相对都应该是政治上的事，彼此之间的感情不该参与进来，所以看了一眼就还了回去。但在还回去的时候，她瞄到了案上另一份竹简。

那份竹简本来被上面的竹简压着，公西吾随手拿掉上面那卷竹简递给她，她才得以看到它。

竹简用细细的牛皮绳捆扎着放在那里，结绳处写了两个字，没什么特别，而易姜之所以注意就是因为那两个字。虽然不认识是什么字，但她觉得有点眼熟，总感觉在哪儿见过。

所以后来回去拿伞时，她便有点犹豫是不是该进去再看一眼，没想到一抬脚就被强行止住了步伐。

她借着擦鞋将短箭拔下来，藏在袖中带了回来，其实是意外的收获。

“我听说韩国武器是列国之中最先进的，寻常弩箭射程一百五十步，而韩国的劲弩射程可达六百步之远，是不是真的？”

对面的少鸠得意地昂了昂下巴：“那是！我们韩国号称武器之国，龙渊、太阿这些名剑，哪一柄不是出自韩国？就连公西吾身上那柄昆吾也是我韩国名师所铸，岂会有假？”

裴渊听到公西吾的名字比较激动，连连点头：“昆吾剑就该配公西先生这样的世外高人啊。”

少鸠瞪了他一眼。

易姜将箭递过去：“那你们看看，这支箭是不是韩国所铸？”

少鸠接过去看了看，又对着灯火细细转动箭身，双眼微微眯起，许久之后点了点头：“的确是韩国所铸。”

易姜蹙眉，这样看来也没什么收获，因为韩国本来就是全天下盛产武器的地方，搁现代就是最大的武器出口国，所以公西吾府上的人用韩国的箭也说明不了什么。

她从少鸠手里取回短箭。这时候的冶铁技术已经很成熟，这支短箭的成分甚至让她觉得是有点钢化的感觉。她靠着灯火缓缓转动着箭身，忽然发现上面有一小块血渍。

那是她之前将它拔出来时不小心划破手指造成的，可能因为射箭的人离得比较近，这支箭在门槛里入口很深，她又要迅速拔出不留下痕迹，难免心急，一不小心就割破了手指。

大概是强迫症爆发了，她拿过帕子蘸了点茶水慢慢擦掉了那块血渍，忽然“哎”了一声。

“先生，怎么了？”裴渊不禁稍稍往前倾了倾身子。

“这上面居然刻了字，在这里。”易姜将箭递过去，手指在原先那块血渍的地方点了点。

难怪这里还会留下血渍，因为刻痕凹陷，血渍留在里面没有及时清理干净。大概是刻得时间久了，已经有些模糊，但还是能看出大致模样。易姜觉得这字体和她在公西吾那卷竹简上见到的很像，都有种奇特的熟悉感。

她问裴渊：“能看出这是什么字吗？”

裴渊奇怪地看了她一眼：“这是秦国文字啊，先生难道不认识吗？”

易姜一怔。

对啊，谁都知道秦国统一六国后用的文字就是在秦国原有文字上改动而成的小篆，这种篆书到了现代依然能在各种书法作品里看到，虽然不一定认识是什么字，但至少一眼就知道这是篆体。

而箭镞上的文字就和小篆差不多。

秦国不像山东六国，隔着函谷关和崤山，文字与山东诸国差别略大。易姜

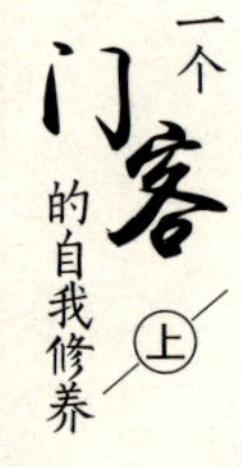

初来时跟裴渊学习的是赵国文字，而赵韩魏三国以前本为一国，所以文字差别很小。齐国文字则是去齐国后才暗中学的，燕国和楚国反正都没接触过。但平常使用最多的还是周室篆体，这是各国往来使用的官方文字。

原本还在想为何觉得眼熟，直到裴渊提起才恍然大悟，原来在现代早就接触过类似的字体。

“那么看来，这箭也是秦国的了。”少鸠下了定论，“应当是秦国委托韩国铸造的。”

易姜的心沉了下去，公西吾的桌案上为什么会有来自秦国的竹简？院子里为什么会有秦人保卫？

“姑娘！”紧闭的屋门忽然被重重拍打了一下，聃亏的声音听起来很急切，“宫中急诏，赵太后病危！”

易姜霍然起身，顾不上换衣就出了门。

赵王宫此时已经慌乱一片，赵太后的寝殿里到处是进进出出的人，大夫们在门口站了好几排，里面想必已经有好几个在诊视。

易姜脚步匆匆地走去，老远就看到灯火通明的寝殿大门敞开着，门口站着年轻的赵王丹，垂首抄手，惶惶不安。在他旁边还站着个人，半边身子隐在黑暗里，走近了才发现那是赵重骄。其余大臣都站在另一侧，个个静默得如同雕像。

易姜向赵王丹见了礼，低声问赵太后情形。

赵王丹摇头叹息：“还要看大夫如何说……”

易姜眼角余光瞄到一旁的赵重骄往远处走了几步，像是有意远离他们的谈话一般。

“王上放心，太后吉人自有天相。”

赵王丹抹了抹眼睛，点点头，努力维持着一国之君该有的沉稳。

不多时，殿中的大夫退了出来，门口的人像是忽然从梦中惊醒了一般，齐齐涌了上去。

“太后如何了？”赵王丹问得又急又快。

大夫似乎被这么多殷切的目光吓坏了，白着脸摇了摇头。

“摇头作甚！到底如何了？”廉颇愤怒地咆哮了一句。

大夫越发慌张，身子都哆嗦起来，战战兢兢回道：“只怕……时日无多了……”

这下换作其他人白脸了。

赵王丹几乎是踉踉跄跄地进了殿，像是蹒跚学步的孩子陡然失去了搀扶。

易姜下意识地跟着他往前走了两步，在殿门边停下，却见里面有道人影出来迎接了赵王丹，雪白的衣角轻轻从她视线里一闪而过。

居然是公西吾。

在所有人包括赵王丹都只能站在殿外候着的时候，他居然堂而皇之地在里面守在赵太后的身边，实在让她诧异莫名。

赵王丹进去了很久，而赵太后没有要召见其他人的意思。内侍出来转达赵太后的意思，请诸位大臣回去休息，众人只好告辞。倒是廉颇谨慎，临走前特地嘱咐内侍，一旦有任何动静一定要及时告知。内侍忙不迭应了。

易姜侧身让开几步，看着那些大臣一个一个从身边经过，许久才转回头去看寝殿。公西吾终于走了出来。他仿佛故意等到此时才出来，目光落在她身上："师妹，太后要见你。"

说完这话他就朝宫门而去，与她擦肩而过时朝她微微颔首，大概是示意她宽心。

易姜进了殿门，赵王丹正从榻边起身，一边抬袖抹了抹眼睛一边点头："母后放心，丹都记住了。"

赵太后枯瘦的手摆了两下，他便转身朝殿门走来。

易姜垂头恭送，等他出了殿门，上前去看赵太后。

她的情形与之前差不多，但脸色已经有些灰暗。易姜尽量不去想大夫之前说的话，在她榻边跪坐下来："太后，您叫我？"

赵太后微微睁开双眼："桓泽，燕军如何了？"

易姜没想到她此时还关心着战事，忙道："臣一直关注着，田单的确抵挡住了燕军，料想不久就能大胜凯旋。"

赵太后似乎等的就是这么一句话，缓缓吐出口气来："那我就放心了。"

"是，多亏太后的决定英明。"

"英明？"赵太后摇头苦笑，"我也不知道我英不英明，我只知道我已尽力，在齐国时尽力做个好公主，嫁来赵国尽力做个好王后……"

后面的话断在忽来的咳嗽里，易姜连忙接话："太后做得已经非常好，寻常女子又何能及您分毫？"

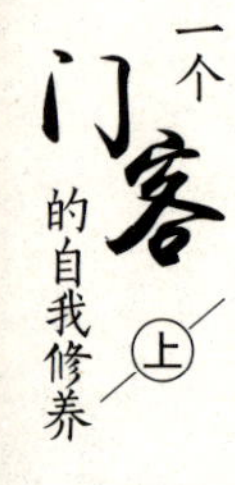

“但愿吧……”赵太后摸索到她的手，转过头来盯着她的双眼，“我总觉得在你身上能看到自己的影子，可惜不能看着你走下去了。我走后你在赵国可能不会再如之前顺利，自己要多加小心。”

易姜垂下眼，忍了忍情绪才道：“多谢太后。”

赵太后闭了闭眼，背过身去：“回去吧。”

易姜深深看了她一眼，起身告退。

殿外新月如钩，暑气几乎在空气里消散殆尽，她穿着薄衫竟觉得有些凉意。

在廊下站了片刻，正要举步，忽然感觉旁边阴影里有什么动了一下，吓得她险些叫出声来。连忙捂住嘴巴，悄悄走近，发现那是一道人影。月光稀白，他靠着廊柱颓然地坐在地上。

“长安君。”易姜忽然想起赵太后都没有见他，他也自始至终都没靠近殿门半步。

“你不进去看看太后吗？”

赵重骄别过脸，嘴唇抿得死紧。

“不敢进去？”

他猛地转头，易姜就站在他面前，任由他这样带着些许愤恨地瞪着自己。

“滚开！”他烦躁地低吼了一句，转过去背对着她。

易姜这才知道为何都没有宫人敢接近。她知道他现在不好受，赵太后和赵王丹之间因为君王之尊多少有点距离，跟他却如民间母子一般亲昵无间。要面对眼下情境，她尚且都不好受，何况是他。

“太后虽然没说，但必定很想见你，这时候你应该陪在她身边……”她边说边向他走近了一步。

“与你何干！”赵重骄甩袖挥退她接近的身影，却挥到了她身上。易姜被他这把力道推得摔坐在地上，手心火辣辣的，大概是蹭破了皮。他犹不解气，站起身狠狠地吼了句，“你懂什么！你有母亲吗？”

易姜仿佛被重重击了一拳，那股感觉压在胸口难以纾解，以至于她许久才从地上爬了起来。

赵重骄还以为她会像往常一样回敬自己，甚至都做好了反击的准备，但易姜根本没看他一眼，手在衣服上重重地擦了两下，头也不回地走了。

一直等到她的身影彻底消失不见，赵重骄才缓缓坐了回去，双手撑在膝头，捂住脸。

他确信桓泽不懂，她只是个孤儿，怎么会理解他的心情。这个从他睁开眼睛就一直注视着他的人就要离开人世了，他长这么大要风得风要雨得雨，最大的逆境也只是去他国为质，以为都撑过来了，却在生老病死面前分外无能为力。

易姜的脚步迈得飞快，一直走到宫门口，有人拖住了她的手。她闻到了熟悉的淡香，怕他看到自己的脸，没敢回头。

“你的手怎么破了？”公西吾低声问了句。

易姜支吾一声没有回答，忽然感觉手上一阵柔软。稍稍侧头，公西吾用帕子给她简单地包扎了一下。

大概是察觉到了异常，公西吾将她扳过来正对着自己。易姜不抬头，他便用手托起了她的下巴，一看到她的脸他就愣了一下。

“你哭了？”

易姜讪笑着抹了一下眼睛：“没事，我是担心太后。”

公西吾沉默片刻，忽然道：“赵太后若是薨了，师妹就随我去齐国吧。”

易姜抬眼看他，有些意外他这提议，想了想道：“我答应过太后要永远效忠赵国。”

“所以她才没逼你嫁给长安君是吗？”

“是。”

“你曾说过，为自保而立的誓言不能算数。”

易姜忽然想起那支短箭和那卷竹简，心里揪了一下，“到时候再说吧。”

“也好，你考虑一下，我等你答复。”

聃亏引着马车过来，易姜告别他登车。车驶动时又转头朝他站的方向看了一眼，月色如洗，他依然站在那里，不知道在想什么。

如果什么事情都可以直接问就好了。易姜第一次有些痛恨自己现在这个尴尬的身份。

已是半夜，回到府邸易姜却睡不着，回到书房，裴渊和少鸠都已离开，灯也灭了。

她点亮灯火，刚在案后坐下，忽又猛地坐起。

眼前的桌案上竟然空无一物，之前摆在这里的箭竟已不翼而飞。

“来人！”

东郭淮自门外匆匆走入，抱拳问："主公有何吩咐？"

"今日有人闯入府中？"

"没有。"

易姜脸色铁青："不可能没人闯入，我放在这里的东西不见了！"

东郭淮一怔："这……真的没有人闯入啊主公。"

正说着话，一名侍从快步从门外走入："亚卿，信陵君已经归国了。"

易姜皱眉："什么时候的事？"

"就在您入宫之时，他差人来报了。"

魏无忌不会无缘无故地归国，除非有人要他回去。而他并没有做什么出格的事，除了……除了那天来了她这里一趟，说了一些特别的话。

不管是魏无忌来这里的事还是箭镞的事，必然都是因为被人掌握了一举一动。除了公西吾她想不出别人，大概就在他在宫门口等候着她的时候，这些事情都已经做完了。

她咬了咬牙，冷冷地看着东郭淮："我说过要严密防范，为何府里的消息还是走漏了！"

东郭淮单膝跪地："主公息怒！属下的确严密防范了，这一整天确实没有外人进过府中。"

"那为什么会这样？"

东郭淮缓缓抬头，欲言又止。

"有话就说！"

"主公有没有想过……查一查您身边的人。"

易姜一愣。

东郭淮这话说得极有分寸，主动提出要她查身边的人，就把自己排除在嫌疑之外了。他大概是知道易姜对他不够放心，毕竟不是她一手栽培出来的，而是太后送来的人。

"我有数了。"易姜叫他起身，在案后坐下，沉默不语。

东郭淮一时摸不透她在想什么，只能站在一旁等候吩咐。

过了片刻，易姜突然提笔书写起来，一连写了三封信，分别封好，拿了其中一封交给他："你骑快马去追信陵君，替我去把这封信送给他。"

东郭淮绷着的弦松了一下，赶紧领命，将信揣在怀里出了门。

易姜又叫下人将少鸠和裴渊分别叫来，让他们也去送信，信里的内容都一样，也都是给魏无忌的。

裴渊最积极，虽然是从床上被拉起来的，还是立即就出门去了。

少鸠就不太乐意了，临走还对易姜抱怨："我墨家弟子居然被用来跑腿送信？亏你想得出来！"

可惜易姜此刻心情不佳，她讨了个没趣，不甘不愿地走了。

三个人不同时间出的门，按照计划，信会分不同时间送到魏无忌手上。

魏无忌果然还没走远，东郭淮最先回来，禀报说信已送到了，还带回来魏无忌的一封回信。

易姜展开看了看，里面写着信已收到，的确是东郭淮本人所送。她点点头，继续等，接下来应该是裴渊才对。

出乎意料，回来的人竟然是少鸠，依旧带着魏无忌的回信，证明送信的也是她本人。她气还没消，将回信丢给她就大步回房继续睡觉去了。

裴渊迟迟没有回来，一直到天快亮也没有回来。

易姜心情复杂，裴渊一直将公西吾视为偶像，如果暗中跟随了他……

但她难以置信，裴渊并不像那样的人，如果要盯着她也不该被少鸠掳走那么久都不回来。只是一想到他被掳走的那段时间只有公西吾知道他的下落，那点怀疑又冒了出来。

正是黑暗最浓的时候，屋门忽然被撞开，有人跌跌撞撞地跑了进来，发丝凌乱。易姜抬头看去，正是裴渊。

她站起身来："你怎么了？"

"先生，有人劫了我的信！"

"什么时候的事？"

"我出门不久就被盯上了，一直想甩开他未能成功，后来……"他拍了拍胸口，缓了口气，接着往下说，"后来我的信就被劫了，我好不容易才跑回来。"

易姜脸色微沉："看到那个劫你信的人长什么样子了吗？"

裴渊摇头："没有，他一身黑衣，蒙着脸，武艺很高。"

易姜冷冷地笑了一声："编得不错。"

裴渊一呆："啊？"

她猛地砸了茶盏："来人，把他拿下！"

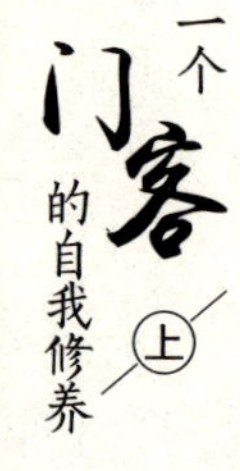

侍从们冲了进来。裴渊目瞪口呆，被左右架着拖下去时还没反应过来。

天刚蒙蒙亮，空气还带着很重的湿气。公西吾立在廊下，昨日入宫所穿的朝服还未换下。

一道身影缓缓接近，在他身边跪下："公子。"

"我说过很多遍了，不要叫我公子。"

"是……"他双手奉上一封书信。

公西吾接过来阅览。这封信是写给魏无忌的，桓泽发现了他院中有秦人，案上有秦简，第一时间居然通知的是魏无忌，看来二人比他想象的亲密，把他弄回魏国果然没错。

她真是越来越机敏了。

公西吾微微笑了笑，视线忽然扫到最后一句，请魏无忌一定要回信证明已经收到信，不禁蹙了蹙眉。

"你赶紧回去吧，往后一段时间最好不要再来，我怀疑桓泽已经起了疑心了。"

"不会的，她已经将裴渊抓起来了。"

"哦？那个儒生？"

"是。"

"那看来她还有待磨炼。"公西吾似有些遗憾，竟叹了口气，将信收好还给他，"带回去，神不知鬼不觉地放回那个儒生身边，免得被发现。"

"是。"

裴渊的心都要碎了，半夜起来连眼睛都睁不开就跑去送信，结果却被当作了奸细。

少鸠早上睡醒了才知道这事，跑到他房外，结果侍从说亚卿下了命令，任何人都不得与之接触。她在屋外转了几圈，耳中听到的全是裴渊的叹气声，火气腾地蹿了上来，将他骂得狗血淋头。

"你没长嘴巴吗？不知道跟她说道理？她说你是奸细你就是啊！"

裴渊都快哭了："我都惊住了，哪里想得到辩白，想必桓泽先生也是误会了……"

"呆子！"少鸠狠狠打断他，大步流星地跑去找易姜理论。

易姜一夜未眠，脸色也不好看，正在吃早饭。少鸠冲进来对她噼里啪啦，倒豆子一样数落了一通，她心头也有了火气，将赵太后特赐的精致陶碗摔在地上，砸得粉碎。

“你记着自己的身份，我养着你是让你做门客的，不是让你来对我大呼小叫的。”

少鸠吃惊地看着她。印象里从未见过她发火，尤其是在自己面前，竟被她这气势震得半天回不过神来，最后咬了咬唇道：“行，你等着，我一定证明裴渊是被冤枉的！”

“如何证明？”下人忙着收拾地上的碎碗，易姜随手拿了案上的东西丢在她脚边。

少鸠低头一看，那是一封信。

“这是侍从刚刚从他房中发现的。裴渊的信根本未送出去，却骗我说被劫了，难道还不够说明问题？”

少鸠张口结舌。

易姜起身，叫来息嫦，“给我更衣，我要出门。”

天气不怎么好，闷热得很，日头时隐时现。易姜换好衣裳自房中出来，踏上回廊，看见聃亏正在牵着那只肥鹰散步，都这时候了，亏他有这闲情逸致。

看到她，聃亏上前问了句：“姑娘这是准备出门？”

“嗯，我要去见魏无忌。”

“信陵君不是归国了吗？”

“他与我约好了，在城外十里亭等我。我与他有重要的事还没说，他不会急着回去的。”

聃亏随手将肥鹰拴在柱子上，要回屋去取剑：“我护送姑娘去吧。”

易姜摇头：“不用了，让东郭淮随我去即可。裴渊的事还没结束，万一有同伙来救他就糟了，你看好他。”

聃亏朝裴渊的房间看了一眼，撇了撇嘴：“我早就知道那小子靠不住，果真是吧！”

易姜不理会他的絮叨，出门登车走了。

聃亏又将柱子上拴着的肥鹰解了下来，带着它在院子里转悠了两圈，听到远处少鸠在跟裴渊没好气地对吼，不禁好笑。

过了片刻，他将肥鹰送回了窝里，去屋中取了长剑，换了身衣裳，牵着马出

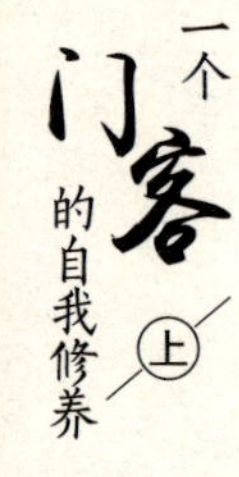

了后门。

今年的夏天到了尾巴反而更加闷热，他避开日头，专挑阴凉的树荫前行，从城中弯弯曲曲的小巷岔道穿过，最后在高高的院墙前停下。将马随手拴在树上，他走到那扇厚重的大门前拍了拍。

没人给他开门。聃亏觉得奇怪，从没这样过。不过这也难不倒他，以他的身高和身手，要翻个墙容易得很。

轻轻松松翻过墙头进了院子，穿过花木扶疏的园子，踏上回廊，前面不远便是书房。

迎面忽然撞上童子，那小小的身影像是受了什么惊吓一般直直地朝他冲了过来，一把扯住他衣袖就将他往回推："你怎么来了！后门不是特地没留人吗？谁给你开的门？"他稚嫩的脸上全是慌张，"快走快走，今日不能来，相国不能见你！"

"为何？"聃亏皱眉，脚下一扎步，纹丝不动，"我有紧急的事要告诉公……公西先生，你不要阻拦。"

"都说了叫你现在不要来，有人在这里！"童子一边小声说一边回头张望，手中却无论如何也推不动他，急得汗都出来了。

聃亏顺着他的视线朝书房看了一眼："到底什么人在这里？"

有人迎着他的视线自那扇门中缓缓走出，宽大的男装，一丝不苟的发髻，面白唇朱，是那张再熟悉不过的面孔。

"我想他说的应该是我吧。"

聃亏呆若木鸡，脚下似被钉在了原地，一动不动："姑、姑娘……你不是去……"

"去见魏无忌了？那是骗你的。"

公西吾自易姜背后走出，抿着唇看了一眼聃亏，神情说不出地冷峻。

易姜的视线从聃亏身上慢慢转移到公西吾身上："你们不问问我什么时候发觉的吗？"

公西吾没作声，聃亏却下意识地接了句："何时？"

易姜笑了笑，看起来却有点古怪："我忽然又不想回答了，因为过程不重要，重要的是结果。"

她忽然朝聃亏走来，一步一步走得很慢。聃亏竟不自觉地后退了一步。

“聃亏，是我哪里对不住你吗？”

他垂着头不吭声。

“是我哪里对不住你吗？”她又问一遍，语调已经有了变化。

聃亏不禁抬头看了她一眼，发现她眼眶竟有些泛红，转头避开她视线：“姑娘没有任何对不住我的地方。”

“那为什么要背叛我？”易姜将手缩回衣袖，免得被发现它在颤抖。

就在几天前她还计划着是不是该还聃亏自由，因为他说过是为了报答鬼谷子恩情才侍奉她三年，这三年也快期满了，她还觉得束缚了他那么久心有愧疚。没想到却被他狠狠捅了一刀。

“说啊，为什么背叛我！”

聃亏忽然抬起头来，直视着她的目光一脸坦荡：“这算不上背叛，因为我本就不是你的随从，我当初入云梦山根本不是为了什么报恩。”

易姜错愕地看着他：“你说什么？”

“我的主人原本就是公西先生。”

“聃亏。”公西吾忽然开口，朝他递了个眼神。

聃亏胸口剧烈起伏了两下，抱了抱拳，转身离去。

易姜站在原地，却仿佛身在冰窖。转头看向公西吾，他已回了书房。

她快步走回书房，重重甩上门。

公西吾背对她站在窗边，仿佛没有听到这一声关门的巨响。

“师兄到底有多少事瞒着我？”

“那要看师妹想要知道哪些了。”

“好，那就先说说你为何要将聃亏安插在我身边？”

“观察你罢了。聃亏是真心真意保护你的，除我之外，他对你一直很忠诚。”

“什么时候开始的？”

“自他接你出狱开始。”

易姜觉得不可思议：“你的意思是，我刚出狱时你就开始盯着我了？”

这怎么可能？他不可能那么早就知道自己的变化，在那之前聃亏也没有见过她。

“不，更早。牢里本来就有我的眼线，我安排他们在那里照料你，因为你当时体弱多病，我不能让你有事。”

易姜恍然记起刚来大牢时的确感觉到狱卒们对她态度不错，原来一切都是他的安排。这未免太可怕了，她刚到这个世界就落在了他的眼睛里。

公西吾接着道："大约在你出狱前两个月，他们忽然通知我，你有了很大的变化。"

她觉得嘴唇发干："变化……有多大？"

"大到判若两人。"公西吾转过身，看着她的双眼，"人人都以为顶着鬼谷弟子名号下山的人都是有本事的，何况还是年纪那么小的一个少女，必然是深藏不露的，甚至连聃亏都不清楚你的本事。但只有我知道，以前的你根本一无是处。"

易姜在他的眼神里退后一步，背抵着堆满了竹简的木架。

聃亏告诉她桓泽是鬼谷子徒弟，是平原君府上最高等的门客，她便理所应当地认为桓泽必然是聪明绝顶的，孤傲清高，睥睨众生，天才一般的少女，甚至一直拼了命地在追赶她的影子，没想到最后发现她竟然与自己想象的截然相反。

从一开始她就走错了路。

公西吾的视线落在她脸上，蹙着眉，那双漂亮的眸子里第一次露出明显的不解："你与以前差别太大了，无论是谈吐还是性情，我总觉得你与以前的你仿佛是完全独立的两个人。"

"所以……"易姜的声音有点嘶哑，抬手按了按喉咙才接着道，"所以你一直不动声色地盯着我，就是为了找到我变化的原因？"

"也不全是，我更想看看你到底能走到哪一步。每一次你做出应对，我都觉得出乎预料，就像今日被你发现聃亏一样。现在的你就像一本深奥的古籍，每翻一页都让人惊奇，并且看不透结尾。"

易姜一手扶着额头，忽然笑了起来。

原来从最初她就在他的掌控中，从没离开过他的视线。这么久以来身边竟连一个可以信任的人都没有，像个玩偶一样被他提着，还以为自己和他处在了同等的位置。

公西吾蹙眉："你怎么了？"

她仰起头看他："你将我握在手心里，看着我慢慢挣扎，甚至放任我成为你的对手，觉得有趣吗？"

公西吾眸光微动，不发一言。

"嗬，你口口声声说比起以前的我，更喜欢现在的我，我还以为是你回心转意了，恐怕只是为了让我放下对你的防备吧？这段时间你这般接近我，只怕也是为了你的计划吧，是不是和秦国有关？”

他忽然开口：“不至于。”

“不至于？”易姜几乎要笑出眼泪来，“哪里不至于？”

公西吾神色无波：“我的确喜欢现在的你。你可能不知道，我以前一直很讨厌你。”

易姜一愣。他的语调毫无变化，即使说着讨厌她，也丝毫没有情绪上的起伏，让人分不清是玩笑还是事实。

“我说要娶你也是实话。若是成婚，除你之外，我想不到我还想娶谁。”

“可是你从未有过成婚打算不是吗？”易姜盯着他的双眼，那双眼睛太深邃，从初见时她就觉得分外迷人，甚至都不敢多看，现在才发现里面都是沉沉的幽深，“你根本没想过我们的未来，所以才会毫不在乎地说出’喜欢’这个词，对你而言，这份喜欢只是可有可无的存在，分毫不及你的计谋和安排。”

公西吾抿唇不言。

“原来一切都是我自作多情，你的关注根本和情爱无关。我一早就该想到的，是我不愿承认罢了。”她揪了揪衣摆，退开几步，朝门口走去。

公西吾忽然一把握住了她的手腕：“此时你最关心的竟然是这些？世人说女子常为情所累，我不希望你也成为这样的女子，你既有智谋，就不该浪费在这些事情上。”

易姜扭头看着他：“公西吾，你的心究竟是什么做的？”

他皱了皱眉。

易姜狠狠甩开他的手臂，转身出了门。

天气沉闷，乌云盖过了日头，眼看就要下雨。

易姜走出上卿府，过来引她登车的人成了东郭淮。

她扶着车辕正要登车，他在旁小声道：“主公，王宫传来消息，太后薨了。”

易姜脚下忽然脱力，险些摔倒，多亏东郭淮眼疾手快接住了她。

隐忍了许久的大雨终于落了下来，顷刻间浇了她一头一脸。她抹了把脸，好得很，终于连最后一个可以依赖的人也失去了……

少鸠已经在亚卿府里铆足了劲，就等着易姜回来和她大吵一番。哪知没有等到她回来，反倒等到了赵王宫里的人，甚至还有个佩剑服甲的武官。

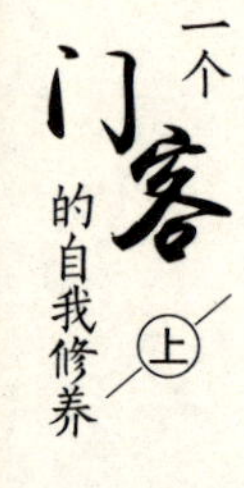

“亚卿何在？”

少鸠对着他刚正的脸讷讷摇头。

雨水一阵狂浇，但那些人很有耐心，就在廊下站着等。直到天快黑，易姜回来了，身上被浇了个透，沉着脸半分没有与人交流的意思。

少鸠快步迎上去，一看她这模样，张了张嘴，压在唇边的话始终还是没说出来。

东郭淮扯了她一把，小声道：“快去放了裴渊吧，主公说没他的事了。”

少鸠一肚子疑问，但也顾不上了，赶紧跑去找裴渊。

“亚卿留步。”武官自廊下走出，挡在正要入厅的易姜跟前，“王上传话，有人密告亚卿与秦人勾结，可有此事？”

易姜抬眼看他：“说我与秦人勾结？不会还说从我府里搜出了秦国箭镞吧？”

武官愣了一下，随即冷脸：“亚卿既然知道，就不用下官多言了。”

“哼，好棋。王上居然会相信，他也不想想，若我真与秦人勾结，当初何必费心联合齐魏结盟。”

武官无言以对。

易姜看他一眼：“我刚回府，要入宫认罪也得等我换身衣裳吧？”

武官视线在她湿透的衣裳上扫了一眼，又连忙移开视线，抬手做请。

易姜大步朝房间走，没走几步，身子一软就倒在了地上。

身体还是不够好。

醒过来的时候她第一反应竟然是这个。

房间里点上了灯，烛火朦胧缥缈。她抬手捂了捂额头，果然滚烫。

口干舌燥，想爬起来喝口水。刚坐起身，却发现榻边坐着个人，一动不动地看着她，也不知道这样已经多久了。

“要喝水吗？”他终于动了，起身去倒了盏茶过来给她。

“有劳堂堂齐相伺候，真是罪过。”易姜伸手接过，仰头喝得一干二净，又递给他，“麻烦再倒一盏来。”

公西吾二话不说接了过去，又舀了一盏茶过来给她，在她喝完后还问了句：“还要吗？”

易姜摇头，将空盏递给他：“有什么话就直说吧。”

公西吾放好茶盏，走回来依榻而坐：“跟我去齐国吧。”

易姜笑颜如花："聃亏被我赶走了，你就要亲自盯着我了吗？枉费你为我这样一个微不足道的小人物费心，甚至还嫁祸我与秦国勾结，逼我无路可退。"

公西吾伸手覆在她手背上："赵国已经回天乏术，你在这里是屈才。"

"回天乏术？"易姜抽出手，"那也是拜你所赐吧。在我看来，齐国未必就不是回天乏术。"

公西吾的脸色稍有变化："你是因为我的缘故不肯去齐国吗？这样的你与以前的你有什么分别？你又成了那个只知儿女情长的桓泽。"

"桓泽？"易姜冷笑一声，忽然坐起来，双手揪住他衣领扯向自己，恶狠狠地瞪着他的双眼，"你记着，这世上已经没有什么桓泽，从今往后，就只有我。"

二人几乎贴在一起，公西吾视线与她纠缠，脸上明显闪过一丝错愕。

公西吾并不是自幼师承鬼谷，实际上很小开始他便已游学列国，遍访诸子百家名师，入云梦山拜鬼谷子为师时已经十四岁，也是那时才认识了桓泽。

鬼谷子犀让原本家庭和乐，但人至中年，忽遭巨变，妻儿先后离他而去，大概这就是他重返云梦山开坛授徒的原因。

桓泽是他在入山那天捡到的弃婴。

孑然一身，老天竟然送了个女儿给他，犀让自然珍惜。他将桓泽当作亲生女儿对待，悉心照料，奈何桓泽天生气弱，甚至被大夫断言难以养活。

因这缘故，犀让越发疼惜她，几乎将对死去妻儿的愧疚和心意全都堆加在了她一人身上，久而久之便养成了她娇纵跋扈的性格。这性格往日在山中没其他人的时候不明显，公西吾的出现却让它们有了彰显的对象。

那年桓泽八岁，习惯了独占鬼谷子的宠爱，忽然多了个人来分享父亲的关注，她如何能够忍受？于是扔了公西吾的笔墨，剪了他的衣物，用尽一切手段要赶他走。

公西吾不与她一个孩子计较，总是回避与她接触。

犀让一直将桓泽当女儿养，本没有收她做学生的意思，何况她身体不好也不能辛劳。但桓泽为了和公西吾争宠，竟吵闹着要跟他学习，他只好答应。

这下公西吾避无可避，只能以沉默应对她的种种敌对手段。

这情形一直持续了大半年。某日饭后，公西吾忽然上吐下泻，一病不起。

犀让大惊，亲自背他下山寻医，大夫说他中了毒，不过所幸送来得早，命救回来了。

背他回山的时候，犀让忍不住问：“你不会有什么身份瞒着我吧？不然怎么会有人害你？”

公西吾怏怏伏在他背上，摇头不答。

回去后他发现了桓泽的异常，她似乎很害怕见到他，也不像以前那样捣乱了，忽然就安分起来。

后来他终于知道了真相，汤汁里的毒竟然是她亲手加进去的。

桓泽被逼问时哭了起来，告诉他有个人对她说，想要赶走这个师兄很容易，让他吃点苦头就知道怕了……她哭得太厉害，小而瘦弱的身体摇摇欲坠，看着像是随时都会晕过去。

公西吾只是冷冷地看着她，没有一丝表情。

这件事他没有告诉过犀让，没有告诉过聃亏，没有告诉过任何人，尽管他因此失去了味觉。

从那以后桓泽对他就转变了态度，起初大概是出于愧疚不再与他作对，后来不知不觉将他当作了自己人，再后来居然开始成天粘着他。

公西吾本就不愿与她多接触，何况随着年岁增长，也明白了男女有别。但桓泽不懂他的意思，他越躲她就越要纠缠，最后终于连鬼谷子也发现了不对。

第三年聃亏进了云梦山。鬼谷子自己都没侍从，做学生的岂能带着侍从，公西吾便叫他去侍奉犀让。

犀让以往常年在列国行走，哪里记得何时施惠过何人，还真以为自己有恩于他，也欣赏他性情爽直，便留下了他。

公西吾本以为有聃亏在，就不用日日面对桓泽，但她依然喜欢纠缠他。他很厌烦这种感觉，过往这么多年，他的生活里只有读书、练剑以及在列国间游走，现在却被这种微不足道的琐事烦扰。

原本计划在鬼谷静修五载，最后他只待了四年就下了山。出师之前，犀让将毕生所著书籍都交给了他，最后嘱咐了一句：“不要告诉桓泽你的去向。”

公西吾拜别恩师，趁着夜色悄悄出了云梦山。

他在齐国待了两年，看着齐国从稍有起色到重振旗鼓，一切都按部就班地按照他既定的设想前行，桓泽却又阴魂不散地出现在了眼前。

犀让在他离开云梦山的第二年就与世长辞，临终前无人可托，只好将桓泽托付给聃亏。这些公西吾都是知道的，他也吩咐过叫聃亏要好生照顾桓泽。她身体不好，云梦山是最好的静养之地，没想到她竟然又找到了他。

久别重逢，桓泽十分兴奋，但公西吾毫无感觉。

"师妹应当在云梦山里静养。"他丢下这句话就要聃亏送她回山。

桓泽的倔脾气却按捺不住了。她一直在找他，好不容易才逼得聃亏将她带来齐国，如何肯走。"不，我就要跟着你！"

"你才学了多少东西，如何能够下山？"

"我学得够多了！"

"如何证明？"

桓泽咬了咬唇，跑走了。

公西吾以为她回了山，没想到很快收到聃亏的消息，她竟然去做了平原君府上的门客。恰好平原君当时出访齐国，碰上了她。他好说话，耳根软，听说桓泽是鬼谷子的门生，竟将她奉作了高等门客。

桓泽常年生活在深山之中，长这么大只接触过寥寥几人，不知世事深浅，丝毫不知自己所作所为有多大风险。公西吾虽不喜桓泽，但她到底是他的师妹，他要给恩师一个交代，只好亲自赶去邯郸，再次劝她回山。

桓泽乘着平原君府上的宝驹良车来城郊见他。

"我做这么多还不是为了师兄你。"

公西吾看着她："为了我？"

桓泽从车上跳下来抱住他："我爱慕师兄，我想一生一世都与你在一起，要么你与我一同回山，要么就留我在你身边。"

公西吾垂头看着她的头顶："你才多大，如何知道什么叫爱慕。"

桓泽不服气地抬起头来："我自然知道！我想终日与你在一起，这便是书中所言的爱慕！"

"老师教了你那么多，你只学到了这些吗？"公西吾挣开她的手臂，与她拉开距离。

桓泽不禁气恼，咬着唇看了他半天，忽然发狠道："不如师兄与我比一场，我输了便回山，赢了的话，你就让我留在你身边！"她确信自己是可以赢的，因为以往她缠着公西吾比试，他总是故意输给自己，这次一定也不例外。

公西吾看她的神情仿佛是在看当年那个不知天高地厚的孩子："我十四岁才

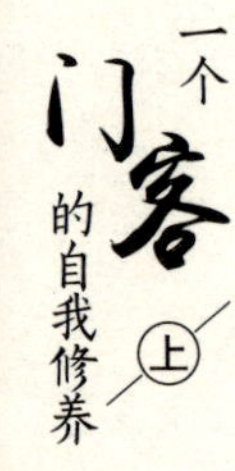

入山，下山也已两年，这一前一后的时间足够做许多事情。师妹知道自己在跟一个有多少人脉权势的人比试吗？换作别人，你恐怕连命都没了。”

他当然不会要她的命，只让她入了监狱，连平原君都无法施救。

桓泽在牢里情绪几乎崩溃，哭闹责骂，但公西吾没来看过她一眼。

牢房是单独的，打扫得很干净。狱卒们给她好吃好喝，甚至每日还送来补品汤药，她却一概拒绝。

公西吾收到消息便知她不会善罢甘休，于是又亲自写信给她，请她出狱回山。

桓泽显然将这当作了筹码，回信说要她出去可以，但公西吾必须答应留她在身边。

公西吾绝对不会留她。他的规划细致而庞大，里面不容许有她这样一个不知世事的人存在，她八岁时的错误也决不能再犯一次。犀让是聪明人，早看出这点，否则岂会将桓泽托付给聃亏而不托付给他？

最终只能强制让她出狱，为免刺激她，公西吾决定不露面，而是请信陵君出面救人。然而就在信送出去的第二天，他收到了消息，狱卒说，桓泽忽然变了。

一夜之间像是变了个人，茫然无措，小心翼翼，完全没有之前的嚣张气焰，连说话的语调和用词都变得很古怪。

起初公西吾以为她是受了很大的刺激，担心这情形恶化，连发两封信催促魏无忌。但那时正值老赵王重病弥留之际，平原君无暇顾及，魏无忌委托姐姐的事自然也无法找到机会。

一直到了两个多月后，老赵王归西，平原君为自己的地位惶惶不安，其妻适时地提出了将桓泽安排去赵重骄身边的计划。

公西吾叫聃亏去接她，并嘱咐他不得打草惊蛇，要把她的一举一动，事无巨细全部报知他。

他在齐国透过聃亏的信遥遥看着她，起初觉得她学乖了，变谨慎了，但很快就觉得不对劲。一直到他见到她本人，这样的感觉越发明显。

他故意引她去稷下学宫，故意用恩师留下的书籍试探，故意在她入狱时不出手相救……而每一次她的应对都会让他刮目相看。

这样的桓泽符合他心目中的期许，但他一直好奇她变化的原因。一个人无论如何变化，总还带着些许以往的模样，可她不同，她像是彻底变了一个人，完全忘了当初的自己。她甚至不再称呼犀让为父亲，而是和他一样称作老师，就连身体都变得比以前好了许多。

她曾在淄水边说过的那个问题他一直记着：有一条河，每一段水域就是一个季节，河里的鱼只要顺着这条河向前游，就会经历春夏秋冬四季，但鱼只能向前游而无法回头。可是有一天，有条鱼随着河流漂流到夏季时，忽然倒退回了春季的水域……

以前的桓泽不会惦记这样没头没脑的问题，现在的她惦记着，必然有她惦记的理由。他一直在想这是不是就与她变化的原因有关。

他看着这个人变化，成长，越习惯她如今的模样，就越不愿意她倒退回原来的模样。而现在她却告诉他，桓泽早就不在这世上了，这世上只有她。

她？她是谁？桓泽又去了哪里？

他很想这样问，但那双揪着他领口的双手已经一把将他推开了去，没给他开口的机会。

易姜坐在榻上，看着他惊愕的脸，忽然觉得万分畅快："师兄回去吧，不是要带我去齐国吗？你得回去准备，何时动身都可以，我在这里等你。"

"你当真愿意？"公西吾有些意外。

"难道我还能插翅飞了吗？"易姜躺了下去，背对着他，"不送。"

公西吾却没急着走，走过来低头看着她，仿佛刚刚认识她一样。

也许他的确是刚刚才认识她。

回府时，从前线送来了燕国退军的消息，从赵王宫送来了赵王宣布亲政的消息，这些大事都等着他去关心，但公西吾都没怎么在意。

这一夜辗转难眠，往日情景历历在目，但印象最深的还是她如今的一语一笑。他忽然相信了她的话，她的确不是桓泽，的的确确就是另外一个人。

第二日天未亮时他就起了身，一切准备妥当，亲自打马去亚卿府接人。

仆人们在洒扫庭院，为悼念赵太后而在府门前挂上白幡。除了更加沉静肃穆以外，一切都如往常一样，但公西吾察觉出了异常。

"相国，亚卿并不在府中。"仆从在他马前禀报结果。

"知道她人去何处了吗？"

"不知。"

"其他人呢？"

"除了眼前几个下人，其他人都不见了。"

公西吾蹙眉，转身策马入宫。

赵王丹红肿着双眼在偏殿见了他，对他道："亚卿昨夜的确来见了本王，她说了许多……本王觉得大约真是冤枉她了……"他叹了口气，似是愧疚，"尽管如此，她还是要请罪回封地去，本王无法劝阻，就随她去了。"

公西吾又立即告辞出宫，命人前往仇由。

然而送回的消息出人意料，仇由也没有她的踪迹。

就像她毫无预兆地出现，如今又悄无声息地不见了。

第十二章 三年之后

世事好像什么都没变，但其实每天都在变。

寒风呼啸着从晋南高原卷过，大雪悄然落下，枯黄的野草在风中瑟瑟发抖，大地渐渐覆上一层雪白。这四野之间苍凉平静，仿佛是世间最安宁之处，在这里驻扎的赵军却不以为然。

在他们的对面有数十万秦军。

廉颇忧心忡忡地坐在军帐里，印象里他已经很久没有这样真正地上一回战场。赵国已经变了样，至少在他眼里，赵太后去世后，赵王丹就走上了与他期望相反的道路。

除了优柔寡断之外，他又渐渐与重臣疏远起来，不听谏言。大概是因为当年公子溟的事，他对任何宗族贵老都不信任，而他信任的那些人只会怂恿他盲目自大。

廉颇知道真正在背后怂恿的是谁，从他进赵国第一天起赵国就没安生过，甚至回了齐国还在操控赵国。但他知道又有什么用，赵王丹根本不听。

早知今日，当初就该除了那小子！

一个副将拍打着身上的雪花进了中军大帐，向他抱拳道：“将军，对面的秦军还是没有动静，我们要做何安排？”

“按兵不动。”廉颇花白的胡须抖了抖，说话时好像嘴巴都没怎么动。

副将领了命，却没有走，似乎还有话说。

廉颇目光如炬：“都什么时候了，有话就说！”

副将讪讪上前，自袖中取出一封书信给他。

廉颇以为是秦将的来信，拆开一看，字迹竟然有些娟秀，像是出自女子之手。

他第一反应是蔺相如，那混账东西写字十分娘气，看着就恼火，但见信中只写了一句话，他就知道写信的不是蔺相如了。

信中道：秦质子在赵国，需严密监视。落款是一方亚卿官印。

廉颇一下想起这人是谁来。那么年轻的一个少女活跃在赵国朝堂，任谁都记忆深刻。但记忆中自赵太后离世就没再见过她，据说是回了封地，但一连三载都未曾见过她入都觐见赵王。倒是两年前，她忽然写了封信给廉颇，让他建议赵王丹要求秦国派质子入赵。

若是以往，此事是绝不可能的。但那一年风起云涌，秦王身体不好，国内局势不稳，只好与山东各国缓和态度，向好几个国家都派了质子。赵国也不例外，赵王丹发书秦国，秦国也的确派了质子来，是个名叫异人的不受宠的公子。

廉颇叹息，秦国是早就安排好的，这样一个质子，根本毫无意义，就算现在押到阵前来，对面的秦军也未必会忌惮半分。所以就算严密监视他又有何用？亚卿到底是个女子，又离开邯郸久了，如何了解现今的局势。想到此处，他不禁摇了摇头。

副将领命出了大帐，他这才站起身来，走到帐门边朝外张望了一眼，竟有些感慨，才短短三年时间而已，怎么就变成了这样？三年前秦人纵然再骄傲，也断不敢如此肆无忌惮地挥兵东进。

其实原本不该他身在此处与秦军对阵。秦国原本攻打的是韩国的上党郡，上党郡距离邯郸只有一百五十几里。秦军切断上党郡左右支援，郡守冯亭无力回天，又不愿向秦国投降，一怒之下竟然投靠了赵国，双手将上党郡献给了赵王丹。

彼时亚卿也给他写过信，让他进谏赵王丹，千万不可接受上党郡。廉颇自己也不同意，然而再三谏言，赵王丹半个字也听不进去。偏偏齐国还派了使臣来给他撑腰，赵王丹愈发胆大，当即派人接手了上党，又派廉颇领兵四十万赶来支援。

秦军并没有退缩，大有神挡杀神的架势。赵国敢插手，他们便横兵对决，短短几月，进攻的兵力竟然比之前增加了一倍。

廉颇便知道不对劲，不是他胆小惧怕秦军，实在是以赵国如今的国力，根本不足以对抗秦国，这四十万将士已经是倾国兵力了。

大雪飘摇，远处传来忽近忽远的歌谣。廉颇脸色古怪地望出去，荒芜的田埂间一个白袄戴帽的小童坐在黄牛背上优哉游哉地哼着歌慢慢前行。

这样的时节，这样的情势，也不知是不是不知者无畏，那么小的一个孩子，就这样大摇大摆地从对峙的两军前骑牛而过。

“这是什么古怪事？”好几个副将都聚拢而来，视线都落在那道田埂上，忘记了天气的寒冷。

一个道：“这孩子是从天而降的吗？”

另一个道：“听到他的歌没？他在唱天女现世，那是什么意思？”

“莫非是天神派来拯救上党的？”

“闭嘴！”廉颇狠狠剜了几人一眼，“都什么时候了还在说这些不着边际的话！”

众人不敢多言，那先前送信给他的副将却忽然想到什么：“对了将军，您还记得当年深得太后宠信的亚卿桓泽吗？这两年时常有人传她身上有奇遇呢。”

廉颇自然记得，刚才还看了她的信，板着脸问：“什么奇遇？”

“据说原本她死过一回，醒来后性情大异，获天女赐书，有逆天改命的本事呢。”

廉颇火气更大了，铿然拔出腰边长剑：“你我军人，竟然说这种神鬼之言，是要扰乱军心吗？”

武将连忙跪地：“不敢，末将只是听到这孩子唱到天女，才想起来罢了……”

“哼！”廉颇收剑入鞘，转身入帐。

前线的暗潮汹涌在邯郸城中一点也感觉不到。

赵王丹在书房中来回踱步，现在的他只关心上党郡能不能顺利到手。

一个宫人进来禀告他长安君求见，尚未告退，赵重骄便进了殿来。

赵王丹收起思绪，冲他笑了笑：“重骄怎么来了？”

赵重骄长高了许多，面容也没了当年的女相，立在殿门边草草见了个礼：“我想请王兄准许我去上党支援。”

“这怎么行！”赵王丹当即回绝，“你从未上过战场，如何能去那么危险的地方，何况有廉将军在，不需要你相助。”

“我看未必，上党郡的情形并不好，王兄何必自欺欺人。”赵重骄移开视线不看他，“我虽没上过战场，武艺却从未荒废过，去阵前杀几个秦人，说起来也算为国出了些力，对母后也有交代。”

“你既然说到母后就更不必提了。”赵王丹背过身去，当年答应了母后要照顾好他，岂能让他去那杀人不眨眼的地方拼命。

赵重骄等了半天不见他有回心转意的意思，气闷地拂袖出了宫。

迎面有人骑着快马送信入宫，扬起的尘土卷了赵重骄一脸。他恨恨地转头瞪了一眼才登车回府。

信很快交到内侍手上，但内侍却没有将之送去给赵王丹。

这封信几日后出现在齐国的相国府。

大雪压弯了院中的树枝，童子闲得无事在树下堆了个雪人，回头看看书房，相国竟没有像先前那般坐在案后埋头忙碌，反而站在门边看着他发呆，身上厚重的朝服齐齐整整，长袖遮掩的手指间露出一截写了字的布帛。

童子以为自己偷懒被发现了，不敢再玩，行了个礼便匆匆跑了。

公西吾收回视线，将手中的布帛展开又看了一遍，里面写着献给赵王丹的对秦策略，最后盖着亚卿印。

虽然赵王丹就算看了也未必照做，但此时这信在自己手上，公西吾还是觉得庆幸。因为一旦赵王丹采纳，他的计划必然会受阻。

她离开了三年，三年间行踪不定，往往是刚刚发现她的踪迹，她便又去了别的地方，足迹遍布列国，不知在忙些什么。而最近两年关于她的传闻渐渐多了起来，其中有一条传得最广也最玄乎——据说鬼谷弟子桓泽死了一次，苏醒后获天女赐天书十卷，故而有了逆天改命、助国兴昌之能。自此她更名易姜，游走列国。

以公西吾对她的了解，自然不相信这种传言，他觉得任何传言都有源头，而源头的目的就是传言产生的原因。她更名易姜，又传出这样的言论，究竟是想要干什么呢？

这三年间她从不露面，但每次只要与赵国有关的事都会现身提出对策。公西吾越来越不明白她，她明明已经离开赵国，却又领着赵亚卿的头衔继续为赵国政事操心；明明看着像在回避他，却又处处针对他铺展的计划。或许她依然没有放弃赵国，仍然信守着对赵太后的承诺。

只是究竟要怎样她才肯现身？

“先生。”聃亏从廊下走过来，抱拳道，“赵使求见。”

公西吾摇了一下头：“不见。”

“他们是来请齐国出兵支援上党的。”

“那就更不能见了。”公西吾将布帛仔细叠好，纳入怀中，“就说我还在劝

齐王，让他宽心。”

聃亏领命，走出几步又想起什么，转身道：“又有桓泽先生的消息了。”

公西吾看他一眼：“她现在叫易姜。”

“那就是易姜先生的消息。”

“在何处？”

“一说在魏国，一说在韩国。”

公西吾皱眉：“那与没说有什么分别？”

聃亏讷讷，告辞退下。

公西吾却又叫住了他：“还是派人去看一看好了。”

聃亏小心地问：“是去魏国还是韩国？”

“都派。”

“是。”

曾经昭告天下的齐赵魏三国结盟，随着亚卿桓泽的离都，近两年来越来越名存实亡。此番赵国发兵上党，也并没有得到齐魏两国的相助。

廉颇对此是有数的，毕竟这次是赵国为了得到上党才参与了此战，结盟国没有必要为了赵国单独的利益而加入。尽管齐国当初说得很好听，但他不是赵王丹，才不会相信齐人的好话。

与廉颇对峙的秦将是王龁，这是个难缠的对手，作风强硬，且雷厉风行。廉颇与他从隆冬一直对峙到开春，没有一次落得好处，战事不容乐观。

绿色渐渐蔓延了整片原野，空气里浮动着泥土的湿味，廉颇在中军大帐里对着地图已经思索了许久，久到有人进了大帐都没察觉。

“廉将军有什么好对策吗？”

廉颇猛地扭头，看到来人十分诧异：“长、长安君？”

赵重骄身着胡服长靴，腰配长剑，笑看着他：“将军这么惊讶做什么？”

廉颇按按脑门：“您怎么来了，若是王上知道了，不知得多担心啊。”

“我是打着祭拜母后的旗号出来的。”赵重骄走过来看了看地图，又问他，“可有对策？”

廉颇摇头，一脸沉重。

赵重骄叹息：“其实我此番前来，也是有事要提醒将军。”

廉颇正色：“长安君请说。”

“将军久攻不下，朝中人心各异，只怕……”他顿了顿，低声道，“只怕王兄会派他人取代将军。”

廉颇紧闭双唇，一言不发。

赵重骄料想他心里不好受，站去一旁，回避一些，眼神正好扫过桌案，那上面摊着一份布帛。

“这……”他伸手拿起布帛，紧紧盯着最后落款那方印，“这是桓泽写给你的？”

廉颇回神，点了点头。

“她为何写信给你？”

廉颇回忆了一下：“据她信中所言，她也一直给王上写信，但似乎没有一封送达。她怀疑有人暗中截了她的信，所以会故意给王上提一些不详尽的计策，倒是可以放心与我通信。”

赵重骄手指紧紧捏着那份布帛：“她现在人在何处？”

廉颇一脸古怪：“不都说她在封地吗？”

赵重骄正要说话，一个士兵进来禀告说一切已经准备好，请他出发前往赵太后陵墓祭扫。

赵太后的陵墓离这里其实很远，他是兜了个大圈子来的，自然不能久待。匆匆走到帐门边，他想了想又回头道：“倘若再有她的消息，还请廉将军告知我一声。”

廉颇点了点头，送他出了大帐，心道自己都不清楚她在何处，每次都是她写信过来的啊。

到达赵太后陵墓时已经是日落西山。左右早已备好祭品，正要送去祭台，忽见那里已经摆满了祭品，不禁面面相觑。

赵重骄下马过来观望，伸手探了一下那煮熟的牺牲，居然还带着温度，连忙翻身上马，命人四面去追，要看看到底是何人来过。

他亲自打着马沿着一串稀薄的马蹄印追赶，不知过了多久，看到了人影。那是个女子的背影，一身黑衣，骑在马上优哉游哉前行。

“桓泽！”赵重骄几乎是下意识叫了一声，前方的人勒住马，转过头来看了他一眼。

他纵马到她身前，愣了愣，并不是桓泽，只是个面容娇俏的陌生女子。

“这位是……”她歪着脑袋，古怪地挑挑眉。

赵重骄皱眉：“你又是谁？”

“你不是叫桓泽吗？我与她认识。”

赵重骄左右看了看：“她人呢？”

“你还没说你是谁呢。”

他火了：“我是她主公！”

“主公？”女子哈哈大笑，“她自己都有封地有爵位了，哪里还会有主……”说到此处她忽然一顿，“哦，原来你是长安君。”

赵重骄脸色已经有点泛青了。

女子笑了笑：“在下少鸠，桓泽座下门客。今日赵太后忌日，本该她亲自前来，但她实在分身乏术，只好托我代劳。现在能见到长安君也好，免得我回头再送信过去了。”她从怀中摸出封信来，双手奉至他跟前。

赵重骄接过来，几下拆开，里面的确是她的字迹。她并没有说起自己的近况，也没有问候他这个故主，只交代了几件事，的确是交代的口吻，说的事情都与现在的战事有关。

最后她特地嘱咐了一句，让他好好利用赵王丹对他的兄弟情谊，只有他才能使她的计划得以实现了。

“她有何计划？”他将信收好，抬头问少鸠，眼前却已经没有她的身影，不禁怔了怔。

魏国，大梁。

信陵君府里魏无忌正在对着管事送来的账册啧啧摇头：“太浪费了，太浪费了，你这每次出行都是一笔巨资啊。”

书房另一头站着易姜，正倚在窗边看他院中的一丛花木，闻言扭头低斥一声：“我用了你多少钱？大部分钱还不是我自己的俸禄。”

“唉，浪费啊……”魏无忌像是没听到，尽顾着哀叹了，“你倒是去一些离得近的地方啊，这几年不是跑燕国就是跑楚国。”

“跑这两个地方自然是有用的。”

“你倒是说说有何用？”魏无忌丢开账册盯着她，“还有那天女的传言，你再说说有何用？”

易姜摸摸鼻子：“我怕没人肯用我啊，若是有个天女撑腰，其他国君肯定会高看我一眼的。”

魏无忌嗤之以鼻：“以你的才能，还不至于无人用你，何必捏造这样的传言，除非……你要做的不是一般的事。”

易姜的视线依旧落在那丛花上：“你说，列国之中，为何只有齐赵魏结了盟？”

“自然是因为心不齐。”

“最有异心的是哪个？”

“燕楚无疑。”

“那我这三年来总跑这两个地方就对了。”

魏无忌一愣，恍然大悟：“你想要联合燕楚？”

“不止。”

“你……”他不禁站起身来，“你想要联合六国？”

“也许只有五国。”易姜转头迎上他的视线，“这些事苏秦也做过。但比起我，他要容易得多，我一介女子之身，要想取得诸国国君信任，总要有个让他们信任的理由。”

“所以你就散布天女赐书的言论？”

易姜点头：“眼下除了秦国，哪个国家不想逆天改命呢？”

魏无忌眼神微动，想不太明白：“眼下情势尚未到那地步吧，需要你如此大费周章来联合各国吗？”

“需要。”易姜抿紧唇，倘若她没有猜错公西吾的目的，那就绝对需要。

当初蔚山一行，范雎当日在棋局上提过几个地方：赵国、燕国、韩国、西平，之后全部在战事里出现了，眼下秦军还正靠着韩国的西平，恰好是当初他所言的背倚西平的架势。

这绝非偶然。

而关于秦国依靠韩国进攻的这一步棋，公西吾当时并没有破解，他甚至还说了句，未免太狠了些。

如果反过来考虑，假如一切早就计划好，公西吾也知道这安排，那他一定是跟秦国联合了。这就解释了为何他府上会有秦人保卫，还与秦国保持书信往来。

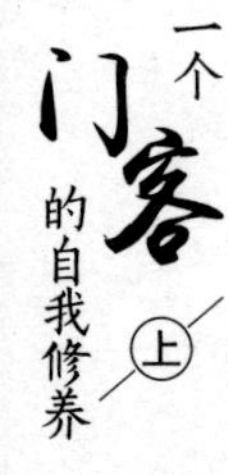

也解释了为何原先范雎还意图害他，后来却不了了之。

而一旦齐国与秦国暗中联合，那么等待赵国的就只有亡国了。

“假如我要联合各国，你可愿助我一臂之力？”她笑盈盈地看着魏无忌。

魏无忌按了一下胸口：“别这么对我笑，我怕我把持不住。”

易姜遂板起脸：“那你究竟如何说？”

“唉……”魏无忌重重叹息，“至少给我个联军统帅做做，不然我钱都白花了。”

易姜大笑出门：“一言为定。”

“你这是要走？”魏无忌赶忙跟上。

易姜脚步不停：“自然，以公西吾的耳目，过不了多久就能找过来了。”

魏无忌摇头感叹：“你们这是何苦哟。”

东郭淮在门口等她，易姜一出门便罩上了披风，戴上帷帽，登车时听他说裴渊已经回来。

易姜点头，命他前行，马车刚驶出去不远，后方已经传来马蹄声。

裴渊在半道神不知鬼不觉地上了车，一上车便道：“先生，我都查清楚了。”说着从怀里摸出一块木牍来。

易姜接过来看了看，神情并无变化：“跟我想的也没多大差别，公西吾到底也是个公子。”

“没有比他更艰难的公子了。”裴渊叹息。

易姜瞄了瞄他：“虽然不想打击你，但这话我还是得说，你要见公西吾的心愿，只怕这辈子都实现不了了。”

裴渊的确受到了打击，脸都白了，咬着唇委屈地看着她。

易姜翻了个白眼：“至于吗？”

“先生你呢？以后你也见不到他了吗？”

易姜微微一怔，抿唇不言。

肯定还会再见，只是不知道会是何种光景下再见了。

车外一声马嘶，车身骤然停下，易姜险些摔倒，这才回神。探身出去看，一名高大的剑客跨着马横在车前，像是从旁边横冲出来的。

“姑娘……”他视线在易姜身上打量了一圈，神色微有变化，“姑娘变了许多。”

“女大十八变嘛。”易姜冲他笑了笑，“聃亏，许久不见啊。”

聃亏抱拳：“我是来请姑娘去见公西先生的。”

易姜笑意更浓：“你还把我当以前那个桓泽呢，就这样也敢来请我？”

聃亏脸色一变，离他最近的东郭淮已经抽出长剑，顷刻间数十人把他团团围住。

聃亏没想到自己会被擒。他是赶着过来的，所以单枪匹马。但以他的身手，对付几个护卫也不在话下，只是没想到易姜身边的护卫根本不止几个。

易姜不知怎么想出来的花样，给他头上套了件衣服。他看不见路，被带上车，走了许久才停下，浑浑噩噩，不知自己身在何方。

被拿掉衣服时，已身在一处屋舍。他环顾四周，是间干净简单的屋子，除了床榻和桌案，几乎没有其他陈设。

易姜坐在他对面煮茶，一面往其中添佐料一面道：“你来得正好，正好我有件事想要向你求证。”

聃亏双手被缚在背后，但还是端正跪坐好：“姑娘但说无妨，只不过我不一定会回答。”

“你不回答我自有叫你回答的方法，就看你愿不愿尝试了。”

聃亏不禁愣了一下，她依旧垂着眼盯着茶汤，一点不像和他开玩笑的样子。

易姜忙完，抬头朝他看了一眼：“你要侍奉的人，本不姓公西吧？”

“原来是要问公西先生的身份。”聃亏扭过头去，“恕亏无法直言。”

“世上没有不透风的墙，你隐瞒不了的。裴渊虽然是一介平民，但他以前为韩国王公效过力，据说韩国至今还有人在追杀你家主人呢。”

聃亏眉头皱成了川字：“姑娘都知道些什么了？”

“早先裴渊便与我说过一些，我没怎么在意，现在才想起来有这么回事，应该说我什么都知道了。”易姜冲他亲切地笑笑，“我该称他一声公子吾吗？一个没有领地的公子？”

“领地？”聃亏像是带了许久的积怨，愤愤道，“你脚下所站的魏国，还有赵国和韩国，原本都该归他一人所有！”

易姜脸上的笑渐渐隐去。

这的确是莫大的荣耀，公西吾本该拥有一个那么显赫的身份，那庞大富庶的

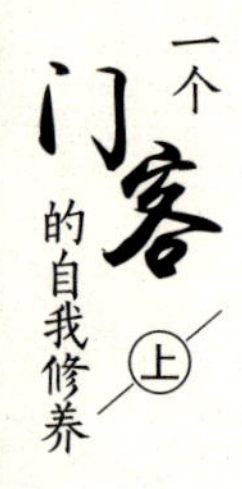

一方霸国若还存在，以他的能力，能与秦国抗衡的就不会是现在的齐国了。

可惜他晚生了太多年。

“先生不让我们称呼他为公子。”聃亏喘了口气，不激动了，反而有些颓唐，“我也不知道他在想什么，他倒是经常想起你。”

易姜眉目一动，嘴角露出笑来：“是吗？如何想我的？”

“我没见他在意过谁，但他手下眼线这两年大多都用在了你身上，大概他对你……”余下的话聃亏没有说下去。

易姜“扑哧”笑出声来，端着碗茶到他跟前：“不要想太多，他只是想禁锢住我罢了。他几乎暗中培养了我，又如何愿意放任我在外与他作对呢？”她举着茶盏送到他嘴边，忽地手掌一翻，茶水都淋在了他脸上，“这样是不是清醒多了？”

聃亏闭着眼，一脸狼狈。

易姜起身，叫来东郭淮，让他准备动身。

“去哪里？”聃亏终于忍不住问。

“反正不会带上你，你关心这么多做什么？”

“你要放了我？”

“是啊，带着你，公西吾很快就会找到我。”易姜走出门去，口中道，“劝你老实点，否则我也可以改变主意杀了你，留着你不过是为了传个话给公西吾。”

“什么话？”

“叫他尽早收手。”她的声音远远传过来。

车轮辘辘，行驶在颠簸的小道上，聃亏依旧被捆着双手蒙着脸，半道上被丢下了车。

马车继续前行，一路不停，穿过边境，进入韩国。

韩王早已在国都新郑等候。易姜到达时已是好几天后，没有着急入宫，而是等着韩王再三催请后才终于动身前往韩王宫。

这三年间她跑遍列国，对诸位国君都或多或少有了些了解。燕王傲慢自大，楚王谨小慎微，魏王疑心病重。而韩王则是最没特色也最典型的国君，骄奢淫逸，又希望国家强盛，处在破罐子破摔和奋发图强两点间摇摆不定的那种人。

这种人若是紧贴着上去，他反而看不上，但如果架子比他大，他倒觉得你真有本事，不敢错过。

殿中燃了熏香，侍女们引着易姜和裴渊进了大殿。她穿着素淡的曲裾，披着白色的披风，鬓发都罩在宽大的帷帽里。

隔着帘子，韩王端坐的身影不禁朝前探了探，只看到小半张脸。有些失望，又更加好奇，碍于对方身份，又不好直接叫她摘了帷帽。

易姜见了礼，跪坐下来："韩王对如今情形，可有对策？"

韩王不料她开门见山，抚着短须摇头："秦国现在与赵国对峙阵前，似乎也没我韩国什么事了吧。"

"韩王莫要忘了秦国原本的意图，他们进攻的本就是韩国。韩国被列国围困于中间，国土最小，形势最艰难，纵然有天下最强的弓弩长剑，又怎敌得过秦军铁骑呢？"

这一句直戳到韩王心里去了，他这才慌了："听闻先生有天女赐书，可有救我韩国之法啊？"

"若不能救韩国，我就不会前来了。"易姜双手交叠放在膝头，"要对付秦国，一两国不足以成事，需五国合纵，共同抗秦。"

"五国？哪五国？"

"燕、魏、赵、韩、楚。"

韩王一愣："为何没有齐国？我记得齐国与赵魏是盟国啊。"

"齐国处于五国后方，不会正面与秦国起冲突，要它加入并非易事。不过正如韩王所言，既然同为盟国，它加入是迟早的事。"

韩王松了口气，但又有些犹豫："其他几国……当真都愿意听先生号令？"

易姜笑了一声："诸位国君都已表态，就剩韩王了，若韩王也答应，五国便告天结盟，同组大军。"

韩王那点犹豫被打消了，如果连燕国和楚国都愿意加入，那他自然没话说。正如她所言，韩国夹在中间，腹背受敌，实在是很艰难的状态，若真能逆天改命那是再好不过。

裴渊全程一言不发，直到告别韩王出了大殿，他才悄悄扯了一下易姜的衣袖："先生，不是才开始游说合纵吗？您怎么说其他国君都答应了？"

易姜朝他做了个噤声的手势："不这么说怎么能迅速地联合起他们来啊。"

裴渊真是服了，这么正大光明地撒谎，可真有胆子啊，"先生为何这么着急，眼下形势并未到这地步啊。"

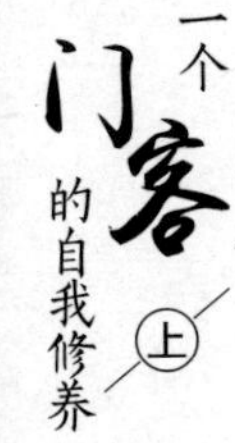

谁都这么说，易姜只能无奈叹息。

转眼到了夏天，上党的情形忽而急剧变化。王龁蛰伏日久，忽而主动出击，势如破竹，一举破了赵兵驻地周围所有的城池。

上党犹如瓮中之鳖，不出半月便被攻克。

廉颇驰援失败，只好领兵撤退，一直退到了长平，命人修筑工事，抵御秦军。

消息传到邯郸，赵王丹失望不已。还以为廉颇经验丰富，不会有多少波折，没想到他像个缩头乌龟一样，不仅丢了上党，还退兵到了长平。

仍霸着赵国相国之位的田单提出建议，撤换主将。朝堂上反对者有之，赞成者有之，一时间争执不下。而赵王丹则已有些偏向同意撤换廉颇了。

赵重骄匆匆入宫求见，一见到赵王丹便道："王兄打算让谁去替换廉颇？"

赵王丹很意外他会这么关心国事，摇头道："还没想好。"

"千万不能是……"

"千万不能是谁？"赵王丹莫名其妙。

赵重骄抿了抿唇，摇头道："没什么。"

易姜给他的信中写了若赵王丹有意撤换廉颇，人选一定不能是赵奢之子赵括，原因却没有细说。赵重骄觉得古怪，但无法联系上她，也不清楚具体缘由，所以就忍耐住没有直说，否则不仅达不到目的，恐怕还会被认为是和赵括有私怨。

易姜也已收到消息，她刚从楚国回到魏国，得知赵军已经退到长平，竟觉得炎炎夏日分外寒冷，立在窗前许久无言。

就算对战国历史再不了解的人，对长平之战多少也知道一些。没想到秦国终究还是把赵国逼到了长平。公西吾还是不肯收手吗？明明连他自己都觉得这一招太狠，为何还要一意孤行。

魏无忌端着酒爵走到她身边，顺着她的视线看了一眼月亮："你怎么了？"

易姜收回视线，忽然道："我要回赵国去。"

"什么？你不躲公西吾了？"

"我本来就没躲他，是他自己找不到我。"易姜朝门口走去，一边说道，"你准备好，过几日便在邯郸结盟合纵。"

魏无忌点了点头，忽而反应过来，连忙追去门口："你说什么？过几日？这么急，合纵未免根基不稳啊！"

易姜在院中转过头来看着他，神情分外严肃："管不了那么多了，晚了就来不及了。"

"来不及？"魏无忌一头雾水，到底什么来不及啊！

齐国相国府里，聃亏终于重新站在了公西吾面前，有些垂头丧气。

"她把你抓住，就让你带这么一句话给我？"公西吾自案后抬起头来。

"她还知道了您的身份。"聃亏这话说得小心翼翼。

"知道就知道了，这又不是多金贵的身份。"公西吾并无特别反应，问了句，"她过得如何？"

"过得很好，应该说非常好。"聃亏想起她那出行的架势，比起贵族也不遑多让了。只是变化太多，让人心情复杂。

"那就好。"公西吾叹了口气，"可惜还是太固执，心里始终惦记着赵国。"

聃亏心不在焉的："我倒觉得先生你就偏爱她这固执。"

公西吾倒没否认："说的也是。"

"可是她好像很嫌弃先生，我说起你她还泼了我一脸的水。"

公西吾笔下顿了顿，一时忘了后面要写什么，攥紧笔瞥了他一眼："泼得好。"

第十三章

五国之相

易姜回到邯郸的消息不出几日就被赵王丹知晓，他大为惊讶，连忙派人去请她入宫。

夏日燥热，书房里四面通风，竹帘被轻轻吹动。又重新穿上厚重朝服，束起男子高冠的易姜轻手轻脚地入殿，向赵王丹行了跪拜大礼。

赵王丹虚扶一下，请她入座，视线久久无法离开她的脸，感慨道："三载不见，本王都快不认识亚卿了。"

她早已不是当初那瘦豆丁的模样，脸色有了健康的红润，双眼彻底长开，顾盼生情。身材与寻常女子比起来要高挑匀称许多，女性特征越来越明显，玲珑曲线也已不是男装可以遮挡得住的了。饶是赵王丹身为阅美无数的国君，也不禁侧目。

易姜笑了笑："王上也越发英明神武了。"

赵王丹回神，摇了摇头："想到秦军还在长平叫嚣，如何英明神武得起来。"

易姜抿了抿唇："已经到了这步，王上得注意不能再走错了。"

赵王丹不解："亚卿这是何意？本王走错了哪一步？"

"王上不该相信齐人，要多信任良臣，眼下情形多半是齐人造成的。"

"这怎么可能？"

易姜就知道他不会相信，那些人已经颠倒了他的观念，岂是一两句话能扳得正的。"臣虽离开邯郸三载，但始终关心赵国情形。王上与齐人太亲近，以至于臣的信函都无法顺利送达，只能辗转送给廉颇将军。这些王上都知道吗？"

赵王丹皱眉："这怎么可能！本王的王宫，不可能有送不进来的信。"

"齐相公西吾看似与赵亲近，实际上已与秦国暗中联盟，王上又知道吗？"

"亚卿！"赵王丹似乎有些生气了，"田单今日还请命率军驰援长平，齐赵结盟是你一手促成的，为何到了你口中他们这般不值得信任？亚卿在外三载，当真知晓邯郸一切吗？”

易姜看着这张脸，越发阳刚凛然，可惜在他身上再无当初对付公子溟时的决心和明智了：“臣只是就事论事，王上听一听就好。”多说无益，她选择闭嘴。

赵王丹似乎也意识到自己语气重了，叹了口气：“为了对付秦军，本王已经绞尽脑汁，真不知道该如何是好了。”

易姜道：“臣这次回来便是要助王上对付秦军的。”

他猛地抬头：“如何对付？”

“臣已联合四国，不日即在邯郸会盟誓师，合纵抗秦。”

赵王丹先是一愣，继而发笑：“这怎么可能，燕楚可不会轻易答应前来……”

“报——”话音未落，殿外士兵狂冲而至，“王上，楚王亲率人马赶赴邯郸，现已至魏国邺城。”

赵王丹错愕。

紧接着又有士兵冲到了殿前：“报——魏公子信陵君率人马赶赴邯郸，已至城外百里。”

“报——韩王率人马赶赴邯郸……”

“亚卿……”赵王丹不禁站了起来，目瞪口呆地看向对面。

“王上也准备一下吧。”易姜起身告辞。

出王宫时，她朝赵太后的寝宫方向看了一眼。若太后还在，必定不会走到这一步。

合纵抗秦在任何时候都不是件容易的事，何况是如今混乱又紧急的局面。好在易姜有魏无忌这个帮手。

于是当廉颇在长平艰难地抵御秦军时，五国合纵的事情被强行拖拽着提上了议程。四国君王或亲自前往或派代表，纷纷赶来邯郸。

赵王丹手忙脚乱，连忙派大臣准备接待事宜，宫人洒扫行宫别院。

其中当属楚王最积极。他好鬼神之说，据说其父曾在巫山跟神女私会云雨，妙不可言，临死都难以忘怀，他也很想尝试一下。

当初易姜跑去楚国，告诉还身为太子的他秦国已经抛弃楚国暗中和齐国联盟，他没多大感觉。后来某日忽然听闻了易姜的天女传言，一下对她产生了极大的兴趣。待他即位，每次易姜入楚，他都要亲自迎接。如今他自然也要亲自前来结盟，顺便见一见天女代表易姜。

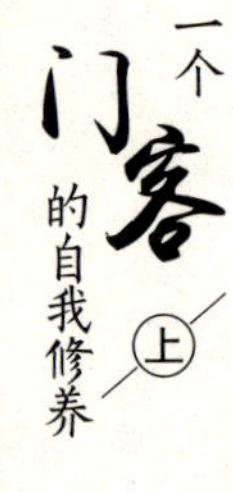

或者说亲自见一见易姜，顺便结个盟。

亚卿府里总算又多了些人气。息嫦一边给易姜打扫房间一边笑着道："主公此番回来就不走了吧？"

易姜没有作声，她并不确定。走出房去，发现当年聃亏养的那只肥鹰居然还在，嘴馋得很，一直在伙房附近徘徊。

她好笑，其他老鹰看到它非得嘲笑死它不可。

耳边忽然听见脚步声。易姜转头，斜对面廊下走来个人。

那是赵重骄，可又和以前大不一样了，五官还是很秀气，身材却结实多了，已经有了青年的模样。

她不禁笑了起来："这不是长安君嘛。"

赵重骄目光怔怔，听到她声音才讪讪收回视线，慢慢走到她跟前："我听说你要联合五国合力抗秦？"

"是啊。"

"这跟你交代我的事有关吗？"

"有，不过一时半会儿我也说不清楚。"

这的确说不清楚。她知道这段历史，可对他而言是进行时。何况这段历史究竟是不是跟她所知道的有差别，差别多大，她也不清楚。

"王兄现在很难听进别人的建议。"赵重骄沉稳了许多，但偶尔还是会露出些急躁，"他现在只知道相信那些齐人。整个赵国只有母后信任你，她已不在，你又何必为赵国费心费力？"

易姜有些意外："难道长安君不希望我帮赵国？"

"不是不希望。你始终是个女子，周旋于这乱世，多的是困难，何必自讨苦吃？"

"我还道长安君变了，原来还是和以前一样看不起女子。"易姜摇摇头，越过他朝前走去。

赵重骄诧异道："你去哪里？"

"去周旋于这乱世啊。"

赵重骄气闷，他本不是那个意思来着。

曾经举行过齐赵魏三国结盟的鹿台行宫又热闹起来。远道而来的贵客在此歇息了几天，赵王丹现身亲自举行合纵结盟大典。

时间仓促，准备不够，但也勉强算得上隆重。

高台上礼乐阵阵。韩王人到中年，体肥身虚，爬上高高的台阶后气喘吁吁。楚王却正直盛年，华服玉冠，气宇轩昂，站在台上眼神睥睨。

燕国来得最迟，不过燕王因为之前进攻赵国的事不好意思过来，派来的代表是年少的长公子。这位公子似乎有些怕生，瘦削孤僻，不怎么与他人交流。

魏无忌左看看，右瞄瞄，忍不住又想叹气。也不知易姜在着急什么，明明可以等时机成熟再结盟，何必非要这么赶。

正想着，瞄到远处易姜朝这边走来了。

她从厚厚的织毯尽头走来。长发如墨油光可鉴，只以发带束在脑后，没有一点装饰。身着素白曲裾，腰带上以紫线绣成了祥云纹样，悬着的玉环香袋在身侧轻轻摇荡，双手执着一柄青玉刻成的笏板，以示上告天听之意。

两侧站着的，无论是赵国大臣还是列国随行官员，全部目光都在她身上。赵重骄也在其中，一直目视她登上高台。也不知是不是受了传言影响，觉得她不是得了天女的赐书，而是已有几分天女气质了。

楚王早已按捺不住地迎了上来。魏无忌原本要去迎一下，见他这般急切，不禁翻了记白眼。

赵重骄也将这幕看得清清楚楚，心中不屑。难怪她不觉得困难，原来在列国游走靠的是美色！赵王丹已经在宣读祭天文书，可他一个字也听不进去。

阳光有些晒人，但好在有风，勉强叫人觉得舒适。

三年前结盟时，易姜只能站在台下观望，彼时她还悄悄扯过公西吾，现在竟站在这高台之上，与列国君王并列，世事真是难料。

极目远眺，天蓝如洗，云淡如丝，下面是连绵的山脉和广袤的原野。她此时的大脑竟然是空白的，什么也想不到，什么也不想去想。

眼角余光瞄到有人在看自己，她回过神，朝那方向看了一眼。除了楚王那骚包之外，并没有其他人。

赵王丹的祭天文书太长，她听了一会儿又忍不住开小差。过了片刻，还是感觉有人在看自己，再看过去，楚王的视线这次并不在她身上。她的视线缓缓上移，落在后方一处阁台上，那里的窗户敞开着，隐约间似乎有道人影站在那里。

多亏她这个位置好，其他人都站在两侧，就她和赵王丹站在中间，而赵王丹只顾着埋头念文书，根本没有注意到其他。

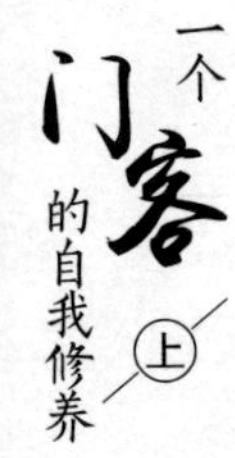

赵王丹终于宣读完了文书，各国代表歃血为盟。

眼看着就到了册封这一步，赵王丹视线朝下方扫了一遍又一遍，忽然扯了扯易姜的衣袖：“亚卿，你看这五国相印……”

易姜顺着他的视线看了看就知道他在想什么。一边是略显焦虑的田单，一边是心塞望天的平原君，大概他是打算让他们中的一个来执掌这么重要的位置吧。

她脸上笑了一下，心中却凉了一分，转头高声道：“楚王，册封之事不如就由您来主持吧。”

楚王双眼一亮，快走几步到她跟前，手伸出来才意识到要矜持，讪笑道：“为天女册封，本王之幸也。”

是天女赐书，不是天女附身，真没文化！魏无忌在旁边翻白眼，赵重骄在下面撇嘴。

赵王丹只好悻悻然退开。楚王高高兴兴地站到了中间，清清嗓门，用吟诵楚辞的腔调高声道：“本王熊完，顺天应命，加封赵亚卿桓……”

“易姜。”易姜小声提醒他。

楚王会意，朝她挤挤眼：“加封赵亚卿易姜为燕赵韩魏楚五国相国，掌五国相印，共领五国国政军事，齐心抗秦！”

易姜拜倒：“易姜领命。”

楚王扶她起身，率先递上楚国相印，易姜双手接过。魏无忌随后献上魏国相印，韩王和燕公子也都按序奉上相印。赵王丹迟疑片刻，终究还是命人将相印送了过去。

易姜将相印都交给侍从，朝那阁台瞄了一眼，露出一丝得意的笑容，而后正色转身，面朝下方。

四下安静了许久，百官终于敛衽参拜。

等到仪式结束，已经快到午时，易姜腹中空空，却没急着走，一直等到众人退去，举步朝那阁台走去。

“易相这是要去何处？”

易姜转头，田单正紧张兮兮地盯着她。

“随便走走啊。怎么，安平君要一起吗？”

她故意称呼田单在齐国的封号，田单便知她不愿承认他在赵国的地位。而他的相国之位现在的确已经属于她了。

"还是不了。"他僵着脸转身走了，一边走一边回头张望。

易姜已经拾阶而上，将身后那些跟着的侍女随从都留在了阶下。

阁台上只有一间屋子，易姜在门口站了片刻，没听见里面有多余的声响才推门进去。

一间普通的屋子罢了，里面陈设简单得很，垂着的幔帐带着搁置许久的气味。她掩上门，走到那扇推开的窗口边，从这里望出去，正好将祭祀的高台看得一清二楚。

"出来吧。我都在这儿了，还躲什么。"

没有回应，却有一只手臂忽然从后方扣住了她，另一只手牢牢捂住她双唇。她吃了一惊，但鼻间已经闻到那熟悉的气息，便又镇定下来。

"师妹变了许多。"

易姜侧头，那里竖着面双鸟对托铜镜，映出她头顶上方那双深幽的双眼。

她拨开唇边的手，故意勾起唇问："变美了吗？"

"的确。"

"能入晋公子的眼，我还真是高兴呢。"

公西吾扣着她的手紧了几分："师妹的本事越来越大了，只是四国当真信任你吗？"

"信任？他们不需要信任，他们只需要能在这乱世继续支撑下去的方式，任何方式都愿意尝试。"

"我还是惊讶你竟能联合起他们来。"他垂眼看着她的脸，鼻息轻轻扫过她的额角。

易姜冷笑一声，忽然反手勾住了他的脖子。那只禁锢她的手臂不禁松了一些，她趁机收手转过了身去，踮脚抬头，压住了他的双唇。

感觉到他呼吸紊乱真是件畅快的事情。她步步紧逼，一直将他压到后面的柱子上，退开前甚至还咬了一口。

"我就是用这种法子联合他们的，满意了？"

公西吾没有说话。他的身上穿着最能掩饰自身的黑衣，长发散在脑后，双眼深邃摄人，就这么背倚着柱子站着，神色没有什么起伏，只有微微喘息的胸膛揭露出些许情绪，嘴角沁出一丝血珠。

易姜的视线牢牢盯着那粒血珠。这样的公西吾是她从未见过的，但还不够。

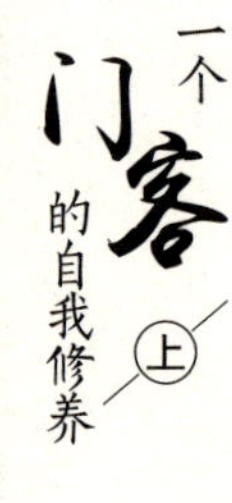

她恨不得伸舌舔去他嘴角的血迹，剔去他最坚硬的壁垒，期待从他脸上看到各种平常难以看到的情绪，最好能够让他彻底缴械投降……

这想法简直让她激动得有点手抖，大概已经在她脑中盘桓三年了。

“师兄没什么话要与我说吗？”易姜抬手替他抚平衣襟上被自己拽出的褶皱。

公西吾一把捉住她的手，接触到她似笑非笑的双眼，又立即松开。

易姜笑意更深：“怕什么？你就这样前来，连被我抓都不怕，还怕我？”

“你抓不了我。”公西吾终于开了口。

“哦？”

随着这句话音落下，门外响起一道声音：“奉王上之命，请齐相前往一见。”

原来早就得了赵王丹的允许，难怪敢这样大咧咧地站在这里观望。易姜叹了口气，低声道：“算你运气好，希望你来这里是来结盟的。”

公西吾朝门口走了两步，背对着她，不答反问：“赵国已经这样，师妹为何还要挽救？”

易姜别过脸：“原本也有可能不是这样。”

“那就是说你知道原来会怎样？”

易姜没有回答。

公西吾良久不语，停顿许久，慢慢走出了门。

易姜站到窗边，看着他跟着内侍朝行宫深处走去。这三年的时光在他身上什么也没落下，却是越来越有风骨气度了，倘若不是对手，一定会觉得他越发迷人。她自嘲地笑笑。

后来实在是饿了才想起要离开。她出了阁台，回到行宫住处，叫来东郭淮，让他暗中去赵王丹住处盯住公西吾。

侍女们去准备吃的东西了，她左右无事便在附近走了走。沿着回廊走到园中，远远看到池边站着几位国君公子，似乎正在赏鱼。

本要去打声招呼，却听楚王暴怒地断喝了一声：“谁都不能跟我抢！”

看来是生出了争执，她不禁止住了步子，站在一株繁茂的花丛边远远看着。

韩王笑得肥肉抖索，跟他小声说了句什么。楚王越发暴躁了，和他好一番争论，说得又快又急，后来连燕国公子都加入了讨论。

只有魏无忌站在一旁冷眼看着。易姜甚至觉得他有些生气，只不过压抑着没发作罢了。

恰好少鸠跟裴渊从廊上一前一后经过，易姜连忙朝她招招手。

“你这是干吗？”少鸠上下打量着她，一边走过来。

易姜朝她做了个噤声的动作，低声道：“你脚步轻，替我去听听他们在吵什么。”

少鸠抬头朝那边望了一眼，贼笑一声：“这种事我喜欢，你等着。”

易姜见她猫着身子过去了，便退回了廊下，一把拽走观望的裴渊去吃饭。

饭还没吃完，少鸠就回来了，脸拉得老长。

易姜放下汤勺，示意她就座：“怎么了？”

“他们在讨论抗秦成功后要瓜分……”少鸠一顿，扫了旁边的裴渊一眼，叫他先出去。

裴渊本来拉长了耳朵要听下文，这时也只得不甘不愿地出门了。

“瓜分什么？”易姜问。

少鸠咬了咬唇：“你。”

易姜以为自己听错了，好笑道：“你什么时候会开这种玩笑了？”

“不是玩笑，就是你！”少鸠站起身来，恨恨道，“你太高看他们了。若不是你现在对他们有用处，他们根本不会这样捧着你。除了信陵君反对，其他个个都心怀鬼胎。尤其是楚王，一门心思地想碰你！真恨不得剁了他们才好，国之君主，竟如此下流！”

易姜抿紧唇，一言不发。

她早就知道这些人的嘴脸，不想现在又刷新了认识。比起五国相国，他们宁愿将她当作虚无缥缈的天女，最终只不过是个特别点的女人而已。

公西吾说得对，为什么要挽救？这样的一群人，这样的几个国家，如何值得挽救？

少鸠察觉到她情绪不对，难得变得小心翼翼起来：“你……没事吧？”

易姜闭了闭眼，摇了摇头：“没事。你去替我传话给他们，此番合纵意在迅速而隐秘，请他们速速离去。”

“还要我去见那群色鬼。”少鸠嘀咕着站起身来，恨恨地出了门。

等她出了门，易姜的愤怒终于暴露出来，将气得发抖的手指塞进衣摆里狠狠压住才算恢复平静。

夜幕降临时，去盯梢的东郭淮回来了，告诉易姜说公西吾已经离开赵王住

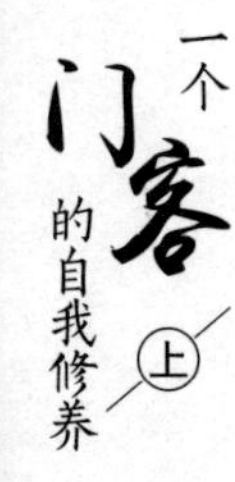

处，准备离开行宫了。

易姜的情绪缓回来了，想了想道："王上有没有什么动静？"

"有，王上召见了几位大臣。"

"哪几位？"

"平原君、田单还有赵小将军。"

易姜一惊："哪个赵小将军？"

东郭淮有些诧异："赵奢将军之子赵括啊，主公不认识吗？"

何止是认识！

易姜匆匆起身，一面吩咐道："叫少鸠按之前计划赶去长平！"

东郭淮连忙应下，抬头她已经一阵风般消失在门外。

踏上回廊，夜色里迎面走来一道身影，易姜顾不上细看，正要与他擦身而过，却被他一把拖住了手腕。

"你是不是知道什么？"

易姜转头看着他："长安君？你说什么？"

"我问你是不是知道什么？"赵重骄显然也是匆忙赶来的，说话时还微微喘着气，"你之前说不能任用赵括替换廉颇，为什么是赵括？你怎么知道王兄会用赵括？"

易姜甩开他的手："现在不是说这些的时候，赵括上了战场就来不及了！"

"他已经去了！"赵重骄又扯住她，"你肯定有什么事情瞒着我，难道你真能未卜先知？"

易姜心如火煎："你关心的就是我有没有事情瞒着你吗？你之前答应我要阻止赵括上战场，为何不兑现承诺！"

赵重骄一愣。其实赵王丹为了防止他再要求上战场，根本没有召见他，他也是刚刚才知道的消息。但他不明白为何这件事让她反应如此激烈。

易姜拨开他的手指，叫来一个侍从，让他备马。

"你要去追回赵括？"赵重骄一脸不可思议，不明白她为何要如此坚持。

易姜没有理会他，身影很快消失在重重夜色里。

马蹄在夜色里发出清脆的哒哒声，一声一声如同踏在她焦虑的心上。她觉得不值又不甘，三年时间都用在了维护赵国上，结果赵王丹已经不再信任她，连这么重要的决定都不曾与她商议。

也许他本也没信任过她。若不是因为赵太后，他可能会和其他男人一样，顶多将她看成一个特别点的女人而已。

前方有马车缓缓前行的辘辘声，车辕上竖着的火把在风里飘摇，在她眼里看来只有一点微光。

她打马追了上去，横挡在前方。车夫大惊，连忙勒住马。

车里的人探出身子来："师妹来追我的？"

易姜朝后方看了一眼。为什么赵括都走了，他却还在缓行。

"看来不是追我的。"公西吾又坐了回去。

易姜打马冲去车门边："你究竟给王上灌了什么迷汤，让他避过我直接下令撤换主帅！"

公西吾的脸在火光下明明灭灭："我自有我的方法，正如你有你的合纵之法一样。"

"你知道这么做的后果吗？"

公西吾忽而抬头："你知道？"

易姜紧紧咬住下唇，她宁愿自己什么都不知道。

历史明明已经不同，却又在此时顺着既有的轨道前行起来，在她以为可以改变的时候又硬生生掰回她知道的那条路上，将她逼到进退维谷的地步。

这算造化弄人还是人弄造化？

公西吾忽而探出身来，立在车前朝她伸出手："只要你愿意，现在就可以随我去齐国。"

"抛下合纵？"

"你在齐国可以有比合纵更大的作为。"

"我要的根本不是什么作为。"易姜盯着他的双眼，"在我眼里赵国和齐国一样，至少我对赵国还有些感情，对齐国却没有。我永远不会为齐国效力。"

公西吾慢慢收回了手，坐回车内："毁了你的就是感情。"

"嗬，谁说不是呢。"

公西吾没再说话，过了片刻，命车夫继续启程。马车与她擦身而过，渐行渐远，驶入漫漫黑夜。

易姜抬头看了看无星无月的夜空，四周空寂，荒无人烟，忽而觉得前所未有的寂寥。

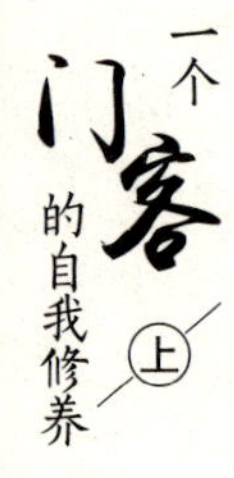

不知过了多久，身后忽而有人唤她。

转过身去，魏无忌跨马而至，身后跟着一队手执火把的随从。

“你忽然跑出来做什么？”

易姜按了按额角，深吸口气：“你不是说过要做五国联军统帅吗？”

“是啊。”

“那你现在是了。”

“真的？”魏无忌瞬间眉开眼笑。

易姜打马返回：“等各位君主归国，立即集结大军，由你统领。”

“那我们要从哪里开始进攻秦国？”

“我没说要进攻秦国。”

“啊？”

赵王丹之所以选择赵括去替换廉颇是有缘由的。

邯郸城中早有传闻，说秦军不惧怕老将廉颇，因为早交手过，都知根知底。他们真正害怕的是年轻骁勇的赵小将军，那位可是将兵书倒背如流的兵家奇才啊。

赵王丹听到这传言便有些心动，而田单也一直劝他撤换主将。

平原君一心关心的只有自己的相国之位，谁去打仗真是一点不在意，说什么都没意见。

这时候公西吾的到来无疑是最大的推力。他告诉赵王丹，赵括倘若挡住了秦军，齐军会在后方包抄，将秦军主力一举歼灭。

这么宏伟的计划，简直比合纵抗秦还让赵王丹激动。一旦成功，秦国几十年也无法喘过气来，再也无法挥剑东进。

自即位以来，赵王丹很少有自己做主的机会。赵太后离世后他倒是有了机会，但宗族贵老们又爱指手画脚，所以他越来越不愿亲近他们。只有这次，是他一个人完全独立拿了主意，真是分外有成就感。

就在赵括赶往长平时，那里正面临着严峻的考验。

廉颇已经知道自己被替换了，但他没有荒废抵御重任。他修筑的工事犹如一道蜿蜒的长城，虽然比不上武灵王修筑的那般坚固，但眼下也足以将秦军抵挡在外。

夏日的夜晚四周都是虫鸣蛙叫，火光熊熊的营地里众将士汗流浃背，却没有一个人敢懈怠。

廉颇从深深的壕沟里爬出来，一身的泥土，随便找了个干净地方坐了会儿，站起来动员大家："我知道诸位一定十分疲惫，不过不要灰心丧气，我赵国这么多年以来从未离开过战事，平三胡，退秦兵，却燕贼，早已身经百战，又何惧眼下？"

诸位将士尚不知主将已经换人，高声齐呼，声音随着热气卷入夜风，营地中回荡，四下热烈。

忽有道女声道："廉将军说得真不错！"

谁也没想到在这大营会传出女子的声音，几乎一瞬间所有人的视线便被吸引过去了。

廉颇意外地看着营地门口站着的一行人，为首的是个一身黑衣的女子，正笑盈盈地看着他。旁边是领路的士兵，上前向他禀报，说这是易相派来相助抗秦的。

桓泽更名易姜联合五国合纵抗秦的事廉颇已经听说了，不过派个女子过来帮他抗秦还真是没想到。

"这位姑娘如何称呼？"

"少鸠。"

"你要如何助我抗秦？"

少鸠笑了笑："墨家机关术虽然挡不了千军万马，但糊弄一下对面拖延点时间还是可以的。"

廉颇闻言不禁正色，抱拳见礼："原来姑娘出身墨家，廉颇失敬。"

少鸠哈哈大笑："廉将军兵家大才，向来主攻，而我墨家主张非攻，能叫您失敬，我可真是没想到啊。"

廉颇叹息："这天下哪有希望烽烟四起的将领。若天下太平，颇愿解甲归田，再也不碰兵戈了。"

少鸠收了笑，点点头。

此行她带了几人，都是墨家弟子。此事巨子也已准许，但他一定不知道眼下情形有多艰难，谈何非攻，赵军已经转为被动的防守了。

虽然已经入夜，但无论如何也睡不着，少鸠带着人沿着修筑的防御带走了一圈，感觉很意外。廉颇的确是稳扎稳打的老将，能在这样的情形下坚守这么久，

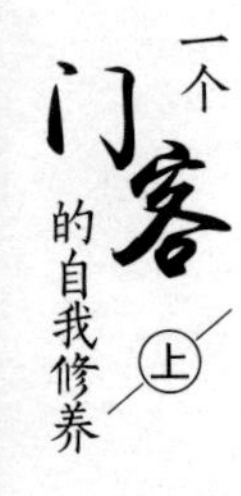

实在是难能可贵。

秦人费尽心机散播谣言要撤换他，只怕也是因为耗不起了，毕竟他们的补给比不上赵军来得迅速。若再这样拖延下去，赵军就是反守为攻也是有可能的。

少鸠觉得想不通，连她一个外行都看得明白的事情，赵王竟然看不明白，真是一叶障目。

好在还有易姜看得明白。

她这三年读了不少的书，最多的就是兵书。恰好魏无忌出身兵家，给了她不少的指点，加上现代所知的那些知识，依她所见，眼下赵国占据地利优势，持久战才是最为有效的。

几位国君都先后离开了赵国，按照约定，各自发兵二十万，会师邯郸。

易姜正式任命魏无忌为五国联军统帅。信陵君的名号也好用得很，就连赵王丹都对此分外放心。

夏风正盛，万里无云，骄阳在头顶照得人烦闷。

赵重骄站在城楼上，垂眼看下去，八十万大军犹如一片黑色的海潮，无边无际。

魏无忌身负玄甲，白皙的脸在阳光暴晒下有些泛红，手按佩剑，跨在马上，神情肃然，没有半分平常嬉笑的模样。

赵重骄也想成为这样的公子，自己不仅有封号地位，也有安邦定国的本领，可却被禁锢在这邯郸城里，做一只飞不起来的家雀。

号角阵阵，城门中缓缓驶出驷马车驾，在魏无忌面前停下，探出身来的人是易姜。

赵重骄有些诧异，她竟要亲自领军?

魏无忌显然也很意外，打马到车边问："易相这是做什么？"

易姜身着玄色朝服，发束高冠，于车中正襟危坐："你拨韩国二十万兵马去支援长平，剩余的六十万兵马交给我。"

韩国武器精良，只不过才拨二十万怎么够，魏无忌想不通："你打算做什么？"

"发兵齐国。"

"什么？"魏无忌惊呆了，她那晚说不进攻秦国，他以为是主防守，这也没错。但没想到她竟要用主力大军去进攻齐国。

易姜朝他笑了笑："我自有我的道理，其他人不信我，难道连你也不信我吗？"

魏无忌蹙了蹙眉："不是不信，只是四国君主的目的在抗秦。"

"我此举就是抗秦。"易姜朝他伸出手。

魏无忌犹豫片刻，终究还是从怀中取出虎符，递给她一半。

"等我的消息。"易姜命人下令，大军进发。

齐国与赵国不同，齐王建虽然还年轻，但自即位起，升级成为君太后的母亲就没怎么管束过他，国家大事他完全可以自己做主。

然而齐王建优柔寡断的毛病实在比赵王丹还严重。他是个温和心善的人，可一遇到国家大事，什么都要询问左右意见，看似大权在握，实际上已经很久没有在国事上拿过主意。

做主的大多是公西吾。

当易姜率领六十万大军如凶兽扑向齐赵边境时，齐王建还在悠闲地欣赏自己园中的景致。内侍慌慌张张地将消息送上，他顿时傻了眼，第一时间想起的就是找母后找舅舅找相国。

书房里围了一圈的人，君太后坐在上首，莫名其妙，将手中的玉佩都快要捻碎了："哪有这样的事，五国联军不去出击秦国，来进攻我齐国做什么？齐赵魏不是盟国吗？"

后胜瞥了一眼对面，意味深长道："依臣看，也许是有人暗中破坏了结盟呢。"

他对面的公西吾面无表情。

他也很意外，易姜居然会掉转剑尖指向齐国，这显然并不是意气用事，而是一步险棋。

书房里吵闹一片，大臣们提议了一大堆，自然大多主张求和。

齐王建没主意，问公西吾道："相邦如何看？"

公西吾垂眼："等待即可。若臣没猜错，很快易相就会派人前来提条件了。"

这一等等了三天，临淄城中人心惶惶，齐王建甚至都要忍不住写信给赵王丹求助了，五国联军派来的特使骑着快马入了城门。

特使是裴渊，他生得白净又一身书卷气，看着就好亲近。

齐王建接见他时心安了几分，自殿上王座后微微朝前倾了倾身，问："不知易相有何要求？"

裴渊环顾四周，大殿之首跪坐着公西吾，他自然很激动，但好在早有准备，

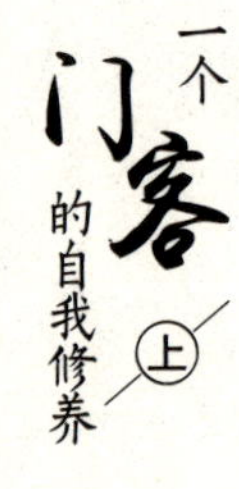

没有晕过去闹个大笑话。他移开视线，朗声道：“易相要求齐国加入合纵抗秦之列，若有推诿，五国心寒，则大军发至，鱼死网破。”

齐王建哭笑不得——不合作就打过来，这这这……这算是女子撒泼吗？

公西吾忽然站起身道：“齐国有意求和，本相愿亲自前往与易相和谈。”

这是易姜早就料到的，裴渊并不意外，点头道：“齐国有意和谈最好，只不过不要耽误时间，易相已备好一切，在边境恭候大驾。”

一直在殿内旁听的君太后忽然想到什么，问公西吾道：“这个易姜据说就是当初那个桓泽，是也不是？”

公西吾眼神微动，一时竟不知该如何回答。

是，也不是……

放弃了彰显身份的车驾，身跨烈马，一路扬尘赶赴边境，到达时已是第二日午后。日头已然西斜，却依旧热得叫马烦躁不安。

营地里更加闷热。易姜白衣宽松，长发束成了马尾，立在帐门边，望着远处天高山远，竟产生了一种自己在游览风景的错觉。

这大好河山是后世难以看到的，如果真能停下来好好看看该多好。可惜她来到这里后从没有停歇过。

“易相。”

清清冷冷的声音拉回了她的思绪。她转头望去，公西吾带着两名官员远远走来。他也着了白衣，不过沿途赶路，看起来有些劳累，没了往常的恬淡平静。

“听闻齐相要与我和谈，那么就是要接受我的条件了？”她反身走去桌案边，手指点了点案面，上面放着结盟文书，就等他签字落印。

公西吾命人等候在外，独自走入帐中，看了一眼桌案：“那要看值不值得我接受。”

易姜绕着他缓缓踱步：“不接受便要应战，齐国与赵魏二国结盟破裂，鱼死网破，还不一定能抵挡住这六十万联军，就是灭国都有可能。接受则要加入合纵，你与秦国暗中的连横就会失败。啧啧，可除了接受，你还能有什么选择？”

公西吾蹙眉：“你我鹬蚌相争，只会让渔翁得利。”

“是啊，可这渔翁不是你引进来的吗？你很清楚，无论你做什么决定，秦国都不会出手相助。一来，他们的大军被拖在了长平；二来，灭了齐国，本来对他们也有好处。我早叫你收手你不听，现在倒来与我说鹬蚌相争了。”

"我以为你的目的是帮赵国扭转局势。"

"你不是也说赵国不值得救吗？"易姜冷笑，"四国君主人面兽心，赵王又不信任我，既然如此，我又何必再为他们着想？"

公西吾无言，他一直认为易姜心怀赵国，难免束手束脚，没想到她在关键时刻又跳出了这个禁锢，将自己横架在了列国之上，冷眼主导这一场厮杀。

易姜自他背后缓缓贴近，在他耳边低声感慨："真可惜，你苦心安排的连横策，就这么失败了。"

的确可惜，他计划得那般周密，每一步、每个人都算了进去，却独独在她面前失了策。

"我也没有想到。"公西吾转过身，握住她手臂，"但你可能会因此而陷入险境。"

易姜看着他的双眼，那里的深幽有种暗潮汹涌前的平静："你在担心我？"

公西吾点头，一如之前每一次问他，他的情绪总是深藏不露，在她面前却又毫不遮掩。

她觉得好笑，按住手臂上他的手，将他带到桌案前："不用担心，你只要在这上面盖上齐国国印就好。"

第十四章

长平之战

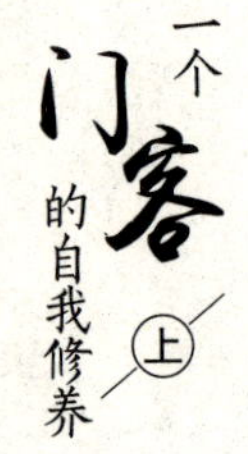

对着这份结盟文书，公西吾生平第一次尝到了挫败。在他将所有的计划都铺陈好时，易姜给了他猝不及防的一击，而他最担心的还不是这个。

三年前的桓泽他虽然有很多不解，尚且能看透她心里在想什么，可现在的易姜他看不透。正如他之前试探着问她以何法合纵，她以一吻回应；现在他要拖延时间，她又以破釜沉舟的架势告诉他，她根本不在乎赵国。

她说的话有几分是真，又有几分是假，他已经分辨不出来。

“齐相还在等什么？”易姜见他久久没有动作，叹了口气，忽然朝外高声唤了一声，“准备发兵！”

“且慢。”公西吾抿紧唇，终于抬手，在文书上一笔一画写下自己的名字，落上齐国王印。

易姜立即将文书抽了过去，吹了吹，卷了起来：“结盟既定，齐国是不是该派兵共同抗秦了呢？”

公西吾皱眉，一旦发兵，也就宣告与秦国结盟彻底结束了。

易姜却不给他机会：“三日后点兵三十万至此会合，能否做到？”

公西吾闭了闭眼：“可以。”

“如此再好不过。”易姜笑眼弯弯，“愿你我联手，大获全胜。”

“说到底你还是惦记着赵国。”公西吾冷不丁说了一句。

易姜歪了歪脑袋：“哦？”

“你所做的一切，还是为了救赵国于长平险境，否则不会在战事吃紧时回到赵国，也不会在赵括上战场后就立即逼我出兵。”公西吾看着她，“赵太后对你好我知道，但真的值得你这般回报？”

易姜的笑有了几分怅惘的意味：“谁对我好我都记着，你对我的好我也同样记着。”

公西吾微微怔了怔。

她抬了一下手："师兄慢走，不送。"

这一刻仿佛又回到了当初，不是立场相对的政客，只是再寻常不过的师兄妹。但公西吾清楚她眼神中的距离，胸中竟有些发堵，转身出了大帐。

帐内恢复平静不久，东郭淮送来了魏无忌的亲笔书信。

他遇到了麻烦，四国君主得知兵马分了两路后很是不满，正在问他讨要说法。

这也难怪，本来四国的目的是强势攻秦，迫使秦国彻底放弃东进的念头。但现在魏无忌带着人去帮助赵国，易姜又带了主力去攻击齐国，根本不符合他们的设想。何况易姜攻齐暴露出齐国和五国不齐心的讯息，这让他们怀疑合纵前易姜说的话都是骗他们的，齐国根本没打算加入合纵行列。

易姜只庆幸这消息来得晚，早一步公西吾就有可能翻盘，他刚才故意拖延时间大概就是为了等这消息。

和这样的对手交锋是件很累的事，因为他心思缜密，每一步都备有后招。

好在马上就能拔营回援，希望魏无忌能赶在赵括到任前赶到长平。

刚想到这里，前线就送来了消息——赵括已经取代廉颇，接掌赵国四十万兵马。

四十万……

易姜拿着战报出了神。

长平之战，赵国战败，四十万赵军被活埋。

以前看到这段历史，这不过只是个数字，可是现在生活在这里，这些都是实体，一个个都是鲜活的生命，他们当中可能还有人曾与她打过照面。

易姜并不觉得自己多伟大，但她相信这种时候，任何一个知情者在知道即将要发生的惨事时，都会忍不住做些力所能及的事。

赵王丹不信任她是事实，可是赵国给了她许多也是事实，最早最艰难的时候如果不是赵太后，她也不可能过上安稳日子，更不可能有今天。

时至今日，她依旧不知道哪些历史会和已知重合，哪些会不同甚至改变。她也想过放手不管，这地方的一切对她而言本也没多大关系，如果结果早就注定，那么千百年后这些都只是一阵过眼烟云。

可她到底还是做不到坐视不理。也许束缚她的不是对赵国的情感，也不是对赵太后的誓言，恰恰是她身体里这抹无法漠视生命的现代灵魂。

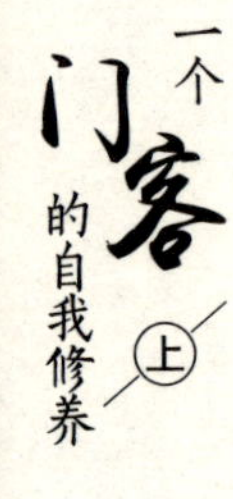

她将战报丢去一旁，尽量不去想它。事已至此，此举无论成败，但求无愧于心。

廉颇已走在回邯郸的路上，少鸠骑着快马赶过来，一头的汗：“廉将军，你就这么走了，也不交代几句吗？”

除了铠甲的廉颇与寻常中年汉子毫无分别，他坐在马上叹了口气：“赵括的为人我清楚得很，这小子听不进去旁人半句话，我就算交代也没有用的。”

少鸠急得抹了把汗：“他嫌我们墨家碍事，要我们全部退让开，还打算主动出击，您如果不出面，恐怕赵军要吃亏啊。”

廉颇犹豫，赵王丹现在对他颇有怨言，倘若再插手新主将的事，定是吃力不讨好。

这荒郊野外毫无遮挡，被太阳晒得难受至极，少鸠用手挡在头顶，正要再催，前方忽然传来哒哒的马蹄声。她定睛一看，“咦”了一声，来的人竟然是长安君赵重骄。

“廉将军这是要回都了？”赵重骄没有带一个随从，穿着贴身的胡服，腰身和袖口都束得很紧，佩着长剑，一副随时可以上战场的模样。

廉颇诧异地点了点头：“长安君怎么会来？”

“我不放心，过来看看。”赵重骄朝远处的营地看了一眼。他的确不放心，从易姜一直阻挠赵括上战场开始就觉得不踏实。

“长安君从未上过战场，这种地方还是不要待了，不如随颇一同回都吧。”廉颇一边说一边招手唤来士兵给他遮阳。

赵重骄摆了一下手：“廉将军教导过我一段时日，我勉强也算个兵家子弟，如今国难当前，怎么避在邯郸享福呢。”

廉颇怔忪：“长安君果然长大了。若太后在天有灵，不知该有多欣慰啊。”

话虽如此，他还是不能让他一个公子冒险，又再三劝赵重骄随自己回都。

少鸠却一把扯住了赵重骄：“长安君来得正好，有你在赵括肯定不敢胡来，你快去劝劝他！”

她实在心急，赵重骄险些被她一把拽下马去。他连忙稳住身子，火冒三丈：“你怎么与你家主公一个德行，都喜欢动手动脚！”

少鸠笑嘻嘻的：“我家主公说你年少时喜欢穿女装，你是不是还记着她扒了你衣服的事儿呢？”

赵重骄脸都绿了："不是说要去劝赵括吗？带路！"

"好嘞！"少鸠往前开道去了。

廉颇无法，决定还是赶紧回都去请赵王丹定夺，哪知刚要走就被赵重骄叫住了。

"廉将军，我在这里的事万万不能告诉王兄。"

赵军大营里一切看似有条不紊，但其实都乱了。

赵括接手主将后做的第一件事不是勘察前线，而是将所有副将都替换成了自己人。然而每个副将所带领的军营都是一个单位，有早已训练好的"约束"。

由于人的音量有限，主将的号令通过不同颜色的旗帜来发布，副将接到示意，再以约定好的号令传达给千夫长、百夫长，最后再通过他们精确地转达给每个士兵。

这套固定的作战指挥方式就称作"约束"。各营平常分驻各地，"约束"也不太一样。最普通的士兵接触最多的是各营分领将领，而不是最高指挥主将。所以越庞大的军队越需要"约束"来保证军队行动一致。

可赵括将一切都打乱了。

赵重骄到达赵营的第一件事就是去见他。但赵括将自己关在中军大帐里，带着新上任的副将们研究对策，一早就吩咐了守卫，任何人不得打扰。

少鸠只好先带赵重骄去查看前方情形，一边走一边给他介绍哪里设置了机关。日头火热，因修筑工事被挖出来的湿土早已被晒成了干黄色，脚步踏过的地方被带出一阵阵烟尘。

"信陵君的二十万兵马就快赶到了，原本我与廉将军计划拖到易相率主力赶来，但现在赵括不让我们插手了。"少鸠是个暴脾气，难得能忍下来。

赵重骄抿紧唇，那种觉得易姜知道一切的感觉越来越重了。

"我以前没想过她有这本事。"

少鸠愣了一下，好半天才反应过来他说的是谁："那是你不了解她，不过我以往也是瞧不起她的。她这人也是古怪，你不把她逼到那份上，真不一定瞧出她的能耐来。"

赵重骄瞥她一眼："那她忽然外出三载是被逼的吗？忽然又回来合纵也是被逼的吗？"

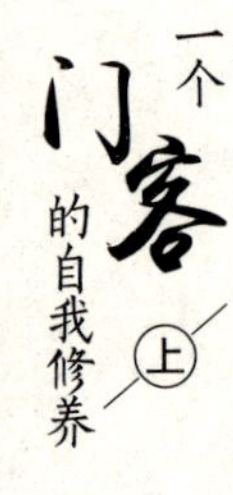

少鸠摸了一下脖子上的汗，甩着手道："这我也不清楚，她忽然就叫上我们跑了，又忽然叫上我们跑回来了。"

说到这个赵重骄就憋闷。到底做过她主公，她要走要来连一声招呼都没有！

少鸠转头看到他板着个脸，好奇道："长安君这是怎么了？"

"没什么。"赵重骄朝中军大帐看了一眼，疑惑道，"怎么还没出来？"

少鸠忽然扯了一下他的衣袖。赵重骄转头，见她朝远处遥遥指了一下："你看那边。"

那里烟尘滚滚，似乎有大队人马正在迅速撤离，马匹慌乱，人影奔跑，看着有些惊慌失措。

"那是秦军？"

"没错。"少鸠纳闷，难道他们真害怕赵括？刚换主将就把他们给吓跑了？

公西吾说到做到，三日后易姜的兵马增加了三十万。她发信给魏无忌，与他约定在长平以东百里处会合。

哪知启程那日，齐军领兵主帅忽然换了人。

易姜眼睁睁看着胡服长靴的公西吾跨马过来，一时竟不知该说些什么。

照理说他现在应该躲避着才对，否则秦国看到齐国派兵就够气了，再看到他亲自领军，岂不是要七窍生烟？

"师妹不用诧异，我只是想看看让你如此惦记的赵国能否起死回生。"他提着昆吾剑，打马到她身侧。

易姜理了理身上胡服衣领，感觉似乎没那么闷热了，"我也只能尽力一试。"

公西吾看着她的脸，但无法窥出端倪。

东郭淮带着前线急报到了跟前，易姜接过来看了一眼，脸色忽变。

"怎么了？"公西吾在旁询问。

"赵括出兵了。"易姜捏紧缰绳，下令全军进发。

公西吾忽然察觉，比起赵国，她似乎更在意长平的战事。

可惜天公不作美，出发路上接连暴雨，道路泥泞难行，大队人马被迫停下避雨。

易姜的心情可想而知，这种时候竟连老天都在阻拦她，真的是注定的吗？

雨点在大帐上倒豆子一样乱蹦，天阴沉得像是入了夜，只有时不时划过的闪电带来光亮。

易姜从帐门边转过头，公西吾正坐在案后处理政务，案头灯火随着吹入的风摇晃不定，他却专注得很。

她搞不懂他为什么这么忙还非要赶过来领兵，还非要在她帐中待着。若非他暗中破坏齐赵魏结盟，让秦国一步一步诱使赵国走入现在的境地，也不可能导致现在这一切。每每想起长平的战事，都很难用平和的心态对待他。偏偏现在重新结了盟，不面对也不行。

火头兵端着饭菜进来，公西吾终于停了手上的事，抬头道："师妹要一起用饭吗？"

……

"哦，我忙忘了，这是你的大帐，这话该你问才对。"他将文书一份份收好，拢在案头。

易姜只好坐去他对面："师兄要一起用饭吗？"

"嗯。"他点点头。

易姜撇了一下嘴，叫火头兵再送一份饭菜来。

公西吾挑了挑灯火，帐中一下明亮了许多。帐中安静，他又不是个多话的人，易姜心里那点急躁似乎也淡忘了，低头啜了口汤。

原本平静的气氛就被这口汤给破坏了。她猛地别过脸吐了吐舌头，又赶紧端起茶灌了一口。也不知道是不是天气不好惹了火头兵心情不好，今日这汤真是咸得要人老命。

抬头看看对面，公西吾浑然不觉，已经就着那汤喝了好几口，正举着勺子再往唇边送，被易姜伸手拦住了。

"这汤这么咸，别喝了。"

公西吾不以为意："我并无感觉。"

"我知道。你舌头感觉不到，可身体能感觉到，吃太咸对胃和肾脏都不好……"算了，跟他说这些器官名称他也未必懂。易姜一锤定音，"反正对人不好。"

公西吾这才放下了汤勺，目光在她身上细细扫了一圈："难怪师妹身体变好了，原来这般注重养生。"

"那是自然，什么都比不上命重要，健康的身体可是本钱。"

"倘若以前的桓泽也这么想就好了。"

易姜一怔："是啊，倘若她也这么想，我可能都不在这里了……"

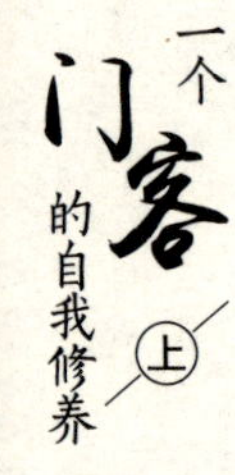

公西吾不禁看她一眼："我相信易姜与桓泽是两个人，虽然我无法理解。师妹能否告诉我，桓泽现在在哪里？"

易姜一直很喜欢他这点，跟别人无法沟通的事，和他却可以交流，让她不觉得自己是个异类。她托腮想了想："桓泽现在也许过得很好，她会出现在一个从未到过的地方，那里没有诸国混战，人们不分高低贵贱，行事都有法度约束。她没本事也没关系，因为那里用不着这些。她还会有一对十分疼爱她的父母，不管她变成什么样都会不离不弃地照顾她。当然她还会有一个不错的学历，如果愿意还可以拥有不错的工作，以后也会遇到一个不错的人……除了见不到你之外，什么都很好。"

公西吾听得不是很明白，但看她的神情似乎已经游离去了远方，眼神中满是向往，忍不住轻声问了句："你也想去这地方？"

"当然想。我不止一次地想，倘若有一日我一觉醒来已经身在那里该有多好，这里的一切就像是场梦，什么都没发生过……"

桌案上一声轻响，易姜回神看去，公西吾手边的酒爵翻到在地，酒水溅在了他的衣摆上。他低头清理，像是没有听见她的话。

百里之外的长平就像一锅闷着煮的开水，看似平静，揭开锅盖却能看见里面不安躁动的沸腾。

赵括出兵的决定做得迅速而果断，几乎从他出了大帐后就立即披甲上阵了。

赵重骄上前劝阻，换来他一句质问："长安君不在邯郸好好待着，来军营干涉军政做什么？"

赵重骄的脾气岂是吃素的，几乎当场就要发作，多亏少鸠及时拉住了他。

眼下秦军忽然往后撤退，一副避其锋芒的架势，赵括会按捺不住也是正常的。赵重骄平静下来，耐着性子道："秦军可能有诈，赵将军不可鲁莽行事。"

赵括面白无须，长得比书生还书生，看着好亲近，可眼睛从不落人脸上，即使对方是高高在上的王族。他自幼被称作神童，少年时就能将名家兵典倒背如流，不知多少人羡慕称赞，如何知道谦虚？

"听说长安君曾师从廉颇将军，也难怪保守。秦将王龁是个急性子，哪有这些花花肠子？长安君未免想得太多了吧。"他招手唤来左右，吩咐全力出击。

赵重骄按紧手中的剑，强压怒火，以廉颇的才能尚且不敢全力出击，他却在刚刚到任时就做出这种决定。

少鸠急急忙忙挡在大队人马前："赵将军，您要出兵好歹也等到信陵君的援兵到来啊，他距离这里已经不远了。"

赵括不耐烦，命人将她拖开："长平是赵国的地盘，信陵君难道会比我熟悉？你且等着，等他到来，我已经赢了此战了。"

少鸠被两个士兵架着重重摔在一旁，疼得龇牙咧嘴，恨恨瞪了他一眼。而那边赵括已经命人去拆除墨家机关了。

"这些东西有什么用？真有用的话墨家岂不是要称霸天下了？"他嘲讽地说着，惹得四周一阵大笑。

少鸠站起身，回到几个墨家弟子当中。其实她带来的并不全是墨家弟子，里面有几个是易姜早就安排好的练家子。

在她来此之前，易姜早给过她两个计策，其中一个就是针对赵括的，倘若赵括不顾大局一意孤行，可以暗中擒拿幽禁，一切后果由易姜一力承担。

少鸠不知道眼下算不算，因为不确定秦军是不是真的害怕赵括，倘若是真的，那么赵括此战是有可能赢的。何况现在信陵君没来，容易造成无人担任主将的局面，那也有麻烦。

魏无忌其实离得已经很近。但急切合纵的弊端在此时显露了出来，由他统领的韩国几名将领要求立即与大队人马会合，然后掉转方向前往函谷关进攻秦国，而不是打着攻秦的旗号去救赵国。

魏无忌收到眼线的汇报，四国君主近日都收到了流言蜚语，还都接见了秦人，看来秦国已经担心合纵的影响，按捺不住要分化他们了。

"诸位少安毋躁，驱逐秦军就是攻秦啊。易相与我打算将秦军一路打回他们老家去，难道诸位还不放心我魏无忌吗？"他笑得爽朗，在营中耐心安抚几位将领，其实心中焦急得很。

之后匆匆写了封信给易姜，告之了眼下情形。对方也很快回信，他们已经在赶来的路上，不出三日即可到达会师地点。

魏无忌仔细一看，这所谓的他们竟然包括了公西吾，万分意外，印象里他这还是第一次领兵出战吧。

"秦军应该是撤换了主帅了。"阳光终于又露了脸，易姜坐在马上，随着进发的大军前行，手中捧着少鸠寄来的密信。

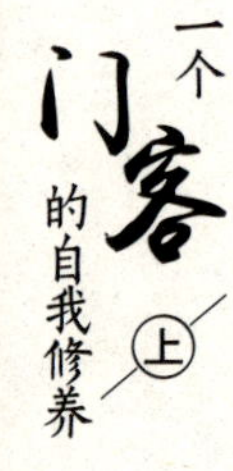

公西吾从她身侧转过头来：“知道换来的是谁吗？”

“如果没记错，应该是战神白起。”

没记错？公西吾暗暗咀嚼着这话中意思，却没有表露出来：“战神？白起倒是担得起这称号。”

易姜这才回味过来，战神是后世给他的称号，大概此时还没人这么称呼他吧。他的确是战神，可也的确是个杀人不眨眼的狂魔。他的骂名和他的功绩一样引人注目，难怪她记得这么清楚。

“倘若是白起领军，那么赵括贸然出击就必然是上当了。”公西吾有条不紊地分析着，听在易姜耳中却不是滋味。

“你不就是看中他狂妄自大才怂恿赵王让他领军的吗？”

“准确地说是范雎与我合谋怂恿的。”

想到那可怕的后果，易姜很难平静地和他讨论下去，扯了一下缰绳越过他先行而去，吩咐东郭淮传信魏无忌，让他不必等待自己，尽早赶往长平战场。

公西吾注视着她的背影，一时无话。

秦军往后退了几百里，赵括就追了几百里。

四十万大军像是饿极了的凶兽，朝远处的羊群扑过去，去势汹汹，秦军却依旧是退避的架势。

赵括朗声大笑，意气风发，振臂高呼，誓要一举剿灭秦军。

大军扑上了山冈，朝着秦军藏匿的地方杀过去，如同他们曾经剿灭中山国，驱逐匈奴和三胡时一样勇猛。草木被踏平，尘土在空中扬起轻烟，刀兵在阳光下反射出耀眼的光芒，呼喝声震彻山头。

赵重骄在营地里远远听见那阵呼声，心中担忧。这追得未免太远了，已经脱离了防御范围，也离开了阵地，很容易落入陷阱。

他实在坐不住，翻身上马，提剑而去。

疾驰百里，翻过山坡，远远看到对面山冈上尘烟四起，厮杀一片。赵重骄错愕许久才回神，然后立即转身回营。

魏无忌终于带着二十万大军艰难赶来，迎头就碰上了他。

“长安君这是从何处而来？”

赵重骄喘着气：“信陵君来得正好，赵营倾巢而出，现已入了秦军包围圈。”

魏无忌大惊：“当真？”

“千真万确！我亲眼所见，秦军在山冈四周设伏，赵军前后不继，已被拦腰截断，困于山冈。”

魏无忌皱紧眉，叫来两名斥候前去查探，一面下令全军备战。

几名韩国将领跟在后面窃窃私语，一来这里就见赵国惹了麻烦，居然还要他们来帮忙善后。

易姜很快就收到消息，下令全速行进，却在途中发现了异常。途径荒野，四周似有大队人马行走过的痕迹，因为之前落雨，湿土未干，所以看起来尤为明显。

她命人前去打探，收到的回报是可能会有伏兵。

公西吾命人取来地图，看了看道：“可能是秦国派来截断援军的，我们大概需要绕远路。”

易姜揉了揉额角：“你跟范雎的谋划真是细致。”

公西吾卷起地图：“可我现在却要亲手将自己的计划推翻，还是不如师妹谋划细致。”

易姜无心领受这恭维，这一路她都有点心不在焉，尤其是现在得知赵括中了埋伏。大概公西吾也发现了这点，没再说话。

大军最后临时改道往长平附近的高平进发，刚好可以在秦军背后包抄。

眼看就要到达高平，邯郸城忽有快马送来赵王丹的手书，传令易姜立即回都。

这一路都在经受各种各样的阻力，没想到都要到目的地了，又遭遇了最艰难的一步。四国君王向赵王丹要说法，赵王丹只能要求易姜立即回邯郸，交出手上虎符，所有大军暂时驻扎，按兵不动。

易姜此刻才明白那种明知后果却又无法扭转的感受。

赵王丹一定不知道眼下情形，否则肯定不会要求她按兵不动。然而随着手书一起来的还有一队卫军，可见四国给了他多大的压力，竟然迫使他强行带她回都问话。

已经接近傍晚，天边的晚霞沾了水似的一片水红。公西吾走入易姜的军帐，她已经收拾好准备启程。

“师妹有何打算？”

易姜看他一眼，摇摇头：“只希望赵括能撑久一点，不要自乱阵脚。”

公西吾没有作声。

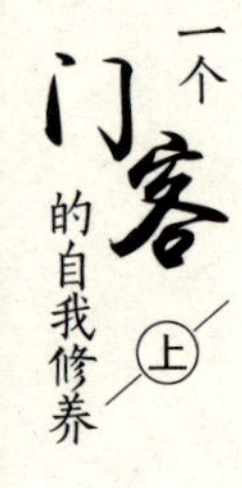

易姜走到帐门边，忽又转身道："师兄领着齐国那三十万兵马却是可以做主的，我不在时若有需求，还请师兄一定不要吝啬出手才是。"

公西吾不作声的原因就是这个，没想到还是被她给揪出来了。他一直送易姜出营上马，发现她好像又没有之前的不安了，像她之前所言，大概是一种尽力之后的释然。

长平那边，魏无忌尝试了各种联系赵括的方法，都没有效果。

赵括最大的危机并不是中了埋伏，而是被秦军首尾截断，后面的粮草无法供给，前面被围困在山冈上的士兵根本无法支撑太久。

十几天内，他带着人马从各个方向尝试了突围，但白起已经将他引入早就准备好的秦军铁壁，根本没有任何进展。

军心变得不稳，士兵们开始怨天尤人，空腹和恐惧带来肉体和精神上的双重折磨，大军士气前所未有地低沉。

魏无忌这边也不容易，韩国的二十万兵马不乐意跟他蹚浑水，难以调动，而白起还派兵不断来骚扰侵袭，阻止他想营救赵军的计划。

公西吾坐在帐中盯着地图沉思不语。

秦国这时候以白起替代王龁实在是明智之举，以他对付傲慢轻敌的赵括正适合。范雎与白起并不算和睦，这时候却毅然启用他，也是个注重大局的人。

范雎的指尖沿着作战地图上赵括被围的山头细细画了一圈，计算着时日。天气即将入秋，赵括恐怕支撑不久了。

邯郸城中的赵王丹收到消息时，后悔已经晚了。

易姜就在他殿中站着，周围是四名外国特使。

燕国使臣最为傲慢，站在那里仿佛都嫌弃赵国的大殿污了他的脚，全无半分尊重，斜睨着易姜道："易相身负五国相邦之责，却以大军为赵国一国牟利，此举太过不当了吧？"

易姜笔直地站着，连日来的奔波让她瘦了一圈，身上厚重的朝服都宽大了许多，"五国合纵，即为一体。秦国不惧怕我们当中的任何一国，就怕合五为一的整体。既然同为一体，岂能坐视赵国危难而不救？"

燕国使臣语塞，恨恨拂袖道："你这是强词夺理！"

"早在结盟之初赵国便陷在战事之中，燕王并非不知情。燕赵国土相接，赵国若保不住，燕国又能撑多久？”

这下对方不作声了。

楚国使臣倒是和颜悦色：“我王自然是相信易相为人的，只是最好还是派遣我国将领去领军才放心啊。”

易姜笑了一声：“连名震列国的信陵君率军你们都不放心，又何必谈这些理由，想撤军就直说。”

楚国使臣脸色一僵，闭了嘴。

易姜的视线落到韩国使臣身上，对方忙道：“我王说了，现在秦赵对峙，五国合力伐秦未免叫人不齿。不若等到秦赵战事结束，再合力攻秦。不过我王知道赵国不易，愿意提供兵器，以表结盟诚意。”

“叫人不齿？”易姜好笑地摇了摇头，都说春秋无义战，居然要在这时候讲道义，连找借口都不会。

魏国使臣不作声，他们的公子还在前线，他不好多话。

易姜看了一眼上方赵王丹愈见苍白的脸色，环顾四周：“我知道此番合纵仓促，四王多有疑虑，但尚未开战便被秦国分化至斯，实在是我没想到的。秦国究竟给了你们多少好处，让你们情愿放弃这反击的大好机会，做一个鼠目寸光的待宰羔羊？”

四国使臣这下都有些按捺不住了，你一言我一语地分辩起来，谁也不承认自己国家与秦国有关系。

易姜没理会他们的吵闹，径自转身出了大殿。

深宫之中有宫女在演奏乐曲，鼓声阵阵，合着一字一句的歌声：“击鼓其镗，踊跃用兵。土国城漕，我独南行……死生契阔，与子成说。执子之手，与子偕老。于嗟阔兮，不我活兮。于嗟洵兮，不我信兮。”

连宫中都在吟唱士卒长期征战的悲苦。

眼下长平的情形，若能联系上赵括，里应外合，突击才最为有效。但眼看一个月都过去了，始终联系不上，魏无忌终于忍不住出击了。在他终于说服韩国将士之后，绕过白起的伏击圈，一举攻向秦军侧翼。

倘若赵括有心，留意到山下动静就该立即突围。但他没能做到，长期的饥饿已经让他整个人近乎狂暴。军队涣散，甚至接连发生了互相杀食的惨剧，他已经近乎绝望了。

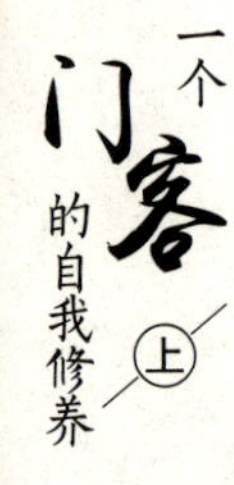

公西吾带着三十万大军赶来得正好，魏无忌拖住了秦军侧翼，他的大军只要杀向另一侧，中门大开，赵括就能获救。

此时若不插手，与范雎的合作倒还能圆过去。他远远观望了许久，考虑着和范雎翻脸和维持现状的结果，仔细做着衡量。

就在此时，他注意到魏无忌的队伍里混入了两个人，因为衣着不同，所以一眼就看了出来。

一个是易姜身边的少鸠，他见过两次，另一个如果没认错，应该是长安君赵重骄。

易姜将少鸠放入这战局之中，显然是早就有的安排，她对这场战事不是一般地重视。

他终于考虑完毕，抬手挥了一下，大军立即扑向了秦军另一侧。

仿佛已经可以预见范雎被他此举气到发青的脸色了。

赵重骄一剑砍杀了一个扑过来的秦军，有些怔忪。这是他第一次上战场，也是第一次杀死秦军。

正发着愣，少鸠拽了他一把："别发呆，小心你的脑袋！"

他赶紧回神，扯回险些被冲散的马，翻身而上，朝山冈奔去。秦军知道他是要去送信，自然围追堵截。他左闪右避，不多时就一身的汗。抬头一看，远处山岭上，秦军主将身跨黑马立在那里，目光注视着这个方向，手中拉开了弓。

赵重骄伏低身子，拍马疾冲，那支箭破风而至，却不是朝他射来的，而是从他眼前横飞而过，射去了前方的山冈上。

山冈之中一声嘶号，接着是马嘶之声，大军慌乱的脚步声，无数道声音在呼喊："赵将已亡！赵将已亡！"

赵重骄勒住马，看着山冈上四处窜出的赵军，终于明白死的是赵括。他的确如愿突围了，但饥饿和精神涣散使他横冲直撞，突围错了方向，直接杀入了秦军的主力范围。

随着赵军慌乱的逃窜，秦军铁骑已经踏来，没有拖泥带水，没有丝毫慌乱，整个大军肃穆而安静地扑杀了下来，士兵们英勇得可怕，看着赵军仿佛是看着可口的食物。

赵重骄知道在秦国是论军功授爵的，普通士兵每砍下敌军一个人头就有战功，这是他们改变命运的机会，谁也不会放过。

他砍杀了几个秦军，沾了一身血，难得竟没有慌乱。策马回走，却见少鸠朝这边迅速跑了过来。

“你做什么？不要命了吗？”他怒目圆睁，狠狠喝道。

少鸠回话又快又急：“我这是奉命办事，你不懂！”

赵重骄愣了一下，眼前血光一闪，一个秦兵在他眼前倒了下去。公西吾带血的昆吾剑重重拍了一下他身下的马臀，他便被疾驰的马带着朝前奔去了，老远才回味过来刚才公西吾居然救了他。

韩国将领听说赵括已死就知道大势已去，再不肯拼命，生怕得罪秦国，连忙撤军回营，不顾魏无忌的命令。大军愈发溃散，只有齐军三十万在侧翼拼杀，少鸠便在那一侧安稳地疏散了一批赵军。

秦军也损失不少，似乎不愿再拖了，日薄西山时分，山头上吹响了号角，秦国士兵扛着秦国大旗奔马呼喊：“赵将已亡，赵军投降不杀！赵将已亡，赵军投降不杀！”

拼杀的战场仿佛被这喊声注入了诡异的力量，无数人放下了武器，跪倒在地。

公西吾左臂负了轻伤，持剑望去，勒住了马，而后朝后挥手，下令撤退。

既然赵军自己降了，那齐国就没必要再替他们拼命了。

赵重骄失神地看着山冈，赵国旗帜倏然倒下，染了血色，破败不堪。无数赵军跪倒在地，手无寸铁，在秦军铁骑下战栗哆嗦。

他们败了。在四国六十万大军的注视下败了，而他们连一个小卒都没派来。

易姜已经不知道多少天连续站在邯郸城楼上，每天都等着前线送来新消息。

四国君王依旧不给她好日子过，始终在挑刺，试图撇清自己与秦国的关系，证明自己离开合纵队伍的正大光明，她也无心应对。

秋日的风有些萧瑟，远处山脉已经从深绿转为枯黄，息嫦站在她身后，给她披了件披风。

“主公为何不在府里等候消息？”

易姜叹息：“坐不住。”

快马终于疾驰而至，守城兵捧着战报送到她手中，易姜拆开时甚至手有些发抖。

赵军战败，全军投降。赵重骄和魏无忌正打算与秦将议和，赎回俘虏，希望得到赵王允许。

易姜根本没在意为何赵重骄会在那里，她的注意力全在俘虏上，连忙赶去赵王宫。

赵王丹已接到消息，全无主意，书房里一圈的重臣。

易姜进了书房，顾不得行礼便道："请王上速速下令，任命长安君和信陵君为特使与秦议和，不惜一切代价赎回俘虏。"

平原君在旁道："俘虏倒不必担心，秦军劝降时说了留命，眼下还是先拟定和谈条件重要。"

"可秦军若是欺骗呢？"易姜心焦难耐，又催促赵王丹下令。

"欺骗？不太可能吧。"赵王丹没了气势，恹恹无力。他觉得以秦国的兵力犯不着欺骗俘虏，他倒更愿意谈清楚和谈条件，到底割多少城池赔多少财物，这才是关键。

易姜敛衣下拜，行了重礼："请王上一定尽快下令，和谈之事切不能拖。"

赵王丹受了一惊，看了看左右，只好点头，命人起草文书，发往前线。

已经过去半月，整个长平似乎还飘着血腥气。

赵重骄和魏无忌身着常服，除去武器，捧着国书前往秦营。

秦军似乎很忙，在营地后方挖了巨大的土坑，正在填土。赵重骄一边朝营地大门走一边观望着，忽而停下了脚步，浑身血液上涌，如遭重击，整个人都僵住了。

清早天边冒出了第一缕曙光，易姜已经站在城头。

远处没有快马飞至，却有人在朝城门口走。

原先是一个两个，后来越来越多，足足有几百人，都是些年纪不大的少年，甚至是孩子。他们身上穿着赵军服饰，但衣衫褴褛，浑身血污，有的还赤着脚，挨个踏过护城河上的桥梁，眼神里全是茫然惊惧。

再往后是更多的人，外表与他们没有差别，个个面黄肌瘦，惶恐惊惧，或互相搀扶，或踉跄独行，一行大概足足有几千人，像是一支小队伍。

守城士兵都惊呆了，没有一个上前盘问，更没有一个前去阻拦。

跟在队伍最后的是骑在马上的少鸠，她身上的黑衣已经脏得发亮，脸也看不出原本的颜色，一眼瞄到城楼上的易姜，赶紧下马奔了上来。

"秦军欺骗了赵军，说是投降不杀却还是生生坑杀了他们！我没来得及擒拿赵括，只能按照第二个计策救人，可也救出得不多……"少鸠咬住颤抖的下唇，说不下去了。

邯郸城中渐渐响起了撕心裂肺的哭号，越来越响，越来越多。

易姜闭了闭眼："救出了多少？"

"仅有五千多人。"

身后有渐渐接近的脚步声，易姜僵硬地扭过头，看见公西吾的脸。

"秦国此番虽然战胜了赵国，但因为师妹的合纵损失也很惨重。以秦王的性格不会善罢甘休，一定会追究到底，师妹最好去别处避一避。"

他之前说的没错，此举的确会让她陷入险境。

易姜却没有回应，反而问了句："白起何时坑杀的他们？"

公西吾想了一下："大概他早就计划好了，那么多人，不是一日两日就能杀完的。"

真难得他还能如此镇定。易姜深吸了口气："你知道被活埋是什么感受吗？"

公西吾没有回答。

"我想大概和溺水一样，只是水换成了土而已。被捆着手，看着那平日轻易可以翻越过去的坑口却无可奈何，眼睁睁看着泥土没过自己，无法呼吸，头疼欲裂，拼命挣扎，最后连视线都被遮挡，在黑暗里窒息和绝望……"

"师妹！"公西吾忽然托住她后背，重重叫了她一声。

易姜似乎一下被惊醒了，脸色煞白。

只有死过一回的人才会明白那种濒死的恐惧和对生命的向往。

她捂了捂脸，缓缓蹲下身去："那不是四个，也不是四十个，是四十万啊……"

公西吾垂眼，看着她微微抖索的肩头，手指轻轻搭了上去："这罪孽都是我和秦国的，我来承受，你无须自责。"

第十五章

被迫逃亡

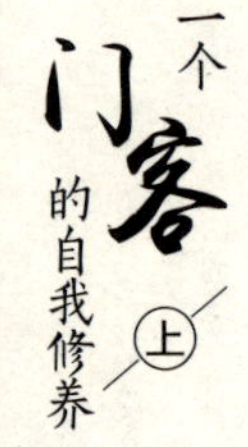

易姜很想痛痛快快地哭一场，但终究还是忍了回去。

公西吾指尖的温热透过衣裳传到肩上，给她一丝可以依靠的错觉。这段时间以来她一想到这个后果，面对他的情绪就会受到影响。但要说恨他也不至于。

与秦连横便是互不侵犯，彼此心照不宣地吞并周边。他的计划可以让秦国消耗赵国国力，从而吞并赵国，但他终究无法主导白起的作为。从理性的角度来说，他只是为国谋划，什么错也没有，也大可不必在她面前承担责任。

她蹲在地上，看着这在风吹日晒下渐渐剥离了色泽的城砖，心情渐渐平静了。

早就做好了心理准备来接受最坏的结果，此刻也不能自乱阵脚。公西吾说得没错，她已经因此而卷入了险境，必须要打足精神应对。

“多谢师兄，我没事了。”她站起身来，轻轻拨去肩头那只手，示意少鸠随自己回去。

公西吾目送她头也不回地下了城楼，指尖还留着她手上残留的温度。

他觉得自己终于弄清楚了这段时间以来的疑惑。易姜原本有条不紊地在列国游走，虽然参与赵国的事，但都恪守在亚卿的职责范围内。只有此次战事，她几乎是以破釜沉舟的架势出来阻拦，恐怕是早就知道会有这样的惨事。说起白起时，她的口气也是过来人的口吻。

但这根本说不通，没人能预知还没发生的事。但倘若她真的知道一切，那么对他态度忽明忽暗就能解释了，因为在她眼中，他几乎算是半个刽子手。

他负手而立，双眼看着远处山脉，耳中听着城中的哭喊。

乱世之中，国家之间征伐无数，每一次都伴随着巨大的流血牺牲。自三岁起他便接受教导，仿佛生来就是为了实现别人的目标，并没有多少时间去怜悯苍生。而如今为了实现自己的目标，更不会为做过的事后悔。

这二十几年都冷眼看过来，却在刚才看着蹲在地上的人时忽而生出种冲动，希望这一切根本没有发生过。

坑杀俘虏这种事情以前并不是没有发生过，但秦军坑杀了足足四十万赵军实在惨绝人寰，列国惊骇，甚至连秦国本土都感到震惊。

赵国全国服丧，白发人送黑发人者无数，黑鸦鸣道，哭声不绝，都城邯郸仿佛成了一座巨大的枯冢。

赵重骄骑着烈马回都，至王宫大门前忽而抵挡不住身心俱疲，重重摔倒在地，手掌都被蹭出血来，却丝毫不觉疼痛。

那日在秦营他就看到这样一只手，带着血，从掩埋的土坑里挣脱而出，手臂上是赵国军服的衣袖……

两个侍卫过来扶他起来，一面关切地问他可曾受伤。

赵重骄摆摆手，头重脚轻地进了宫门。

赵王丹已经一病不起。赵重骄去看他时，王后正在一旁抹泪，他在床榻上无意识地哭喊着求母后原谅，仿佛是个孩子。

赵重骄原本想说的话便再也说不出口了，转身出了殿门，经过花园里的池水边，才发现自己一身脏污，就快要分辨不出人形来。

一个士兵小跑着过来，经过他身边时连忙见礼。

赵重骄看他要往赵王丹寝宫而去，叫住他道："王上现在身体不适，你有什么事与我说。"

士兵犹豫了一瞬，跪地道："秦国大军向邯郸来了。"

范雎曾在蔚山之中问过易姜，倘若秦国摧毁赵国主力，大军围攻邯郸，她要做何应对。

她当时以空城计蒙混了过去，现在却不能了。

便如当初范雎设想，秦军果然在坑杀赵国主力后朝邯郸进发，就在赵重骄匆匆赶回来的第二天，整个邯郸城便被围了个水泄不通。

但他们不敢贸然进攻，因为易姜的合纵眼下看起来是失败了，长远看来却又成功了。

分化了公西吾的连横计后，齐国与赵国重新绑在了一起。秦国不敢再信任齐国，有齐国三十万兵马在附近，无论他们是否出兵，秦国都始终忌惮。而魏无忌

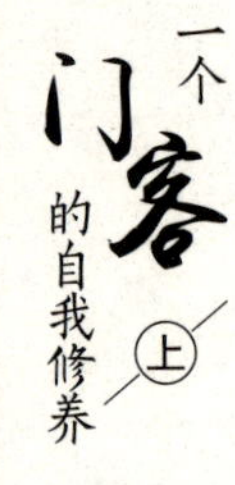

也从长平赶回了魏国，以平原君和他的关系，秦国也担心魏国会来支援。

所以他们找了个十分好的借口，这个借口恰恰印证了公西吾的推测。

他们将合纵主谋易姜定为罪魁祸首，要求赵国交出这位五国相邦，否则就要攻破邯郸。

易姜这段时间没注意，入秋吹了风，有点不舒服，这几天都早早吃了汤药入睡。

这晚被息嫦迷迷糊糊叫醒，说长安君要见她。易姜只好爬起来，整装梳头，正要去前厅，赵重骄已经到了房门口。

“长安君怎么来了？”她退开一步，请他入室就座。

息嫦过来奉了茶，待她退下，赵重骄才开口：“你一早就知道赵括会坏事是不是？”

易姜抿了抿唇：“我只是猜测罢了。”

赵重骄面露恨色：“早知如此，我就该杀了他！”

“杀了他也没用，秦国目的在于撤换掉对他们威胁大的廉颇，杀了一个赵括，还会有第二个赵括。”

赵重骄胸口剧烈起伏，原本秀气的脸全是倦色，双眼也布满了红丝：“我现在才知道，你此番回来全是为了帮赵国。”

易姜没有作声，实际上她本没打算再回赵国，若非廉颇支援上党的事情刺激她想起了这段历史，她大概还在其他地方继续游学。

“如今秦国大军围了邯郸，要王兄交出你……”赵重骄顿了顿，抬头看着她，“不知此事你是否知晓？”

易姜点头：“这是预料之中的事，秦王行事向来如此，当初不就这样逼死了魏齐吗？”

赵重骄霍然起身：“你放心，你是赵国的恩人，赵国断不会做出让女人出去顶罪的事来！”

易姜有些错愕，忍不住笑了一下：“我认你做主公时总是与你针锋相对，没想到今日还被你当作了恩人，想来也是值了。”

赵重骄起身就要走：“我这便去与王兄说，你救了五千赵军，这也是大功一件！”

易姜没有阻拦他，但她也根本不抱希望。以赵王丹懦弱又毫无主见的性格，根本不会为了她和强秦对抗。

少鸠悄悄从门边探出脑袋进来张望，裴渊学着她的模样从另一头探出头，但被她一把推了回去。

刚好息嫦端着汤过来，被少鸠一把夺了过去："我送过去。"于是她正大光明地进了门。

裴渊只恨自己手不够快，怏怏缩回了脖子。

易姜抬头一看到她就道："别再问我问题了，我这几日回答得够多了。"

少鸠将汤推到她面前，跪坐下来："我没什么要问的，只是想来看看你。"

易姜怔了怔，少鸠神情的确带着关切。"我没什么事。"

"可是很快就要有事了，城外那几十万秦军要如何应对？"

"我正要说这事。"易姜从案上取了只匣子，推给她，"这里是一些财物，你拿去，和裴渊走吧。"

少鸠一下变了脸，拍案而起："你把我当什么人了？"

易姜被她这模样吓了一下。裴渊也从门外冲了进来，看模样都快哭了："我才不走！我当初好不容易从魏国跑回赵国来追随先生，从没打算离开！"

易姜心情复杂，她为一己之念不顾一切想力挽狂澜，从未想过会连累他们，他们却对她不离不弃。一直以为自己在这里孤军奋战，原来她也并不孤独。

"既然如此，我也不能折辱了你们。"易姜将匣子放回去，喝了口汤，冲三人安抚地笑笑，"我相信我们一定会化险为夷。"

少鸠脸色总算好看了："这还像句话。"顿了顿，她忽然想到什么，凑过来低声道，"公西吾这几日一直在外面，大概是来见你的。"

易姜有些意外，这不太像公西吾的作风，他通常都是比较直接的，为何这次徘徊不定了？

"那就别管他，等他想来见我的时候自然就来了。"易姜说完就又要接着去睡，少鸠只好闭嘴。

那日在城楼少鸠就瞧出不对，公西吾那种人居然也会安慰人，太过古怪了。何况这三年易姜跟他躲来藏去的，只怕也有些她不知道的事情。

之后一连几天公西吾都没出现，而秦国的催促却越来越频繁了。

易姜知道自己不能再等，叫人收拾东西，准备连夜出逃。

然而赵王丹竟早一步派人围住了亚卿府，只许进不许出。

一切如她所料，赵王丹最终还是决定拿她做牺牲品，并且决定做得比她想象

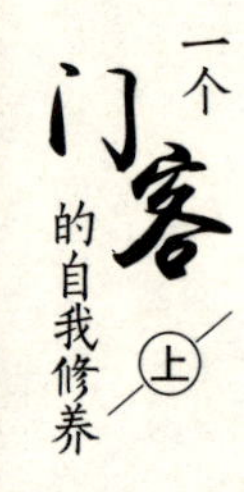

的还快。

赵重骄早已在王宫里闹开了。

“王兄居然沦落到要让一个女子去救赵国？”

赵王丹大病初愈，脸色苍白地坐着，惭愧地避开他的眼神：“赵国主力已毁，如今还有什么法子？”

“那也不能让她去担这责任！她只是个女子罢了！”

“她毕竟不是一般女子……”

赵重骄失望地看着他，在他看来女子天生是要男子保护的，断没有要女子来保护国家的道理。他苦笑摇头：“她为赵国付出这么多，最后却还要被推出去送死，这就是你身为赵王的担当？”

赵王丹泪眼婆娑地看着他：“那你说本王还有什么法子！”

赵重骄说不上话来，他是君王，总要为国着想，确实也说不上错。

可是赵国为何会沦落到这一步？本不该是这样的模样。倘若坐在这位子上的不是他这位王兄，一切是不是会不一样？

他又看了一眼案后的赵王丹，视线细细扫过他身上的玄服王冠，捏了捏手心，转身出殿。

秦军一定是为了威慑赵国，终日在邯郸城外高唱秦风，歌声传入城中，百姓们人心惶惶，却又忍不住狠狠诅咒，诅咒那个坑杀了他们家中壮丁的白起。

深秋已至，院中落满了枯叶。易姜趴在窗台看着，思绪不知不觉就跑远了，直到身后有人唤她。

她没转头，只回了一句：“我还以为师兄打算在我府外徘徊一辈子了。”

公西吾没回话，他不是不想来，只是觉得她可能暂时不想见他。他对女子心情考虑甚少，根本不会哄人，怕再见到那日城楼上的她，只好等她平静了再来。

“我猜你来是为了秦国要人的事。”易姜终于转过身，“其实这也是好事。你大概不知道，楚王一直打我主意，原本还准备合纵失败就将我掳去楚国侍候他呢。这下好了，他可不敢跟秦国抢人。”

秋阳孤高，光线透过窗户投进来，落在公西吾的眉眼间。那双万年不起波澜的眼眸在对着她的脸时微微有了变化。易姜含笑说着自己的处境，他却觉得难受。

从没有过这种感受，他不知该如何解释它的出处。

“随我去齐国吧。”

易姜并不意外他会这么说，甚至还点了点头：“眼下来说，的确只有齐国能保证我的安全了。”

“有我在，你不会有任何事。”

易姜仰头看着他的脸，有些意外：“我毁了你吞并赵国的计划，害你复国无望，你居然还愿意保护我？”

“复国？”公西吾竟然笑了一下，“原来你以为我与秦国连横是为了复国。已经消亡的东西，为何要恢复？这天下列国，同宗同源，本就该是一国。”

易姜错愕地看着他，他一直以为他是想夺回晋国故地，没想到他想的是更长远的事。难怪聃亏说他从不愿意被称作公子。

公西吾看向她：“很早之前我身上背负的责任的确是复国，但那是别人强加于我的期许。这样的乱世，唯有天下一统才能终结。”

“那你凭何认定齐国可以一统天下？”

“我并没有认定任何一个国家。”公西吾走到他身边，目光投向窗外，“你看这天下，满目疮痍，卒兵遍野。什么王公诸侯，将相兵士，不过都是棋子，只有你我，才是操棋人。”

“我？”

“你。”

他的侧脸在日光下勾勒出孤单清冷的弧度，易姜盯着看了许久，摇了摇头：“可我从未打算去齐国，我不愿生活在你的监控之下，也不愿被你一步步栽培成你想的模样。”

“即使被白起追杀？”

易姜挣扎了一瞬，点头。

公西吾袖中的手指微微蜷曲了一下，至少这次她明明白白告诉了他，没有不告而别。

深秋寒凉，弯月如钩。

赵重骄大步走向亚卿府，一眼瞥见周围把守的赵军，抿紧了唇。

他们不去抵御秦军，却在此处严守一个女子，也真是做得出来。

易姜正准备睡觉，就见他闯入了房中。

“长安君这么晚来做什么？”易姜觉得古怪，他穿着窄袖束腰的胡服，佩着

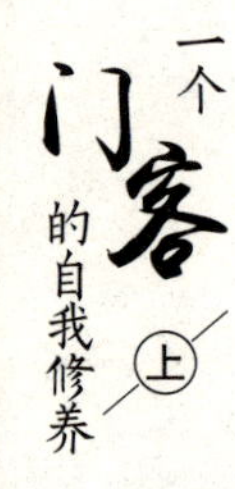

宝剑，看起来有点气势汹汹。

“有些话要与你说。”他转头看了一眼息嫦，后者只好识趣地退出了门。

赵重骄似乎还不放心，又亲自将门掩上，这才回身道：“你可愿嫁给我？”

易姜捏了一下脸，确定自己没有听错，小心翼翼地问：“你没事吧？”

赵重骄脸上微红，暴躁地回了句：“我能有什么事？就问你到底愿不愿意！”

易姜琢磨不透他为什么忽然回到了中二风格，不太敢刺激他，斟酌道：“你先冷静些，婚姻大事应当发自内心，不要草率为之。”

赵重骄在原地站了许久，忽然大步走向她，一把将她揽入怀中。

易姜头皮一阵发麻，着实被他吓到了，竟然窝在他怀里都没敢动弹。

赵重骄也有些不安，他也不是没碰过女人，但此时抱着她竟有些紧张。她的身体温软滚烫，胸口紧贴着他的胸膛，压着他飞快跳动的心。

他闭了闭眼，镇定心绪道：“我也可以喜欢你的，这算是发自内心了吧？”

易姜试探着问：“你是为了保护我？”

赵重骄又有点暴躁：“知道还问！倘若你成了长安君夫人，谁还敢随便动你！”

易姜撇嘴：“以眼下赵国的情形，长安君夫人又有什么用？”

赵重骄脸色不大好，他最近时常想起赵太后的话。倘若当初他接受了与她的婚事，那她是不是就不会离开三年，眼前的局面是不是也不会发生了？想到此处，手臂不禁紧了几分。

易姜知道他要面子，虽然不是真心要娶自己，直接拒绝也会伤他自尊，连忙又道：“我自会想办法对付秦军，不必用婚事来应对。以眼下情形来看，王上和平原君都不会允许你以婚姻保我。”

这话是真的，赵重骄试探过赵胜，他的确没有保易姜的意思，明明当初还与易姜关系不错，一到这时候便划清了界限。

但他不能坐视不理，知恩图报是最起码的道德，保护女子也是男子的天职，他不能眼睁睁看着易姜落入秦军手中。

易姜轻轻挣开他手臂，退后一步：“长安君肯这么为我着想，我会永远感怀在心，但你此刻最需要做的是襄助王上重振赵国。”

赵重骄眼光闪了闪，“我的确打算重振赵国，你且等着就是了。”他转身走到门口，想想又转身说了句，“到时候只要你愿意，我一定会娶你。”

到时候？到什么时候？

易姜觉得他情绪有些不对，一直目送他出了门，决定去叫少鸠，哪知一出门就跟少鸠顶头撞上了。

“呃……”少鸠眼神四下扫视，似乎有点尴尬，“我不是有意偷听长安君对你倾诉衷肠的，我其实是来替你守门的，因为刚才公西吾来了一下……”

易姜揉揉额角，避重就轻道：“你留心打听一下长安君的动静，我总觉得他要做什么事情。”

少鸠耷拉下肩膀：“我还能打听什么呀？现在亚卿府只让进不让出的。”

易姜心道也是，难怪公西吾来了还没走。她朝客房望了一眼，那里灯火通明，想必他还在忙着。不过真要出去，以他齐国相国的身份，赵王丹也未必拦得住。

易姜不管他，眼下还是思考怎么保命比较重要。

秦军的歌声依旧源源不断地送入邯郸城中。在久等无果后，白起下令对邯郸发动了第一次攻击。

廉颇率军抵挡，与之相持在城外三十里处。赵军虽然失去主力，但哀兵气势反倒使战力大增，一时竟抵挡住了秦军。

不过这毕竟不是长久之策。平原君心急火燎地写信给大舅子魏无忌求助，赵王丹则终于答应了秦军，要将易姜移交出去了。

秦军得到他交人的消息，果然安分了点。可是亚卿府送来消息，齐相公西吾坐镇府中，要如何押解亚卿出城，实在难办。

赵王丹急得寝食难安，秦国在要人，齐国在保人，这两个大国谁也惹不起。他觉得身心俱疲，头疼欲裂，脑袋快要炸开了。

仿佛应和他这念头，当真有一声巨响在耳边响起。他疑惑地走出寝殿，侍卫慌慌张张地跑到他跟前：“王上快躲一躲！”

“秦军杀入宫来了？”赵王丹浑身一哆嗦。

“不不，不是秦军，是长安君！”

公西吾坐在房中，手边是摊开着的竹简。他的目光却落在了别处，直到门被推开才收回来。

聃亏从外面走了进来。原本为了不刺激易姜，他一直都没现身，此刻忽然进了亚卿府，公西吾便知有事。

“秦军又来要人了？”

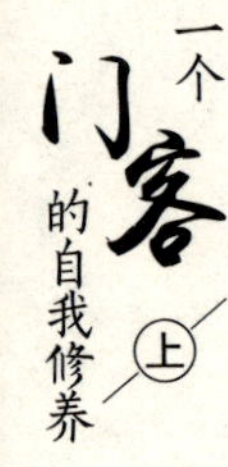

“不是秦国的事，是赵国的事。”聃亏上前，低声道，“长安君反了。”

公西吾眼眸微动，“消息可曾走漏？”

“不曾。”

“不要泄露给秦军，免得他们趁乱攻入城中。”

聃亏称是。

在公西吾看来，长安君此举未免太莽撞了些，就算要反，眼下也不是时机。不过他前脚与易姜表明心迹，后脚便起了反心，难道是为了易姜？

“先生？”聃亏叫他不应，伸手在他眼前摇了摇，“我们便观望着吗？”

公西吾回神，略一沉吟：“此时赵国多的是不愿生乱的，长安君仓促行事，要成功很难。我们终究是外人，不要插手。”

聃亏行礼退了出去。

时近傍晚，秋高气爽，亚卿府与以前一样，没有任何变化。

聃亏没有惊动任何人，快出院子时，忽然有道黑影朝自己扑来，他连忙按剑，却见那道黑影竟然是自己亲手驯养的那只肥鹰，这才松开了手。

肥鹰表达兴奋的方式比较特别，扑在他身上一阵啄，啄得聃亏忍不住叫出声来，自然而然就被发现了。

因为有赵军重重把守，东郭淮常在前院走动，此时看到这一幕，也不知该不该告知易姜，就这么在廊下看着。

聃亏比较尴尬，因为东郭淮取代了他在易姜面前的地位，原因大家都心知肚明，他实在不好留下去，便匆匆出门。临走前忍不住朝内院看了一眼，心中暗叹，希望姑娘此番能顺利渡过难关才好。

易姜因为被切断消息，无法得知外界情形，此时只能通过隐隐传来的厮杀声来判断秦赵对峙的状况。

她坐在案后，手边摊着一张地图，手指落在封地仇由上。

只要能找机会出府，就有希望逃出赵国，而以魏无忌与她的交情，魏国是可以暂时一避的。

将这计划过了一遍，忽而又想起公西吾的提议。他还在府里没走，倒是给了她几天安生日子过，可以让她有足够的时间安排计划。

裴渊忽然从外走了进来，小声问：“先生，我们到底何时动身？”

易姜想了想：“宜早不宜迟，最迟明晚。”

“我们要以何种身份出去？”

“除了乔装改扮，还有何种方法？”

裴渊点头：“我也知道只有这个法子，可要如何乔装才不惹人怀疑啊？”

易姜笑了一下：“你忘了我们最早的身份了吗？”

裴渊一愣：“你是说……门客？”

易姜点头。

“那公西先生那边怎么办？”

易姜朝门外瞥了一眼：“说起来，眼下也只有齐相的门客才能出门了吧。”

裴渊鼓了一下腮，得知偶像要被坑他貌似挺心塞的。

为了第二天的出逃，所有人都早早入睡，好养足精神。

只有公西吾的屋内还亮着灯。他在等赵王宫的消息，等着看这么一个毫无权势的公子，到底能不能让赵国变天。

整个府邸都没了声响，安静得出奇。直到夜半时分，终于有急促的脚步声朝他住处而来。

聃亏闪身进了屋门，低声道：“先生快随我避一避，长安君带人马朝亚卿府来了，恐怕殃及您身上。”

公西吾有些意外：“他成功了？”

聃亏皱了一下眉：“这我也不清楚，只知道他忽然率领人马朝这边来了。”

公西吾沉思一瞬，起身道：“叫各营准备，我即刻便到。”

齐相是动不了，但随行一切必须要彻查清楚。赵军检查公西吾完毕，恭送他登车离去。刚要松口气，远处传来阵阵马蹄声，抬眼望去，一队人马手执火把迅速而来。

为首的是长安君，众人见礼，不敢拦他，目送他进了亚卿府，很疑惑他为何看起来像刚刚交过战一般，甚至衣襟上还染了血渍。

易姜这几日终日保持浅眠，一有动静就惊醒了。

睁眼坐起，竟然感觉到了屋外吹进来的凉风。她连忙披好衣裳，走到外间，一道人影已经到了跟前。

“醒了就好，赶紧跟我走。”

“长安君？”易姜刚唤了一句，人已经被他拽出了门。

“发生什么事了？”她被紧紧拖着朝大门走，手腕生疼，莫名其妙。转头四

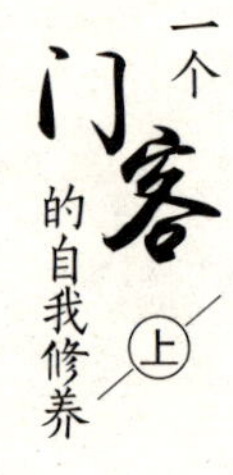

顾，到处都是手持兵器的士兵，应该说是私养的府兵，门口处已经厮杀成一片。她总算明白过来，“你这样会被王上怪罪的。”

赵重骄的脸在火光下阴沉沉的，一言不发地拉着她出了门。

易姜转头看了一眼院落，裴渊和少鸠已经被惊醒赶了过来，但赵重骄没有给她说明状况的机会，挟着她上了马，趁乱疾驰而出。

大概只有几十人护送他们，身后有赵军在追赶，很快四周又有追兵赶来。数支人马围攻的架势，这状况显然不是简单来营救她这么简单。

易姜闻到他身上若有若无的血腥味，低声问：“是不是出什么事了？”

“别问太多。”赵重骄扣紧她，一刻不停。

他们的人根本抵挡不了太多的追兵，何况要避开秦军也不能贸然出城，只能在城中绕道寻找机会。

眼看着身边的人越来越少，易姜不禁有些紧张，时刻转头张望后方情形。

火光随着疾驰的速度飘摇，一个赵军搭弓指着赵重骄身下的马匹。易姜刚要提醒他小心，那个赵军身子一晃栽倒下去，再没起来。

她朝后方看去，是另一队人马。

“那也是你安排的？”

赵重骄瞥了一眼：“不知道是谁的人马，管不了那么多了，肯帮我们逃跑就行。”

易姜一下捕捉到重点：“我跑就算了，你为什么要跑？”

赵重骄不答。

追兵依旧有增无减，但那队不知何时冒出的帮手帮他们解决了很多麻烦。

疾驰许久，忽有快马而至，对赵重骄说了一句暗语。他闻言立即掉转方向，朝西边城门跑去。

廉颇最近对抗秦军，时常需要运输粮草，城门也只在此时才会开一下。赵重骄赶来得正是时候，不顾城楼守兵呼喝，一把按下易姜的脑袋，俯身冲出了门。

身后的私兵已经与守城将士缠斗在一处，为他拖延了不少时间。

“总算出来了。”赵重骄舒出口气，直到此时才稍稍放松了些。

易姜抬头张望，忽然紧张地捉住他手臂，指了一下前方。

赵重骄急急勒马，那里一片火把的光亮，映着背后微亮的曦光。是一队赵军。

聃亏从邯郸城中策马赶回齐营时，公西吾已经换好便于行动的胡服，翻身上了马，正准备拔营。

“公子，他们出城了。”

公西吾点点头，难得没有纠正他的称呼。

聃亏凑近一些：“您既然冒险派兵入城相助，为何不让姑娘知晓？”

“她不愿随我回齐国，让她知道恐怕会生出抵触。”公西吾朝城门方向看了一眼，“叫他们都回来吧，切勿被赵国发现端倪。”

聃亏没急着走：“那姑娘那边……还管吗？”

天光微亮，风中带着深深的凉意，公西吾抬手掖了一下衣领，点了点头：“跟上。”

挡在赵重骄面前的赵军是由平原君赵胜亲自率领的。

廉颇领着的将士们就在前方不远处抵挡秦军，而他们居然在内斗，易姜简直头疼。

赵胜打马而出，往常那张平易近人的脸此时看着有些凝重：“重骄啊，你这是犯了什么糊涂啊？”

赵重骄冷笑：“叔父一直为赵丹不喜，如今总算找到为他效忠立功的机会了，看来以后再也不用担心有人会夺走你的相国之位了。”

赵胜脸色难看起来：“你居然直呼王上名讳，当真是要反了吗？”

“我已经反了！若非你出手阻拦，现在王座上坐着的人就是我。”

易姜诧异地看了他一眼，没想到他竟在大军压境的关头做出这样冒险的举动。

“重骄啊！”赵胜打马靠近一些，苦口婆心，“你犯下大错，王上也只打算贬你为庶人，不想要你的性命。他惦记着兄弟之情，你居然这般对他，如何对得起赵氏宗族列祖列宗啊？”

赵重骄垂下双眼：“我也没打算要他性命，我只想取而代之，他或许是个好兄长，但绝对不是个好君王。”

赵胜摇头：“难道你做了赵王就一定能让赵国昌盛吗？”

赵重骄怒道：“至少我面对秦国不会懦弱！”

“有勇气就能赢吗？”赵胜也来了气，不愿再与他辩驳下去，朝后招了一下手道，“罢了，押长安君回去受审！”

左右赵军上前押人，赵重骄已经没了抵抗的资本。

易姜忽在此时握住他的手腕一抬，他手中的剑便架在了她的脖子上。

“长安君别冲动，你若杀了我，赵国交不出人，秦军会灭了赵国的！”她的手仿佛是在抵挡赵重骄的胳膊，其实反倒是紧紧扣着。

赵胜连忙叫左右停下，神情有些慌张。

赵重骄愣了一下便明白了她的意思，一夹马腹，从侧面快速奔去。

“你太冲动了。”冲出去很远，易姜才开了口。

赵重骄不吭声。

“几千府兵就敢对王上下手，到底是谁怂恿的你？”

赵重骄心情不好，生冷地回了句：“没人怂恿我，我自己下的决定。”

易姜叹气，虽然莽撞，但又不得不承认他的勇气：“倘若谋反的动静太大叫廉颇知晓，前线军心不稳，秦军就能一举拿下邯郸，你想过这后果吗？”

赵重骄“哼”了一声：“我只知道赵国不能再这样下去了。”

“嗬，我还以为你这么做是为了我呢。”易姜故意激他。

“谁为了你了！我是为了赵国！”赵重骄果然暴跳如雷。

易姜把他激出火气来就不再作声。至少拜他所赐，现在已经出城了。

赵胜的人马自然是不会放过他们的，依旧穷追不舍，不过暂时还没到跟前。

赵重骄稍稍放缓速度，看看渐渐升高的日头，忽然问她：“你有地方可去吗？”

易姜无力——连后路都没有，谁给你勇气反的啊！

出邯郸后到邢地，已经是第二日午后，二人到现在滴水未进，都是又累又饿。

“眼下无处可去，不如去我的封地仇由避一避吧。”易姜揉了揉脸，强打起精神。原本就是匆忙出门，她的发髻都没束好，此刻松松散散地披在肩头，散开的鬓发沾着汗水贴在脸颊边，面庞看来愈发柔和，白的肤红的唇在阳光里一照，瞧着太过显眼。

赵重骄移开视线。这三年对她的改变太大了，单从容貌来看都仿佛是变了个人，更不用提心性。当初何曾想过她会变得这般光彩夺目。

心思一旖旎，怀中那副温软的身躯都变得烫手起来。他将搁在她腰间的手也移开了，呼吸有些沉。

易姜毫无所觉，趁现在追兵未到，提议下马休息一下再接着上路。这也是为了等裴渊几人，见到她被带走，他们一定会找机会找来的。

四周荒郊野外，眼前一棵大树黄绿参半，枯叶堆满了树根。赵重骄坐在树下，理了一下脏污的衣襟，看向易姜："你以后有何打算？"

易姜一边警惕地四下张望一边道："我只能逃亡了，不过以平原君的个性，抓不到我就会将白起的矛头引向我，届时赵秦两路追兵追着我，想跑可没那么容易。眼下你又被追捕，我也只能说尽力照顾你了。"

"谁要你照顾了？"赵重骄嘀咕一声，站起身牵过正在吃草的马，对她道，"接着走吧。"

易姜点头，爬上马时问了一句："你不好奇帮我们出城的到底是谁吗？"

赵重骄都忘了这茬了，想了许久也没有头绪，皱眉道："不知道。"

老实说，聃亏觉得此行不太值。帮姑娘就算了，帮长安君做什么？

他转头看了看浩浩荡荡的三十万大军，打马赶去公西吾身边："先生打算这样到什么时候？每日行军都要粮饷，齐王那个舅舅总与你针锋相对，倘若知道你为了一个女子这般，少不得又要去齐王跟前嚼舌根。"

他说的是后胜。原本田单入赵后，后胜对齐国相国之位势在必得，没想到被公西吾轻轻松松弄到了手，难免将他视作眼中钉肉中刺。

公西吾瞥了聃亏一眼，那眼神似一盆凉水，瞬间将他的话给浇灭了。

但聃亏是为主着想的忠仆，不能在这眼神里屈服，于是又硬着头皮劝道："属下也希望姑娘安然无恙，只是您现在的举动太不符合您一贯的作风了。要护着她又不难，直接将她掳去齐国安置不就好了吗？"

公西吾终于开了口，却是答非所问："他们此刻打算去哪里？"

聃亏跟一拳打在了空气里一般挫败，怏怏道："看方向是要去仇由。"

公西吾看了一眼后方："叫一队士兵乔装改扮去替他们挡住追兵，但绝不能让他们去仇由。"

聃亏不明所以："为何？"

"去了仇由她大概就要去别国了。"

聃亏急得踹了一下马镫："所以说还是直接掳走啊！"

赵国这边也是揣着心思。

易姜跑了，赵胜是担不起责任的，于是一面叫人抓紧追捕一边回都复命。

赵王丹整个人都颓唐下去了。在长平之战、邯郸被围之后，险些被亲弟弟篡

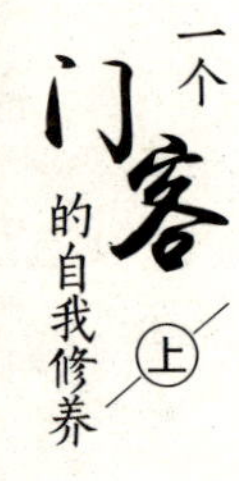

位无疑是另一个打击，甚至比前两个打击还要沉重。

他明白重骄一直都看不上他，觉得他懦弱无能、优柔寡断，但他以为至少彼此还是有手足情义在的，没想到他竟会对自己挥刀相向……

因为所受打击太大，他将所有政事都交给平原君了。赵胜揽了大权，立即向秦国求和，提出割地赔偿的条件，一面告诉他们易姜逃跑的方向。

白起并不想接受议和，他想的是一举灭掉赵国，为秦国一统铺路。

赵胜见秦军没有退兵迹象，愈发慌张，每日回府都围着妻子转悠，让她赶紧写信敦促魏无忌。

白起也没闲着。秦王睚眦必报，他自然深深贯彻君主意愿，便调回王龁继续围困邯郸，自己带着几万兵马亲自去捉拿易姜。

斥候打听到易姜已经快跑到仇由，而追赶她的赵军却一直在受阻拦。白起便起了个心思，掉转方向，从侧翼赶去阻截。

易姜对此自然毫不知情，她只知道马不停蹄地朝封地跑。

逃得仓促，连盘缠也没有，住宿尚且可以露天凑合，吃饭却成了大问题。赵重骄一个娇生惯养的贵族，被逼无奈经常深入荒山打猎，亏他武功底子不错，没饿死易姜。

快到鼓城时，两人偷偷摸了两件农家衣裳，改头换面进了城。

易姜找地方写了信，托人送去魏国，那里自会有眼线接应，到时候再将信传给魏无忌即可。

这些事情做得都很仓促，易姜这一路精神也都很紧张，但身边的赵重骄好像忽然放松下来了。他不仅没有半点紧张的模样，甚至还提议易姜在城中游览几天。

“不怕死你就玩吧，我得赶路了。”易姜自顾自爬上马，赵重骄只好跟着坐去她背后，老大不高兴。

易姜不予理睬，一路疾驰出了鼓城，再往前便是仇由了。

天尚未黑，四周已经彻底安静下来。易姜机警地勒住马，环顾四周。

“怎么了？”赵重骄低声问。

“可能有埋伏。”

“怎么看出来的？”

“正值倦鸟归巢之际，附近林中却连半只鸟都没有。”

赵重骄赧然，他还比不上她一个女子知道的多。

易姜抢过他手中缰绳，打马缓行。越来越接近前方的树林，忽见一片重重叠叠的黑影，立即策马狂奔，险些将背后的赵重骄给颠下去。

“是秦军！”赵重骄扣在她腰间的手蓦地紧了几分，疼得易姜一声轻嘶。

看到他们就会想起长平的惨事，赵重骄恨不得冲下去与他们拼命。他的目光一直落在他们身上，而身前的易姜背后已经汗湿了。

出乎意料，秦军并没有使用弓箭射杀他们，反倒像是打算活捉。赵重骄注意到领头之人，诧异道：“那个主将……他居然亲自来了。”

“白起？”易姜觉得胃部隐隐作疼，乔装都无法甩开他们，竟然还把战神本人给引来了。

这样消耗下去不是办法，迟早要被追上，而仇由还在前方百里之外。

要是有人能拖住他们就好了。

也不知是不是祈祷应验了，竟然真有一队人马从侧后方冲杀了出来，挡在了秦军前面。

易姜诧异地看了一眼，秦军是为了追她而不是赵重骄，这么看来，这些人马是来帮她的了？

来的人并不多，但因为出现突然，秦军一下没反应过来，就被缠住了。

易姜没空回头张望，策马一路狂奔。不知道冲出去多远，肩上被赵重骄拍了一下，听他说道：“前面有座山，我们趁机冲进去躲一躲。”

她抬头望去，那里的确有座山。已经入夜，月亮隐在层云之中，整座山左右不见边际，看起来黑黢黢的，有些瘆人。

后方厮杀声尚且可闻，这是唯一可逃的机会。易姜也不迟疑，纵马入了深山。

山中荆棘遍布，易姜干脆将马放跑了，和赵重骄深一脚浅一脚地往山顶走去。

不知过了多久，再也听不见远处的厮杀声了，她才放松下来，一下跌坐在地上，累得直喘气。

赵重骄坐在她身边，也是够呛。好一会儿才缓过来，拉她起身继续走。

“他们躲入山中了？”公西吾从帐中抬起头来。

为了不引人注目，齐营驻扎得比较远，他让聃亏盯着动静，自己并未露面。

聃亏站在对面，冲他点了点头：“秦军没有察觉，属下是趁乱一直跟踪他们才知道的。有两日了，他们一直没出山。”

公西吾搁下手中笔，挑了一下灯芯。帐中一下明亮起来，他的脸浸在暖黄的

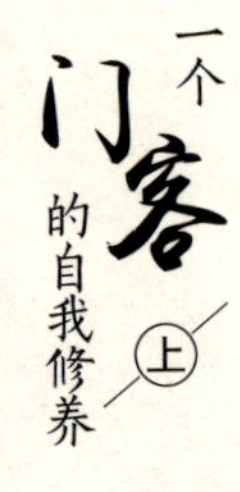

光线中，仿若明珠在堂，温润宁静，唯有一双眼眸沉沉幽幽。

“仔细盯着。”

聃亏等了半天没有下文，忍不住问：“就这样？”

“嗯。”

聃亏耷拉下肩膀，转身出帐。

白起的队伍有没有离开易姜不清楚，所以暂时没有下山。

好在这山形势曲折，里面野菜野味丰富，还有一汪清澈的小潭，吃喝是不愁。赵重骄又放松下来了，居然要易姜动手帮忙搭建竹屋，大有在此长期居住的架势。

易姜哪会做这个，偏偏他也只有嘴巴厉害，最后两人只搭出个顶棚来遮风挡雨。夜晚寒凉，倒是勉强可以御寒。

白日里易姜去找野菜，赵重骄便去打猎，到了饭点准时会合，小心翼翼地取火烧烤，生怕烟火引来追兵。

晚上睡觉时就比较尴尬了。因为天气冷了，易姜几乎每晚都被赵重骄搂着睡，开始以为他是犯了色心，狠踹了他几脚，后来发现他也是冷得吃不消才有此无心之举，加上天气又实在是冷，干脆就随他去了。

一连好几日都重复这样的生活，易姜渐渐觉得不是个事儿，总不能就这么在这深山老林里过一辈子吧？

聃亏也是这么想的，所以他盯了几天后又跑去找公西吾了。

“先生您到底怎么想的啊。再这样下去，姑娘到时候就要背着孩子出山来了。”

“什么？”

“那二人孤男寡女在深山之中这么多天，简直形同夫妻了！您要么下决心将姑娘带回齐国，要么就随他们去吧。”聃亏也是急了。

公西吾的手指轻轻摩挲着放在案上的昆吾剑，面沉如水：“派人骚扰他们出山。”

聃亏这下来了精神，立即抱拳领命去办。

一大清晨，易姜悄悄往山脚走了走，没有发现秦军行踪，放了心。

正要回山顶，却见山腰处树干上有个记号，走近仔细辨认，的确是少鸠的墨家标记，看来他们已经找到附近了。

她捡了石子，在下面画了个标记，以作回应，而后便兴冲冲地提起衣摆朝山顶跑去，要将这好消息告诉赵重骄。

赵重骄正准备去打猎，他之前受了点皮肉伤已然痊愈，精神焕发的，那身短打的农家装束和草草做成的弓箭木矢看起来真是越来越适合他了。

“别忙了，我们该准备离开了。”易姜转了一圈，发现也没有什么好收拾的。

赵重骄愣了一下：“这么快？”口气里没有高兴，倒像是挺遗憾的。

“少鸠他们找过来估计就要到明日了，我们随时做好准备便是。”

赵重骄扔了手中的弓箭，盘腿坐下，一言不发。

易姜不知他在想什么，也顾不上，又出去转悠打探情形去了。

天黑时分，赵重骄终于恢复正常了，吃了饭后很有兴致，对她道：“在山中走走吧，明日指不定就看不到这里的景致了。”

易姜想说这几日早就看够了，但得给他面子，只好跟上他步伐：“长安君这几日越来越古怪了。”

赵重骄走在前面，背挺得笔直：“我已经不是长安君了。”

易姜摸摸鼻子：“那我叫你赵重骄？”

“随你高兴好了。”

好吧，果然古怪。

他在一棵大树前停下，转头叫易姜跟上，指了一下天上的月亮：“今夜月色倒是不错。”

“确实。”易姜想，她与现代世界的联系，大概也只有这不变的日月星辰了。

赵重骄转头看着她仰起的侧脸。以前太过骄纵，似乎从未好好看过她，现在有机会了，却又可恨时间太短。

他忽然伸手，拉着她往自己身边带了带：“我有事要与你说。”

“嗯？”易姜看向他。

赵重骄抿了一下唇：“我不能与你继续逃亡下去了。”

易姜一怔，随即了然：“也是，眼下秦赵都在抓我，你跟着我容易受连累。”

“不是因为这个。”赵重骄沉默了许久，接着说道，“早在谋反前我就决定好了，倘若失败，我不会留在赵国。”

“那你打算去哪里？”

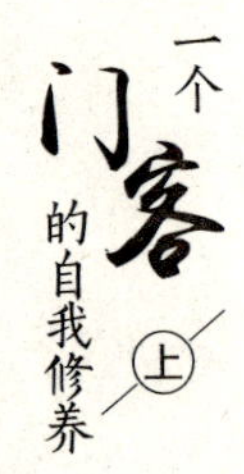

逆着月光看不清他神色，易姜只感觉他握着自己胳膊的手指越来越用力，刚要提醒他松手，人已被按到了身后的树干上。随即他靠了过来，压着她身体，将她双手绕去树干后用绳索紧紧缠了起来。

绳索是一起做竹屋时搓的麻绳，极其坚实。易姜惊讶地看着他："你这是做什么？"

赵重骄侧过身子不看她，侧脸在月光下像是镀了一层银光，柔柔似梦："我若说了要去的地方，你肯定会阻止我，所以我只能先制住你。"

易姜心头浮出不好的预感："你到底要去哪里？"

"秦国。"

山间宁静，只偶尔响起窸窣落叶声。赵重骄的声音不高，却很坚定："若我无力改变赵国，那我就去秦国。长平四十万将士的冤魂搅得我寝食难安，这血海深仇不得不报。"

易姜呼吸有点急促："你要去刺秦？"

"对。"

"你疯了吗？秦王岂是那么容易就能被刺的！你不想活了？"

"我自认武艺不弱。"赵重骄走到她面前，似乎犹豫了一下，手指扶住她的脸颊，"你还记得我曾欠你一个道歉吗？"

易姜愣了愣，当初他去齐国做人质时，在驿站里用剑指着她，让她丢尽脸面。后来她扒了他的衣裳，称他欠自己一个道歉。这么久了，她已经忘了，没想到他还记着。

"我现在不会向你道歉，因为我一定能活着回来。"赵重骄笑了一声，仿佛又成了当初那个骄纵跋扈的长安君，"到时候我一定来找你。"

说完这话他便立即扭头朝山下走去。

"赵重骄！赵重骄！"易姜背后冷汗涔涔而下，高声叫他，一遍又一遍，但他由始至终都没有回过头。

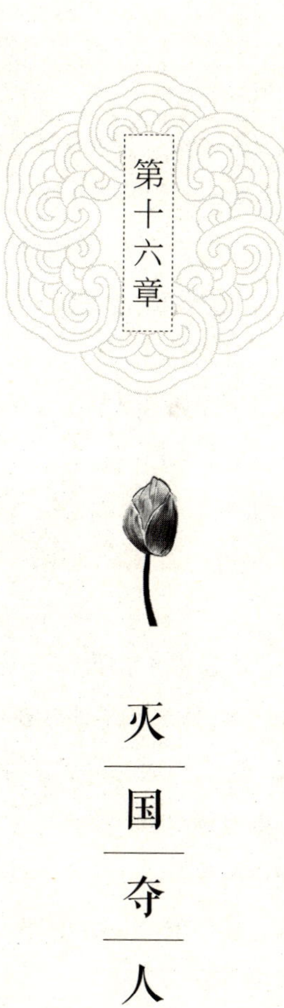

第十六章

灭国夺人

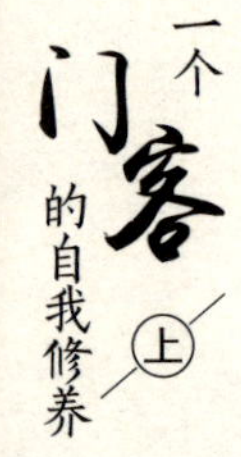

聃亏领着人正准备去骚扰二人，却见赵重骄连夜出了山。他不知道山中具体发生了什么，只得赶紧将这消息送去给公西吾。

秋风寒凉，公西吾在胡服外罩了件披风，迎着月光跨马在营中巡视。聃亏回来瞧见这情形，以为他要出兵，一下就把要说的话给忘了。

"先生这是准备做什么？"

几个将领得了吩咐赶去点兵。公西吾下马朝大帐走，一面回答道："听闻白起亲自来追易姜了。眼下王龁与廉颇对峙，依照王龁的急性子，定会攻城。我已分兵二十万，命人带去邯郸交给田单，届时由他领军相助赵国。"

聃亏意外："先生竟要帮赵国？"

"帮赵国？"公西吾唇角扬了一下，"不管最后战事结果如何，这二十万兵马都不会撤出邯郸，不过是找个借口进驻罢了。"

原来是这么个意思。其实不管是对秦还是对齐，赵国都处在极其重要的位置，聃亏之前也是担心他会因为追人而放弃拿下赵国的好机会，齐国那边还容易落下口实，所以总提议他干脆将易姜掳走，省心又省事。

想到这里他总算回忆起山中的事，跟着公西吾入帐，一五一十汇报给了他。

公西吾解下披风，一面问："知道长安君去何处了吗？"

"不知。"聃亏问，"可要属下继续跟踪他动向？"

公西吾摇了一下头："不必管他。他将易姜挟出邯郸这么远，已经完全破坏了她的计划，这就够了。"

"那姑娘那边，先生有何打算？"

"白起亲自来拿人，看来秦国对我这个师妹很重视。难得能再看到师妹的慌乱之态，若她能心甘情愿随我去齐国岂不是更好？"

聃亏恍然大悟，还说他怎么忽然这么有耐心了，原来是打的是这个主意。不过他还是觉得直接掳走最方便，而且也免得姑娘再受苦。

公西吾的视线落回案上，那里放着一份赵国地图。眼线来报，魏无忌已经率领魏军在前来的路上，不过秦国威吓了魏王，他的兵马停在邯郸三百里开外，暂时按兵不动。

以易姜的行事方式，安排的计划一定会有诸多可能。若在往常，就算她现在坚定地往仇由进发，还是有可能临时更改主意，叫他防不胜防。但如今她计划已全被打乱，就只剩下求助魏无忌这唯一的选择。

他得斩断她最后一条退路。

他伸手自案上取了令牌递给聃亏："你快马赶去魏营，替我送口信给信陵君，就说我曾助他三次脱险，他已报答过我两次，如今我要他偿还最后一次。"

聃亏洗耳恭听："先生要他如何报答？"

"不得相助易姜。"

"是。"

公西吾走到帐门边，看了看已经泛出鱼肚白的天际。白起是最希望秦国一统的将领，若此时真的是进攻邯郸的好机会，他绝对不会放弃而改为去追捕易姜。一定是秦国境内发生了什么，改变了他的计划。

按照推算，连日来白起那被他骚扰的兵马差不多也该查到山中了，正是易姜走投无路之时，他该现身了。

易姜被绑了足足近一个时辰，为了挣开绳索，手腕都快磨破皮了。后来忽然想起自己袖中有一把小匕首，还是当时赵重骄给她防身用的。于是艰难地扭动胳膊，好半天，总算将那匕首倒入手中，小心割开了绳索。

即使如此，过了这么久，赵重骄也杳无踪迹了。

山间弥漫起雾气，身体很冷。易姜倚着树干坐下，万分后悔。

她早该防范的。从进入鼓城开始赵重骄就不对劲，仿佛在想尽一切办法拖延与她相处的时间，直到现在得知少鸠可能追了过来，他才说出实情。但她实在是疲于奔命，根本没顾及到他的变化。

这次被他仓促掳出来，她多少有些怨言，碍于他也不容易才没直说。因为如果不是他，她可能已经按照计划赶往魏国，而现在却暴露了目标，到处被围追堵截。可如今得知了他要去刺秦的消息，她心里就只剩下担心了。

她以前总仗着他年纪小将他当弟弟看，觉得他身上中二病娇气病一大堆。但

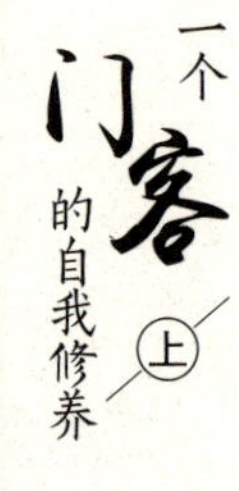

现在回头看看，如今的赵重骄仿佛是一面镜子，照出她成长的轨迹，这一路走来的艰辛，所以也就更能理解他如今心境的变迁和不易。

历史上有过很多人去刺秦，可何时有人成功过？

她欣慰于看到他成长并勇于承担责任，可不希望他因此送命。

“易姜先生？”不知过了多久，忽然有道低低的声音在唤她，易姜机警地扭头，随之放松下来。

天刚刚亮，雾气还未散去，来的是个一身黑衣的墨家弟子，身上背着个包裹，看着像是到处游学的模样，怕她怀疑，他还出示了墨家木牌。

“我收到少鸠消息，在这一带搜寻先生踪迹，不想真的找到您了。”这墨家弟子是个中年人，看起来就是个谨慎的人，脚步很轻，说话声音也压得极低。

易姜站起身来：“这么说山中的标记是你留下的？”

对方点头：“我已发信给少鸠，想必她随后就会赶来。”

易姜叹气。少鸠不太乐意为她动用学派势力，但自己已经为难她破例好几次了。

“眼下只怕不宜出山吧？”易姜抬手做请，与他一同朝前走去。

“的确，我是借着起雾从后山进来的，前山已经有秦军踪迹，我未能查探清楚，不过估摸着他们还有大队在后，不下万人。先生不妨随我从后山走，我知道一条小路。”他说着将背后的包裹取下来递给她，“这里有一套墨家服饰，请先生换上，速速随我离开，否则日头升高便要散雾了。”

易姜接过包袱，再三道谢，走去远处换衣，又重新束好发髻。待到再出来，已经听到山下的响动。

她往前山走了走，秦军果然有人登山了。为首的已经离得很近，玄黑甲胄冷冽得慑人，此时倒是庆幸赵重骄走得及时。

那些登山的人之中还有个熟面孔，隔着一层雾气，易姜眯着眼睛看了好一会儿才想起这熟面孔是谁，竟然是当初一同在长安君府做门客的申息。

这人早在赵重骄去齐国做人质时就跑了，没想到竟然跑去了秦国。

原来如此。就算她这三年来名字和相貌都有变化，赵重骄却是能被他一眼认出来，难怪他们的乔装对秦军没有用。

她小跑过去与那中年墨家会合，二人不敢停顿，立即从后山下山。

后山因为树木繁多，山石湿滑，雾气也要浓密许多，不如前山视野好。二人走路时都不敢说话，生怕此处也有秦军，那就会被察觉了。

中年墨家带着她在陡峭的山壁上行走，几乎手脚并用，一面走还一面扶起被踩过的草丛，易姜如法炮制，好遮掩足迹。

没有追兵在后面呼喝，也没有大军在前方拦截，易姜却觉得这是几日来走得最为艰难的一段路，几乎全程心都悬在嗓子眼。因为道路实在难行，何况她也不能对眼前的人完全放心。

一直到了尽头，山壁已经没了去路，下方是一汪深潭。中年墨家指了一下远处，低声道："那就是仇由城了。"

易姜抬眼看去，正值日头渐浓之时，浓雾散去，远处城郭清晰可见，叫她大喜过望。看来顶多几十里路便能到了。

"我们要如何下去？"

中年墨家没有回答，反而一脸紧张地盯着后方。易姜顺着他的视线望过去，山脚下烟尘滚滚，赫然是一支军队。

"秦军追来了。"中年墨家问易姜，"先生可会凫水？"

易姜咬牙。大军已经到了山脚，显然是刚才被大雾挡着没看见，这么近的距离，就算跳下去也很难逃脱。但她想了想，还是朝中年墨家点点头，率先跳了下去。

潭水彻骨地冰冷，易姜快速游到岸上，随手拧了拧衣裳，等那中年墨家过来，从怀中取出一块扁平的刻印交给他："这么多人要找我们两个实在太容易了，烦劳先生带着我的印绶去仇由搬府兵，我先去拖住他们。"

对方大惊："先生万万不可，那可是会要你命的秦军啊！"

"不，他们不是秦军。"易姜已听到山壁那侧的马蹄声，示意他赶紧离开。

青黛胡服、玄黑披风的公西吾身跨快马而来，在山脚下停住。下了马，他手按佩剑，正要沿着弯曲的山路上山，先行一步的士兵却回来告诉他，山上已经遍布秦军，不宜再往上行。

难道易姜已经被白起捉住了？他皱紧眉头，却又听到禀报说对面山底的水潭有动静。

他跨马先行，沿着山脚下的小道绕过去，忽然一怔。

花木凋零，枯草败絮，易姜正朝他走来，步履沉稳，毫不停顿。那一袭黑衣已经湿透，衣裳紧紧裹着身躯，浑身上下的线条都勾勒出来，与她头顶的男子发髻格格不入。

公西吾压下心头惊异，抬了一下手，后方骤停。他策马过去，刚一下马便解

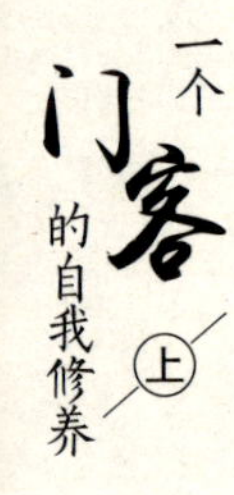

了披风披在她身上。

“师妹总算出山了。”

“没有仓皇地跑到你跟前求救，师兄想必很失望。”易姜微微笑了笑，掖紧披风。

公西吾的确有点失望，却又隐隐地浮出些赞许，并不是所有人都能像她这样能够一下就猜中他的心思。

“想必之前那一直替我骚扰追兵的人就是师兄吧？”

公西吾点头。

被风一吹，易姜冻得脸色发白，一双眼睛却依旧带着笑望了过来：“不知道这样会不会引来齐秦两国交战呢？为了我这样一个微不足道的人，值得吗？”

公西吾的视线胶着在她脸上：“师妹自有师妹的价值，自然值得。何况有我在，还不至于到那一步。”

易姜无言，他这样一个人自然事事都安排妥当，万事万物都掌握在手心里，这种威胁根本毫无作用。

公西吾忽然抬手覆在她额头，感到她体温偏冷，弯身将她拦腰抱起就走。

易姜吃了一惊。后方大军还在看着，他却神色如常，就这么抱着她放到了马上，旋即跟着坐了上来，扯动缰绳，继续前行。

“师妹想去仇由？”

易姜僵硬地缩着身子窝在他怀里，盯着他的脸，狠狠攥紧衣角。什么都被他看得一清二楚，真是烦躁得很。

“可惜魏无忌不会给你帮助了。”

大约是满足于她神情间的挫败，公西吾眼中竟带出了笑意：“随我回齐国当真就这么难受？师妹真是固执。”

易姜冷哼：“我不愿去还非要我去，师兄也好不到哪儿去。”

“说的也是，你我都不是好相与的人。”

易姜又气又冷，忍不住又缩了缩身子。她最不愿意的就是在公西吾面前落难，被他看到最狼狈的一面，却总无法如愿。

公西吾有意无意将她搂紧了些，转头吩咐在仇由城外三十里处扎营。

如今秦军就在附近，也只能在仇由城外扎营，此举再好不过。易姜暗暗留了个心思，只不过眼下实在无法思考了。之前太过紧张，又一夜没睡，落水后再冻个半死，现在在缓行的马匹上颠簸摇晃，跟摇篮一样，她眼皮都在打架，只想歪头大睡一场。但只要一想到公西吾就在身旁，她就又强撑着打起精神来。

这一切自然被公西吾尽收眼底。他虽擅长察言观色，但都只限于政事之上，并不在意其他时候他人的反应，此刻却密切注意着她的神色变幻，尤其见她一副想睡又强撑的模样，竟觉出趣味来。

也是因为眼下局面才能见到她这模样，一旦她掌控了局面，就不会再这般温顺了，公西吾很明白这个道理。很多年不曾有过愉悦的感受，也许一直都没有过。这感觉来得突兀，好在不算讨厌。

营地驻扎好时，易姜果然还是撑不住睡着了。

公西吾抱着她进了中军大帐，无数齐军注目围观，却半个字也不敢多嘴。

她身上的水渍还没干透，这样睡难免会生病。这军营之中也不可能找个女子出来，公西吾只犹豫了一瞬，便取了自己的干净衣物，紧闭帐门，坐到榻边。

抽开腰带时没什么迟疑，掀开衣襟时也毫无停顿，只在剥去她内里单衣时顿了顿。眼中是她大片白皙的肌肤，指尖触及的温热几乎要灼伤他。

他将干衣为她披上，又给她盖好披风，起身走了出去。

吹了许久的凉风，再回帐中，易姜已经醒了，就坐在榻上看着他。身上的衣裳宽大，但已被她束紧，公西吾稍稍移开视线。

“衣裳是你换的？”

“嗯。”他走去案后坐下，展开一卷竹简。

易姜面无表情：“你我只是师兄妹，这样做很不妥吧。”

公西吾抬眼：“我可以负责。”

易姜被噎了一下，但很快就扬起笑脸：“不用，不过就是看一眼，也没什么。”说着又径自躺下去睡了。

公西吾对着她的背影看了许久，不发一言。

易姜这一觉睡到自然醒。睁眼时帐中还亮着灯，周围却是很安静，只偶尔响起巡逻士兵的脚步声。

她捂着饥肠辘辘的肚子坐起来，见公西吾还在案后忙碌着，案上放着汤盅食鼎。

“是给我留的？”

公西吾抬头看她一眼，顺着她的视线瞄了一眼案上食物，点点头。

易姜也不客气，径自走过去坐下，取了汤勺揭开盖子便开动。

公西吾接着忙手里的事，只提醒了一句：“吃慢些。”

易姜都快饿死了，哪儿顾得上什么仪态，将东西吃得一干二净不说，还端着汤盅仰头一口喝了个底朝天，最后抹了抹嘴道：“我想梳洗一下。”

公西吾便停下手中政务，叫人打来热水，自觉地走出了大帐。

易姜舒舒服服地清洗了一下，再重新穿回公西吾的衣裳。多少还是有点尴尬，不过丝毫不会在他面前表现出来。

待公西吾再回来，她已经又躺回榻上去了。睡了吃，吃了睡，大有休养生息的架势。

他也没说什么，照旧去案后忙他的。

易姜暂时没有困意，眼睛盯着帐幕上他的侧影，耳中听着他翻动竹简的轻响，一边计算着府兵可能到来的时间。

过了许久，帐幕上的人影忽然自案后站起身来，吩咐取水过来。而后那道影子褪去外衫，卷起衣袖，安安静静地梳洗起来。

易姜闭眼不看，待没了声响再睁眼，帐中灯火已熄，榻侧微沉。他竟然就这样躺在了她身侧。

原本想说他两句，但料想他又要用一句负责来回敬她。何况这帐中就一张榻，总不能让他一个主将睡地上。易姜干脆当作不知道，背对着他装作已经睡着。

后来就真的又睡着了。

迷迷糊糊地再醒过来是因为觉得脖子上有什么压着，弄得她快要呼吸困难。她抬手去拨，拨到一只胳膊，顿时没好气道：“赵重骄，把手拿开！”

身侧的人被惊动，那只手臂僵了僵，而后移开，颈上瞬间一轻。

易姜彻底清醒，这才记起自己身在何方，竟然还以为身处荒山里跟赵重骄依偎着取暖呢。

公西吾必然是被她这一声惊醒了，因为他的呼吸已不像之前那般均匀。易姜缩了缩身子，继续装睡。他似有所觉，拽了毯子过来，披在她身上。

易姜咬唇，这是他的软化政策，糖衣炮弹而已，鬼才会屈服。

第二日一早醒来，公西吾人已不在帐中，洗漱用的清水则备好了。

这时候真是不得不佩服他的耐心和细心。

士兵送了吃喝进来，时不时偷瞄她。易姜自然明白他们现在都对她好奇得很，也不在意，就大大方方地让他看。直到公西吾进帐，士兵才慌张退了出去。

易姜坐在案后用饭，一面问他："师兄接下来打算带我去哪儿啊？"

公西吾端正跪坐下来："我倒是想早些回齐国去，就看师妹愿不愿随我走了。"

易姜喝完一口小米粥，笑了笑："我实在不明白师兄为何非追着我不放手。难道是因为我破坏了你的连横策，你要报复我？"

公西吾安静地看着她，不置可否。

"又或者，你是觉得栽培了我，想要让我做你的帮手？"

他这才开了口："我当初的确有意栽培你，但你的每一步都是你自己走出来的。你仔细想想，若给你重来一次，没有我的干预，你可后悔变成现在这样？"

易姜怔了怔，后悔吗？如果给她重来的机会，没有监视，没有暗中培养，从亚卿到五国相印悬于一身，再到如今被秦国追杀，细细想来，她的确不后悔。

她叹了口气，搁下勺子："这世上有人选择责任，有人选择自由。师兄选择了责任，我选择自由，为何要勉强我与你一起承担责任呢？"

公西吾看着她，眼神渐渐暗淡，最后移开视线，垂眼看向案上竹简。

易姜仔细看着他的眉眼，等不到他的答案。她知道他绝对不会放弃，若无这点毅力，他也就不会计划什么江山一统的大计了。

帐外隐隐传来鸟叫声，因为之前太过安静，未免显得有些突兀。易姜本没在意，听了几声便感觉到了不对，偷偷瞄一眼公西吾，还好他没有察觉。

鸟叫声只响了几声就没了，易姜起身道："我出去走走没事吧？"

公西吾头也不抬地道："别出营地，容易碰到秦军。"

易姜点点头，出了大帐，在营地门口转悠了两圈，顶着往来士兵灼热的目光站了一会儿，又走了回来。

公西吾依然在忙，什么也没问她。

到了傍晚时分，士兵忽然来报，有楚国使臣求见。

公西吾有些意外，稍作沉思，亲自出营迎接。

易姜捧着卷竹简坐在榻上，没有表露出一丝关心。

所谓的楚国使臣竟然是裴渊。一身白衣，衬得肤色愈发白皙，一见到公西吾他的双颊便浮出兴奋的红晕来，身子不由自主地摇晃，好在有过历练，到底是撑住了，没有倒下去。

公西吾请他入了大帐，有意无意瞥了一眼易姜："若没记错，阁下是师妹身

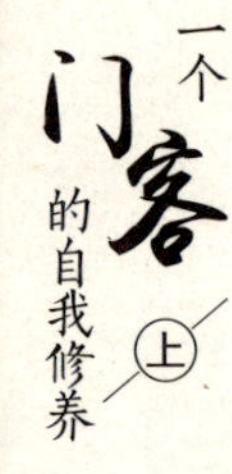

边的门客吧，因何成了楚国使臣？”

“确实是在下，公西先生有礼。此事说来话长，我是受楚王所托来迎接主公的。”裴渊讪讪笑着，双手呈上一封书函。

公西吾展开细看，楚国文字如蓍草般美而不妖，字里行间都透出风韵，可惜楚王说的事情不怎么有风骨就是了。

他要求公西吾交出易姜，因为他要迎娶易姜去楚国。

公西吾缓缓合上文书：“楚王耳目真是聪灵，居然知道师妹在我这里。”

裴渊望着他傻笑装糊涂。

易姜坐在榻边看着。秦国和齐国现在是对头了，可楚国还没与齐国撕破脸。楚王好歹是一国之君，问一个相国要人，自然是开得了口的。何况公西吾要带她回齐国，齐王建未必就知晓。

比起公西吾，楚王可要好对付多了。

公西吾还以为已经断了她所有退路，没想到她还是有其他安排，看向她道：“师妹如何看？”

易姜闲闲往榻上一倚：“楚王好歹是一国之君，师兄还是不要为难了吧。”

“这么说你想嫁给他了？”

“如今这般境地，能嫁给一国之君，似乎也不错呀。”

公西吾深邃的眸光落在她脸上，手指挟着那份绢帛写就的文书，稍稍偏了偏，引到了灯头火，手指一松，文书燃烧着坠了地，正落在裴渊脚边，叫他惊讶得后退了好几步。

易姜冷脸起身。

“烦请使臣回去禀告楚王，易姜并无什么天女授书，让他安心治国吧。”

裴渊讷讷无言，转头看向易姜，后者朝他递了个眼色。

“既然如此，那在下就告辞了。”裴渊见礼，依依不舍地看了一眼易姜，转头出了大帐。

公西吾扫一眼易姜，再度埋首政事，仿佛之前什么都没发生过。

易姜沉着脸坐在榻边，捏紧手心。

然而不过片刻，营中忽然忙乱起来。她听见营地之中慌乱的脚步声和呼叫声，微微一笑，往门边走了走。

听到响动的瞬间公西吾便起了身。帐门外冲进来一名士兵，高声禀告，有兵马袭击了他们队伍后方，意图来抢粮草。

他心思微动，朝易姜看了一眼，大步走了出去。

易姜毫不迟疑，趁乱冲出了大帐。

营地后方堆放粮草的地方已经着了火，士兵们正忙着扑救。易姜要朝营门跑，却被齐军察觉了，霎时身后多了一队追兵。

裴渊不知何时折返了，骑着马在营地门边高声道："先生，西南方！"

易姜赶紧掉转方向，士兵们纷纷抢先去西南方堵截，哪知她一拐，竟又朝东北方跑去了。这分明就是个幌子。

跑到尽头，那里围栏已被冲断，易姜跃了过去，抬头就见少鸠一手牵着匹空马而来，身后跟着她的府兵。

她吸了口气，揪住马鬃翻身上马，来不及朝后看一眼便拍马而去。

少鸠紧跟在侧，声音随着快马的颠簸断断续续："公西吾追上来了！这人反应也太快了些！"

易姜朝后瞥了一眼，齐军的骑兵已经离得很近，公西吾赫然就在队伍之首。

天快要黑了，再晚一点仇由城门就会关闭。易姜快马加鞭，耳中听着渐渐接近的马蹄声，焦急万分。

裴渊自另一侧赶来会合，他不太擅长骑快马，脸色有些发白，一面颤巍巍地道："先生，恐怕躲不过去了，他们人太多。"

"再坚持一下！"易姜狠狠抽了一下马臀。

夕阳渐隐，仇由城已然在望。远处却是烟尘滚滚，易姜一见便心道不好，只怕秦军也赶来了。

她一咬牙，猛勒住马，掉头转身。

公西吾挥了一下手，齐军骤停。

"师兄难道真的要为我与秦军交战吗？"她指了一下远处的烟尘。

公西吾瞥了一眼，面无表情："你就当真如此不愿随我去齐国？"

易姜攥紧缰绳："我觉得我已经说得很清楚了。此番你们粮草就算没被毁，也有损失，支撑不了多久，师兄不如还是早些回齐国去吧。"

公西吾不动声色，唯有身下的马不安地刨着地。他又瞥一眼远处秦军的踪迹，开口道："不如你我师兄妹定个赌约，我这些粮草尚够行军半月，我就给你半月时间，在此期间，你若能在秦军铁骑下自保，我便不再勉强你随我入齐，如何？"

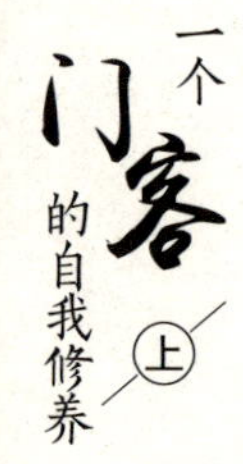

易姜心中迅速盘算了一下，点了点头："好！"

公西吾没有作声。

易姜如何不明白他意思，便又竖起三指对天："我在此立誓，这次绝不会出尔反尔，否则任凭你处置！"

"一言为定！"公西吾朝后挥了挥手，大军缓缓后撤。他自己却没急着走，一直目视着易姜冲进仇由城门，才转身离去。

短短十五天内想要自保，其实很难。

如今邯郸被围，赵国仅剩的军队全都调往邯郸抵挡秦军，其余的领土几乎是完全暴露在敌军铁骑之下，所以仇由是完全无法抵挡秦军的。

易姜自然不能让自己成为仇由城被攻击的借口，根本没在城中停顿，只不过借了个道，便往边境而去。何况她已被赵国彻底抛弃，封地被收回，除了暗中训练的这批府兵之外，仇由已经没有她的任何东西了。

大概实在是这地方太穷了，秦军也懒得攻打，只借道追人，而仇由守兵自然是不敢拦的。

快马疾驰三日，抵达赵魏边境。易姜身上依旧穿着公西吾那宽大的男装，头戴毡帽，遮掩了容貌，打马经过边陲小镇。

空气里渐渐充满寒凉的意味，小镇破败，四下萧索，扑面而来的都是灰蓝的画面。易姜怕引来怀疑，打马缓行。除了裴渊、少鸠之外，其余府兵全都藏起武器，远远跟着，看起来像跟他们不是一路的。

易姜骑在马上，满心警惕地左右张望，忽而扫到一个立在木炭摊边的身影，心中一喜，打马过去，伸手一把扯住他的手臂："赵重骄！"

那人穿着蓝绸胡服，一丝不苟地束着发髻，转过头来，满脸诧异："你是何人？"

易姜一愣，这不是赵重骄，不过身形真的是太像了，从背后看简直一模一样。

"抱歉，我认错人了。"

对方年纪轻轻，五官轮廓很深，朝她点了点头："无妨。"

裴渊打马过来，向那人道了歉，与易姜一同离开，很远才道："看那人相貌衣饰，应当是三胡的贵族。"

三胡早被赵武灵王所灭，贵族却被妥善安置了。易姜这才明白为何他轮廓如此清楚深刻，的确是典型的胡人相貌。公西吾那双眼睛就分外深邃，大约母族也有胡人血统。

少鸩摇头道："那的确是胡人，不过不是赵国三胡，是秦国义渠胡人，他们到处经商，不用担心。"

秦国人就更别沾上关系了。易姜望了一眼前方查岗的边境士兵："还是先过境再说吧。"

这些边境的士兵已经有心无力，如今只要有点权势和兵马，即使要强行过境，他们也毫无办法。易姜的封传上写的是桓泽的名字，出示之后他们也没怎么看，摆摆手就放行了。本来还以为会有番波折，没想到完全是多虑了。

天色已晚，秦军尚未赶至，易姜便决定歇息一晚再入魏国城邑。眼下无法得到魏无忌的帮助，就算得到他的帮助，恐怕也会让魏国引火烧身，所以她打算穿过魏国前往韩国。秦军入赵国如入无人之境，入魏国可就没那么简单了。

荒郊野外，寒风瑟瑟，府兵们在远处守着。易姜围着火堆取火，很是烦恼，没了俸禄，这些府兵是养不久的，迟早要散伙。

少鸩提着只竹筒过来递给她："喝口酒暖暖身子吧。"

裴渊挪了过来："我的呢？"

少鸩白他一眼："没你的份儿。"

易姜笑了笑，抿了口酒，果然感到胃里暖了起来。她将酒递回去，这才有机会问起他们此行的情形。

少鸩盘膝而坐："长安君也真不是个东西，就这么把你劫走了，害我们差点被赵王捉了去抵命，还好跑得快。"

易姜不禁有些担心："息嫦和东郭淮如何了？"

"他们都没事，我叫他们暂时隐居一段时日，待你安稳了再叫他们过来。"

易姜点头，这安排是她事先做好的，就是为了防止中途突发变故。他俩忙中不乱，倒是顾及了。

少鸩灌了口酒，脸上在火光里显出微微的红晕来："不过话又说回来，长安君也真是有胆识，居然可以为了你篡位，难怪你走在路上都还惦记着他。"

易姜摇了摇头："别胡说，他是为了改变赵国，我不过是激他动作的一个契机罢了。"

"契机也算啊！公西吾会为你篡位吗？"

易姜皱眉："你喝多了？"

少鸠挪过来搭住她肩膀："你我这些年来也算朋友一场，何必遮掩。公西吾与你之间分明就有什么，当我看不出来？要我看，还是长安君好些，虽然脾气不好，看不起女人，叫我讨厌，但心里必然是有你的。"

裴渊鼓着腮帮子坐过来："你这说法不对，公西先生哪里不好了？若非长安君冒失，你我也不至于落得如今露宿荒郊。要我说，还是公西先生好些，沉熟稳重，哪里是长安君那等贵族子弟可以比的？"

少鸠不屑，指着他对易姜道："看到没，这便是男人们的想法，他们才不知道我们想要什么呢？"

裴渊不服气地接话："那你想要什么啊？"

"真心呀！哪个女子不渴求一颗真心，你这呆子！"

易姜也不知道话题怎么演变成了这个，只好离他们远一点。

偏偏少鸠又追了过来，小声问："你喜欢公西吾吧？"

易姜抱了抱头："你喝多了能去睡吗？"

少鸠胳膊撞了她一下，暧昧地笑道："不愿意承认，又非得从他手中跑出来，看来是既爱又恨啊。"

易姜叹了口气。

其实她一点也不恨公西吾，只是不知道该如何面对他。看着他的眼睛时，从里面看到自己的倒影，就会想起自己以前的自作多情，所以总是提醒自己要清醒，离他远一点。

喜欢吗？也许吧。但她的喜欢跟他已经没什么关系，她并没有抱希望要跟他长相厮守，这只是她个人的事。正如他所言，喜欢只是一种情绪，总有一天，这也会成为她的一种情绪，习惯成自然，也不会每天都发作。

少鸠果然是喝多了，未等到她回答就蜷着身子睡着了。易姜转头看到，不禁好笑。

裴渊又挪了过来，仿佛就等着少鸠睡着好来表达观点，低声道："我还是觉得公西先生最好，这般经天纬地之才，才好与先生你相配。不过据说他两三岁起就被操控着学文习武，意在光复晋国，前途是凶险了一点……"

"他并不想复国。"易姜双手撑在身后，伸直双腿，仰头看向天边稀疏的星辰。

公西吾就像是离得最远的孤星，一个人沿着自己规划的道路踽踽独行，无人相伴，也无人搀扶，只靠着一个信念。她很钦佩，但他需要的也许只是个帮手，而不是她这个人。

天未亮，众人起身再往前行，入了魏地，赶赴洛阳。

秦军果然在魏国边境受阻，魏国守军以为他们要攻城，严阵以待，已经上报魏王。

易姜暂时没有危险，便在魏国境内将府兵解散，算算时间，已经过去五六天，公西吾的双眼此刻就在她背后牢牢盯着，要自保依然是个问题。

其实长平之战前她还计划着去秦国走一趟。山东六国已经踏遍，唯秦国她一直没有去过，偏偏那是后世接触最多的一个国家。历史不知道会改变成怎样，但至少现在看来，那里依然有着最大的希望。

可惜现在被秦军追杀，这个计划是无法实现了。

白起也不傻，大军被阻，可以叫人乔装改扮入城继续追捕她。易姜没了府兵保护，只能继续往前跑。

裴渊很快就发现了追他们的人中那张熟悉面孔。“申息！”他好几次忍不住要去抽对方，多亏少鸠拍醒了他。

三人马不停蹄，不知不觉便跑到了洛阳，洛阳过去便是韩国地界了。

半月之期已经过去大半，这一路都没再见到齐军，也许公西吾已经对她鞭长莫及。

一般魏国往韩国去都走其他路径，她是第一次从洛阳过境。三人专拣小道而行，翻过一座山坡，忽然瞧见下方谷地之中有一座城邑，就夹在韩魏之间。

“这是哪座城？”易姜从未在地图上见过这地方，自然好奇。

裴渊道：“这是滥国。”

易姜诧异：“这居然是一国？”

裴渊点头：“以前赵韩魏三家分晋，余下这么个地方，因为盛产铁矿，韩魏两国谁都想要，最后谁也没抢过去，觉得劳民伤财，便干脆由着它成了个小诸侯国。别看它小得在地图上都找不着，可是受韩魏两国保护的。”

易姜惊喜无比，这简直就是战国的瑞士啊！

“我们去那里避一避。”

裴渊连忙拦住她，脸色都变了：“先生万万不可！那滥侯是个好色之徒，国中但凡有点姿色的女子都被他染指了，据说少女们全偷跑去韩魏两国了，您这般姿容，若被他瞧见……”

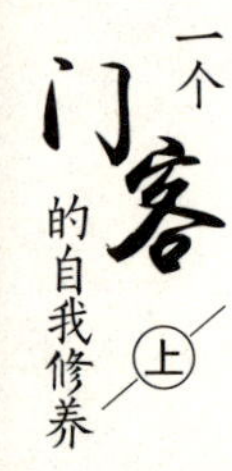

易姜已提着缰绳打马下坡："先去了再说。"

少鸠从裴渊旁边幽幽探出头来："你怎么不关心关心我啊？"

裴渊瞪了她一眼："滥侯才看不上你呢！"

少鸠恨恨地一脚踹在他马臀上，马匹顿时撒蹄狂奔，裴渊大叫着直冲了下去。

滥国常年做铁矿生意，对他国来客来者不拒。

三人进城门时被守兵观摩了半天，裴渊便心里毛毛的，总觉得他们的目光都穿梭在身旁两个姑娘身上，太不对味。

进了城门，果然发现此地往来的大多是男人，偶尔有女人也是年老色衰。可能是因为要开采矿石的缘故，个个都是灰头土脸。

裴渊这会儿良心发现了，提醒少鸠道："把头脸盖起来。"

少鸠不屑地翻了个白眼，但还是听话地披上了披风，戴上帷帽。她身着黑衣，身材要遮掩很容易。易姜的女性特征则要明显一些，好在披风里面穿着公西吾那件宽大的男装，帮了大忙。

裴渊警惕地左边瞄瞄，右边扫扫，随时护卫左右两位女性。

易姜的脸挡在帷帽之下，视线来回扫视。忽见前方人慌马乱，隐隐传来马蹄声，赶紧转头示意两人靠边。

一队侍卫护送着一辆驷马车驾远远而来，横冲直撞。这是诸侯的车驾规格，敞座设铜伞遮蔽风雨，以展国君威仪，所以车上的人必然就是滥侯了。

易姜稍稍揭开帷帽看去，车中的滥侯白发苍苍，脸上布满皱纹，却养得满脑肥肠、油光满面，纵然华服玉冠，也半分瞧不出贵气风度来。他的脚边捆着个少女，衣衫褴褛，瑟瑟发抖。

"看他这样子都没几日好活了，竟然还满城地找女子，真不是个东西。"少鸠在旁跟她咬耳朵。

裴渊掩唇"嘘"了一声："滥侯身有恶疾，自夫人过世后就没有女子愿意嫁他，他只能抢人，所以才弄得国中女子四处逃窜。"

易姜原本还打算去见一见滥侯，谋个一官半职，没想到他都到了饥不择食的地步，看来根本没可能了。

城中没有驿馆，裴渊便租赁了一间铁器铺的后院居住，对外自称是从韩国赶来采买铁矿的商人。易姜和少鸠都做男装打扮，深居简出，不太惹人注意，房东只当她们二人是裴渊的兄弟。

易姜心里始终不太踏实，离赌约到期还剩两日了。

午后阳光舒适，街上却是人心惶惶，滥侯的车驾每日都从街心而过，也真够执着的。

她坐在屋中着看地图，门外忽然响起房东拍门的声音："这位小哥，你家那个阿姊出事了！"

易姜一愣，反应过来才知道他说的是少鸠，听他这称呼，八成她是暴露女子身份了，赶紧裹上披风就出了门。

街心之中果然围满了人。易姜挤进去，就见滥侯坐在车驾上居高临下地看着下方。少鸠被一个士兵押着站在那里，帷帽揭去了，露出白净娇俏的脸来，神情却是火冒三丈："我是墨家弟子，滥侯便是这般对待天下学士的吗？"

滥侯的眼珠上下转悠，在她身上来回扫来扫去，像是根本没听见她的话，只满意地点头："不错不错。"

士兵当下就要绑了少鸠送上马车。裴渊不知从何处冲了出来，怒道："吾等出身韩国，滥侯倘若不放人，在下只有请韩王出来主持公道了。"

滥侯丝毫没有畏惧之色，喘着气含混不清地道："韩王还指望我的铁矿呢，哪敢动我？看你是韩国人便放你一马，再敢阻拦，休怪本侯无情。"

裴渊上前一步挡在少鸠面前，士兵们果然横戈相向。

"且慢！"易姜拨开人群走进去，揭去帷帽，放开了原本刻意压低的嗓音，柔声道，"请滥侯放了我这苦命的阿姊。她已嫁与这年轻人为妻，您强抢了她，惹了韩王不快，又冒犯了墨家，岂不是得不偿失？"

滥侯怔了怔，不禁微微朝她的方向倾了倾身，目光在她身上上下扫视。

易姜眼眸微动，笑颜如花，"若滥侯不弃，我愿代阿姊侍奉您左右。"

滥侯脸上露出惊讶之色，不禁咽了咽口水。如此身姿曼妙的年轻女子竟愿意主动跟从他，叫他如何不诧异？

"好好，放人放人……"他摆摆手，眼睛始终落在易姜身上。

裴渊和少鸠没了束缚，却震惊于眼前状况，一时不知该如何是好。却见易姜提着衣摆缓步登上了滥侯车驾，温顺地在他身旁跪坐了下来。

"美人如何称呼？"

"姓易。"

“易姬，美哉。”滥侯摸了摸她的手，一激动就快喘不过气来，捂着胸口缓了半天。

易姜含笑不语，转过头去，朝裴渊和少鸠递了个眼色。

滥国百姓穷得要死，滥侯的宫殿却是奢华得可以比拟齐王宫。

易姜被当作易姬带回宫中，刚一入殿，滥侯便迫不及待地朝她扑了过来。

易姜轻巧地让开，看着他球一般的身躯倒在榻上，笑盈盈地道：“君上实在太心急了，我可是有条件的。”

滥侯急色是出了名的，忙不迭扑过来搂住她：“易姬快说。”

易姜眼波涟涟：“我要君上立我为夫人。”

“这……”滥侯不禁迟疑。

易姜一把推开他：“罢了，我真心对待君上，愿意嫁与你为妻，不想君上只想玩弄我，既然如此，我还不如死了算了。”说着作势朝柱子上撞去。

滥侯连忙拉住她：“别别别，实在是多年无人愿意嫁与本侯，本侯太过诧异了。”

说是诧异，不如说是怀疑。这般年轻貌美的女子，愿意嫁给他这个被恶疾缠身的耄耋老人，谁能相信？

易姜暗中拧了一把大腿，跌坐在地，掩面轻泣：“我出身孤苦，能嫁与君上是莫大的荣幸，还有什么好挑拣的。君上也看到了，我还有个姐姐和姐夫，他们都是有才之人，倘若君上不嫌弃我，立我为夫人，他二人也可在滥国为君上效忠，此后我们有了落脚之地，君上也有了帮手，如何不好呢？”

滥侯被说动了，急躁地过来抱住她：“好好好，本侯便立易姬为夫人，但求夫人与本侯即刻欢好。”

易姜竖手挡住他：“我不相信君上的话，除非君上立了我为夫人，否则我绝不与君上同房。”

滥侯挠挠稀疏的白发，犹豫半晌，喘着气道：“也罢，本侯明日便立你为夫人。”

易姜这才满意地笑了，似乎还揣着些许不满，撒娇道：“还有前日君上带回宫的那个少女，易姬不喜欢她抢了君上，你要将她赏给我做侍婢。”

“好好好，都答应你。”滥侯被她的笑迷得七荤八素，又沉浸在有人仰慕的喜悦里，当真什么都给忘了。

立夫人不像随便娶个侍妾，这种身份是要宣告天下的。何况滥侯受韩魏保护，说白了也就是那两国的臣下，当然要写好国书递去两国，通知一声。

少鸠和裴渊很快便被当作易夫人的亲眷迎进了宫。

一见面，少鸠就给易姜跪了下来，急的都要哭了："是我大意害了你。"

易姜扶她起身："不用自责，凡事都会有转机，要相信绝处亦能逢生。"

裴渊垂头丧气地坐在案后："还能有什么转机，你都因此搭入终身了。"

少鸠愈发愧疚："就是，你自己一向说婚姻大事该发乎于情，不该草率，如今都是因为我才……唉……"

易姜苦笑："此一时彼一时，眼下重要的是活命，还谈何发乎于情的婚姻呢？"

"但是你一旦嫁给滥侯，后半生就毁了！"裴渊朝门边看了一眼，悻悻道，"早知如此，先生还不如跟公西先生去齐国。"

易姜摸了摸脸，在滥侯跟前卖了半天的笑，肌肉都有些僵硬了："我现在急缺一个可以立足的身份。滥侯命不久矣，倘若我能得到滥国夫人的身份，以后行走会容易许多。离赌约到期仅剩两日，也许这是个机会。"

她走到二人跟前，细细说了自己的计划。那两人全都震惊了，半晌无言。

商议完毕，那个被滥侯绑来的少女怯生生地过来伺候，请易姜去试明日册封要穿的礼服，口中已经开始称呼她为"易夫人"。易姜起身时悄悄在少鸠耳边道："莫慌，一切见机行事。"

照理说诸侯册封夫人步骤是很烦琐的，但滥侯急躁，又不太把易姜当回事，所以一切从简。

此举正合易姜心意。

第二日一早宫中便开始忙碌。宫人竟然也是男多女少，有女的也都愁眉苦脸，可见滥侯做的孽有多深。

易姜身披玄底绣红的大袖礼服，戴上厚重华贵的华胜，由两名年迈的宫婢搀扶着前往正殿。

官员不多，一个个活死人一样，谁也不看谁，面无表情地来走个过场。

滥侯又开始激动，面色潮红，气喘吁吁。易姜每朝他走一步，就觉得他离断气就又近了一分。

"君上，此女来历如何，可曾查清？"就在滥侯朝易姜伸出手来时，一名官员手持笏板出列谏言。

易姜挑眉，看来还是有明眼人的。

滥侯没好气道："此女只是韩国平民，上大夫是觉得她身份低了是不是？"

“臣只是觉得刚来国中不久便被立为夫人，未免太过草率，该彻查清楚。”

易姜朝裴渊使眼色，后者鼓着腮帮子不甘不愿地出列道：“在下是韩国士子，曾为韩王公效力三载，上大夫若觉得可疑，大可派人去查。易姬是我远亲，随我来滥国谈铁矿生意，不想被滥侯……”

滥侯连忙按住他话头：“我与易姬是一见钟情，一见钟情，呵呵……”

裴渊连忙垂眼不看他，都快吐了。

滥侯笑着拍拍易姜的手背，以示安抚：“本侯已经昭告天下，放心，从今以后你就是滥国夫人了。”

易姜瞥见他袖中手臂上露出红肿的疹子，强忍着不适抽回了手，总算明白为何没有人愿意嫁给他了。

上大夫眼看谏言无望，气恼地站回了原位。

册封大典开始，悠悠礼乐奏响。内侍高声宣读了一些赞美易姬的辞藻，滥侯颤巍巍地被扶着站起身来，接过放着文书印绶的托盘，便要交到她手中。

易姜跪拜在地，双手抬起，刚触到托盘，忽听宫中钟声大作。

一个士兵已经跌跌撞撞地跑了进来：“报——有敌军攻城了！”

殿中哗然，滥侯大惊，托盘都给吓扔了：“快、快向韩魏求救！”

士兵道：“烽火台已点，并无人来援！”

滥侯瘫坐了下去，犹如一摊烂泥。

易姜站起身来问：“可知是哪国军队？”

丝毫无人在意此刻她有没有资格发话，那士兵下意识回道：“是齐军！”

他们这是从哪里冒出来的？

滥国习惯了被保护，军队本就是个摆设，多年疏于操练更是不堪一击。更可笑的是竟然还有百姓帮助齐军攻城，恨不得早日毁了这里一样。

齐军很快便攻入了城中，马蹄阵阵在宫门外响起，宫中人心惶惶。

“报——齐军已攻破第一道宫门！”

滥侯已经坐不住，一手按住胸口，脸色煞白，随时都要晕厥过去的模样。官员们开始四下逃散，他这才反应过来，连忙叫来内侍准备跑路，一面不忘他的易姬，扯着易姜的手腕要带她走。

少鸠过来狠狠掰开他的手，正一片忙乱，报信的士兵浑身浴血而来：“报——齐军已经攻破第二道宫门！”

马蹄声已经近在耳边，殿门外传来聃亏中气十足的声音：“交出易夫人，否则即刻灭了滥国！”

逃窜而出的官员们又被赶了回来。上大夫第一个冲上前逮住了易姜，连宫人都来帮忙，押着她出了大殿，其中甚至有她救过的那个少女。裴渊和少鸠怎么拉扯都没有用，反而被他们挟持住了。

初冬的阳光暖暖地照射下来，易姜被推到栏杆边，腰上重重地磕了一下，疼得直冒冷汗。抬眼望向阶下，齐整的齐国大军就在眼前，身跨烈马的公西吾玄甲冷瑟，面如冠玉，静静地看着她。

她挣扎了一下，因为惯性人往前一冲，下方的聃亏立即道：“倘若易夫人有不测，全国陪葬！”

左右立即死死按住她，恨不得给她绑上才好。

滥侯在殿中呜呜咽咽地哀号，易姜像俘虏一样被推到了公西吾跟前。

她总算挣开左右，抬头看他：“若我没记错，半个月还没过吧？”

公西吾看了一下日头：“差几个时辰而已，你要愿意，我可以在此坐等。”

说完，公西吾扫了一眼她身上的装束，微微俯身，捏住她的下颌：“聃亏说得对，对你还是直接掳走来得好，易夫人觉得呢？”

易姜别开视线。

公西吾冷笑一声，一把将她携到马上，拍马便走。